古代歷史文化 研究輯刊

十五編

王明蓀 主編

第 1 冊

《十五編》總目

編輯部編

史前社會複雜化理論與陶寺文化研究（上）

蘇家寅 著

國家圖書館出版品預行編目資料

史前社會複雜化理論與陶寺文化研究（上）／蘇家寅 著 — 初
版 — 新北市：花木蘭文化出版社，2016〔民105〕
目 2+160 面：19×26 公分
（古代歷史文化研究輯刊 十五編；第 1 冊）
ISBN 978-986-404-598-3（精裝）
1. 史前文化 2. 文化研究
618   105002212

古代歷史文化研究輯刊
十五編 第 一 冊   ISBN：978-986-404-598-3

史前社會複雜化理論與陶寺文化研究（上）

作 者	蘇家寅	
主 編	王明蓀	
總 編 輯	杜潔祥	
副總編輯	楊嘉樂	
編 輯	許郁翎	
出 版	花木蘭文化出版社	
社 長	高小娟	
聯絡地址	235 新北市中和區中安街七二號十三樓	
	電話：02-2923-1455／傳眞：02-2923-1452	
網 址	http://www.huamulan.tw 信箱 hml 810518@gmail.com	
印 刷	普羅文化出版廣告事業	
初 版	2016 年 3 月	
全書字數	397527 字	
定 價	十五編 23 冊（精裝）台幣 45,000 元	

《十五編》總目

編輯部　編

《古代歷史文化研究輯刊》
十五編　書目

《古代歷史文化研究輯刊》十五編
各書作者簡介・提要・目錄

第一、二冊　史前社會複雜化理論與陶寺文化研究

作者簡介

　　蘇家寅，1986 年生，河南南陽人，歷史學博士。2011～2014 年間，曾從中國社會科學院學部委員、歷史研究所副所長王震中教授攻讀博士學位，期間獲得利希慎基金會資助，於 2013 年春以訪問學人的身份赴香港中文大學歷史學系進修。博士階段的研究方向是中國史前史，選定的研究對象是山西省的陶寺文化。後進入考古研究所跟隨中國考古學會理事長、學部委員王巍先生從事博士後研究，參與國家「十二五」重大科技支撐項目中華文明探源工程「綜合與總結」課題的工作，博士後階段的研究方向是文明起源的比較研究。自研究生階段以來，先後於《南方文物》、《殷都學刊》等中文核心刊物上發表有《論「考古資料的歷史學索隱」——也談方法學問題》、《陶寺文化二題》、《商代林業遺存研究》等論文多篇，其中《淺析「禮制」與「私有制」的關係——以中國國家起源問題爲背景》與《華夏早期國家的個案研究——陶寺文化的興起及其早期政治結構》等爲首屆「兩岸青年學者論壇」（2015 年 7 月）所收錄。

提　要

　　經掌握了的考古發現還是遍見於古史傳說材料中的各類記述來看，這支文化在中國文明起源的過程中都極有可能扮演著非常重要的，甚至是關鍵性

的角色，因此如果我們希望探究中國早期複雜社會興起的歷史，那麼無可置疑地，陶寺文化應該成為首選的研究對象。

在篇章安排方面，我們首先探討的是理論問題。具體而言，對於現有理論認識的辨析分作前後緊密聯繫著的兩大部分來進行：其一，我們向讀者解釋了相關概念本身的含義，即學術界當前對於「社會複雜化」或「複雜社會」的基本認識，這一部分見於緒論；其二，我們系統地回顧了學術界以往對於早期社會複雜化進程的各類解釋模式，為保證論述內容儘量豐滿完密，對於學術史的回顧我們選擇同時從兩個維度入手，也就是說，既歷時性地考察了從 19 世紀的古典進化論到 20 世紀的新進化論學派對於社會複雜化運動過程的解釋，同時又共時性地辨析了同輩學者之間的異同。古典進化論與新進化論兩者相較，論述的重點在於新進化論，而在新進化論中，酋邦問題又當仁不讓地成為了寫作過程中的重中之重。對於酋邦問題，我們也從兩個角度入手來組織討論，既關注概念層面上的代際傳承，譬如從奧博格與斯圖爾德到塞維斯再到卡內羅與厄爾等人，又對隸屬於這一概念之下的各個子命題做了較為充分的探討，諸如經濟制度與等級體制的關係，繼承制度與親族結構所經歷的變化，前國家時代的權力性質與運行模式，簡單酋邦與複雜酋邦，集體取向的酋邦與個人取向的酋邦，早期複雜社會中不同種類的財政制度，戰爭與政體規模的發展，以及那個時代的意識形態體系及其常見的表達方式等，還特別反駁了所謂「古代國家產生的兩種途徑」一類的說法。對於上述這些問題，我們都有著比較深入的論述，詳情可參閱敝文第一至第三章，其中第三章是專論酋邦的。

在辨明理論問題之後，我們轉入了對於陶寺的案例研究，目的是為了將一般理論與具體材料結合起來，進而建立具備自身特色的對於當地早期社會複雜化進程的解釋。首先，敝文對於關涉到陶寺的現有研究成果做了一次細緻的回顧與梳理。通過這樣的梳理，我們認為，迄今為止的陶寺研究，如果依照時間順序可以分作前後互有聯繫的三個階段，其發展歷程深受田野發掘進度的影響，總體表現為以聚落考古與天文考古等為代表的新技術與新理論對於史學界慣用的二重證據法等傳統研究模式的漸替與修正。在此基礎上，我們相繼探討了公共工程所具備的社會政治指示意義，早期禮制的多元性，個人經濟成就與政治地位之間的關係，堯舜時代與陶寺文化兩者各自代表著怎樣的社會發展階段以及彼此之間的關係如何，世界體系與區域等級政體發

展的時序性等一系列與陶寺研究密切相關的重要的原則性問題。有關於這一部分內容，可參閱敝文第四章。

　　陳述我們自己對於陶寺社會複雜化問題的理解，這也是敝文繼一般理論辨析、陶寺研究歷程回顧之後的第三個相對完整的組成部分。在這裏，我們力圖恢復的恰是古典進化論以及新進化論的一貫主張，即從經濟領域內的變動，也就是首先從生產專業化這個角度入手來解釋政治結構所經歷的複雜化過程。在我們看來，發生於後者內部的各種改革究其實質主要仍是對於變化了的經濟現實的一種反映，目的則是爲了重新安排關於已經增多了的社會剩餘產品的分配策略，這正是政治等級制度必須予以實現的基本目標，而意識形態體系又是對於政治結構的進一步說明，因此也可以被看作是對於經濟現實的反映的反映，這才是社會生活中這三大領域之間的主要的合理的關係。用我們這種視野來重新審視現有材料，就可以看出，陶寺自始至終都是一個高度複雜化的社會，目前尙無法就陶寺文化的最終去向問題給出確切的說明。至於促成這支文化勃興的主要原因，我們以爲，除了人口增長之外不可能有其它更合理的解釋，且對於這種增長過程做出最大貢獻的應是外來人口的挹注，有鑒於當時能源開發技術的發展水平，只有在投入更多勞動力的情況下才有可能獲得更多的產出，也只有在擁有更多產出的情況下，陶寺人才會面對政治結構進一步複雜化的問題。以上所述就是我們對於陶寺文化社會複雜化過程的基本解釋，至於此中詳情，敬請參閱敝文第五章的具體論述。

目　次

上　冊

第三冊　西周金文中的姬姓世族

作者簡介

　　劉攀峰，女，1985 年生人。華南師範大學文字學專業碩士畢業，師從譚赤子女士；首都師範大學中國古典文獻學方向博士畢業，師從黃天樹先生。主要研究兩周金文，在中文核心期刊發表《兩周金文中的動詞同義詞連用》、《金文姓氏制度研究簡述》等多篇論文，曾參與編纂由中華書局出版的《商周金文摹釋總集》壹書。

提　要

　　商周青銅器載有銘文者約一萬六千餘件，內容十分豐富。金文所記錄的語言是當時語言面貌的眞實反映，而語言所呈現的內容或能與傳世文獻互證，或能補其缺漏，或能校正其訛誤，故而有著極爲珍貴的史料價值。

　　商周時期是以血緣性的家族組織爲其基礎單位的，家族觀念十分濃厚。金文中也有大量相關的記載，這是我們研究周代家族世系的第一手材料。

　　本書以西周金文中姬姓家族的世系爲研究對象，對西周金文中姬姓家族的銅器銘文進行梳理研究，並在此基礎上排列出西周時期姬姓世族的譜系。

　　全書共分三章。第一章緒論部份主要概述了金文的語料價值、金文世族研究的歷史與現狀，闡述了本書選題的意義以及本書的研究對象及研究方法。第二章和第三章對西周金文姬姓家族中較爲重要的十二個氏族進行了研究。這兩章內容主要從世系的源流、相關銅器的梳理和系聯、各氏族之間的婚姻關係、氏族的譜系等角度進行了討論。

目　次

第四冊　《周禮》所見王室起居職官專題研究

作者簡介

　　張燕，女，生於 1981 年 4 月，黑龍江省鶴崗市人。吉林大學史學博士，復旦大學法學院博士後，現任教於於上海師範大學旅遊學院／上海旅遊高等專科學校。研究領域：中國古代文化與禮儀、法制史、教育史等。曾在《湖南師範大學學報》（社科版）、《河南師範大學學報》（社科版）、《學術交流》、

《河北師範大學學報》、《山西師大學報》等核心期刊發表多篇學術論文。

提　要

　　本文以《周禮》所記官制體系作爲研究基礎，提煉出爲王室起居生活提供專門服務的職官團體，以宿衛、飲食、醫療、服飾、侍御等作爲此類職官服務層面的劃分依據。首先對《周禮》所記王室不同層面的起居職官進行系統研究，再對王寢、門制、燕居飲食、服飾、醫療、教育等相關的起居制度進行專題討論。其中，凡涉及到周代重要的，並與王室起居密切相關的職官，均另立專題，將其置於周代歷史背景中進行相應考察，以找出《周禮》對於此類職官記載的特徵，並從王室起居類職官與制度方面對《周禮》的史料價值進行相應判斷。全文共分爲七個部分：

　　第一章，對《周禮》所記宮禁與宿衛類職官及相關制度作出整理和分析。考慮到宮禁與宿衛類職官職能的行使將受到王室門寢之制的限制，因此，本文首先對《周禮》所載天子的門制、王室寢制進行了詳細地考察與補充，以此作爲對於宮禁與宿衛類職官討論的基礎。

　　宮禁類職官對於王宮禁令的總控，實際上是從諸職職能範圍與王宮佈局的特點出發的，小宰屬於王宮政令的總控者，掌「宮禁」是其職能之一。士師所掌的「宮禁」實際涵蓋了王宮外門、中門以內至路門以裏的各種禁令。與士師相配合的當爲宮正和內宰，分管皋門以內、路寢及路寢以內的禁令的發佈與監控。

　　宿衛類職官的布列標準則依託於天子諸門的設置，分爲諸門之宿、王內之宿和通職宿衛三個基本類別，諸職成網狀交織之勢，保證王室日常生活的安全。另外，本文以掌宮禁與掌宿衛這兩項職能爲切入點，對於周代宰官的宮禁職能、師職的宿衛職能、保氏的宿衛職能、虎賁氏天子近衛之臣的身份以及閽人的守門職能等進行相應的考察與分析。

　　第二章，區別以往飲食制度研究重視禮制飲食的特點，主要對《周禮》所記王室日常飲食的分類與食飲專職的服務進行研究。

　　根據《周禮》飲食職官職能下的點滴記載，結合眾多學者的注疏研究，總結出王室日常飲食生活的基本情況，提煉出服務於天子日常飲食生活的專職。

　　首先，《周禮》記載王室日常飲食主要以天子爲核心，從文獻記載及眾家注疏的討論來看，天子日常飲食主要由「朝食」和「燕食」兩類飲食活動組成，而燕食與燕飲亦合稱爲「燕飲食」，另有稍事和非食時之飲作爲天子日常

飲食的重要補充。

其次，以膳夫爲核心的食官群體在爲王室各類飲食生活提供相關服務的同時，專門承擔了天子日常飲食的專職服務。例如內饔、舍人、司尊彝等職負責陳器，庖人、內饔、亨人、獸人、人、酒正、饎人等職主要負責天子日常飲食中牲、羞、醢、珍、酒、飲等物類的選擇與辨別。在進入天子日常飲食的主要程序之後，饋御、侑食、授祭、嘗食、徹食等環節的逐級展開均由膳夫親自參與完成。

再次，對周代以膳夫爲核心的食官群體進行考察時，本文關注膳夫食官的職能性質，膳夫所掌天子飲食基本環節的考察，並對散記於不同文獻下的庖人、酒正、內饔、司尊彝、獸人等職的職能進行相應考察。

第三章，重點關注《周禮》所記醫官群體的研究。

首先，考述《周禮》醫官群體的聯職情況，諸醫之間的配合既保證了天子及貴族日常飲食的安全和健康，又保證疾患的防禦與及時救治，以達到防患於未然的目的。

其次，本章從宮室居寢的清潔，天子及貴族自身清潔，日常飲食的衛生防禦，巫術驅疾防疫，以及司爟、庶氏、酒正等職對於四時之癘疾、蠱毒、疾病等方面預防與救治，對《周禮》官制進行重新篩選，提煉出《周禮》職官設置中所隱含的疾病防禦體系。

再次，分別對巫之醫事、醫官的起源與發展進行專題研究。在對先秦時期巫之醫事的主觀救治與科學救治行爲分類考察的基礎上，本章對《周禮》所記巫職的職能性質形成一定認知，實際上《周禮》關於巫職的記載基本上忠於巫職本身發展變化的歷史軌跡，是對於巫職衰落及其職能轉變的整體總結。

同時，本文還重點對西周及其以前和春秋戰國時期醫官的起源與發展進行了專題討論，實際上，在殷商甲骨及相關文獻中並無「醫」的記載，而當時大量醫療行爲的承載者又是巫職，再考慮到西周銘文及文獻資料中較少「醫」職記載的特點，故西周時期可能是巫、醫開始分流或者說醫職開始獨立的時期。而春秋戰國時期，醫職便得到長足發展，已經擁有獨立的職官系統，而且醫職的基本職能及其行醫經驗也得到了廣泛地認可。

最後，以附錄的形式對《周禮》醫官所反映的時代問題進行歸納總結：《周禮》所記巫醫關係以及醫官職能和理論是對春秋以來巫醫分流後「醫」之發展及行醫經驗的全面總結。

第四章，重點關注《周禮》所記女官及女官教育的研究。

首先，對《周禮》所記女官及其職能特點進行討論。依據女官服務對象的不同，女官可以分成兩個類別：天子女官與王後女官，前者專指天子的御妾而言，後者指由王後所領的天子的內官體系。以天子內宮為限，女官職能範圍被禁錮在六宮之內，絕不參與政事，並且在王後女官內部存在明顯的等級劃分。同時，本文對女官的相關聯職如內官、內人、婦官等群體的具體所指及其與《周禮》所記女官的異同進行考察。

其次，以內宰與女官的教育職能為出發點，對《周禮》女官教育體系進行系統研究。女官教育的施教者主要由內宰和九嬪承擔，前者負責陰禮之教與婦職之教兩項內容，後者則專門承擔起了對於女官婦德、婦容、婦言、婦功等方面的細節教育。實際上，《周禮》所構建的女官教育體系從禮與職兩個方面將女官教育落實到了實處，形成女官之貴者重視禮教、女官之賤者重視職教的教育特點。

再次，本文對先秦時期女子貴族教育進行專題研究，對母、姆、傅姆、傅母與女師的身份進行討論，並從學前之教、閨門之教、嫁前之教的三個不同階段來論述先秦貴族女子教育的主要內容。

最後，對《周禮》女官之教與文獻所記女師之教的關係進行總結：從受教者的身份和教育內容的側重點來看，女官教育實際上是建立在女師之教的基礎上的。

第五章，《周禮》所載天子近侍服務類職官實際上是天子日常政務與燕居勞藝之事的主要負責者，本章重點分析這些職官在天子日常政務不同層級方面的服務職能，以及天子燕居瑣事的專職服務。

其中，大僕及其從屬小臣等職主要對天子燕朝、路寢、燕居所涉及到的政務提供專職服務，而宮人則是天子日常燕居勞藝之事的主要負責者。

同時，本章還結合銘文材料與先秦史料對「僕」職的身份與職能、小臣的近侍身份進行考察。

第六章，在《周禮》所構建的服飾類職官體系中，主要針對的是天子與王後禮服的供應服務，而天子日常服飾則多隱藏於學者們根據《周禮》經文及禮書記載的注疏討論之中，本文以此為基礎，對《周禮》所記王室日常服制進行討論，並提煉出相應的專職服務。

王室日常服制主要包括王、後各自首服、衣服及足服的不同類型及搭配

關係，通過對於上述問題的細緻分析與討論，總結出王、後日常搭配的幾種情況：王後服次、展衣視天子玄冕，用以群小祀；王後服次、展衣視天子皮弁，用以禮見賓客、參與宴饗等；王後服次、褖衣視天子皮弁，用以日常禮見天子；王後服次、褖衣視天子玄端，用以御見；王後服纚笄、褖衣，用以燕居。最後，專門針對上述王、後日常服飾所需要的相關服務，對《周禮》所在服飾類職官進行系統整理。

第七章，在《周禮》所記王室起居的龐大職官體系中，其具體職能或事務的展開，實際上均由不同職官下的徒屬或奴隸完成，他們才是保證王室起居服務完成的基礎。因此，本章將《周禮》所記與王室起居生活相關的庶人在官者和奄人的配備情況及職能特點進行分析。

考慮到奴隸並非職官但卻又與天子起居生活密切相關，本文將《周禮》奴隸群體的研究以附錄的形式列於庶人在官者與奄人專題之下，對《周禮》所記奴隸的來源、使役、從屬及特點進行考察，以保證專題研究的全面性。

目 次

第五冊 《左傳》人物稱謂文化研究

作者簡介

閆麗，女，1970 年 11 月生於吉林省長春市。2012 年 7 月畢業於東北師範大學文學院中國古代文學專業，獲文學博士學位。現任東北師範大學文學院古籍整理研究所副教授，研究方向主要爲古代文學、古典文獻學。曾著有《春秋繁露譯注》（黑龍江人民出版社，2003 年 1 月）、參編《魏晉全書》第一、二冊（吉林文史出版社，2006 年 1 月），並在《古籍整理研究學刊》、《社會科學戰線》等刊物發表多篇學術論文。

提　要

「名」與「實」的關係雖然是建立在偶然的基礎上，但人物的稱謂卻有著社會、心理文化的制約。《左傳》人物的稱謂雖然只是人物社會活動的區別符號，但它的產生和使用，卻有豐富的春秋社會文化的底蘊。春秋時期的姓氏及其傳承，正是這一時期宗法制的重要組成部分，它們反映的正是男性中心社會的一大特徵：權勢的父子（嫡長子）相襲與財產的父子（嫡庶兼有）傳承，體現了父系宗親構成了宗族的主體。本書對此做了較爲深入地分析。周代對人的名稱的命名是有原則的：有信，有義，有象，有假，有類。在實踐中雖然多有突破這些原則的情況出現，但多數，乃至大多數，還是拘守著這些稱名的原則的，本書對原則的內涵作了分析，並對少數例外也有說明。名、字雖然都是人物的社會符號，卻有不同的社會功用。它們有文野之分，承載著不同的文化內涵，使用中在人們心理上的感受有很大的差別。國人稱名文化，直至當今仍然傳承著。

中國有悠久的「學而優則仕」的傳統，所以身居高官要職，不僅代表著本人的做事能力，更反映了該人的學問過人，「學而優」，官職所以成爲人與人之間表示尊敬的一種稱謂正本於此。在科學極不發達的周代，在社會上生活的時間越長，對社會、對自然界認識的經驗和體驗就越豐富，經驗和體驗也成爲一種財富，這正是晚生對先輩除血緣傳承以外恭敬的原因。

周代貴族有著殷鑒不遠的切身經驗，希望姬姓統治千秋萬代傳承下去，

爲此，除「封邦建國」，以「藩屏周」以外，對周代貴族生前、身後都有約束的方法。在稱謂上的體現就是「謚」和「諱」。二者的共同點和差別，本書都有論述。

　　男尊女卑，男人中心，女人只是男人的附屬，這也是宗法制的一部分。體現在稱謂上，男性稱謂繁複細密，女性稱謂簡約粗略。當然，這和社會活動的多寡有關，社會交際的需要也是造成這一現象的原因。對稱謂上的這種差別，我們都做了詳盡的比較。

目　次

第六冊　漢高祖研究

作者簡介

　　傅幼冲，男，1961 年生。江西省臨川縣人。國立空中大學人文學系畢業（1996），國立花蓮教育大學語文科教學碩士（2007），華梵大學東方人文思

想研究所文學博士（2011），現職宜蘭縣頭城國民小學教師。

提　要

中國歷史上，漢高祖劉邦是第一位平民出身的皇帝，其在短短數年之間，起義反秦、入咸陽、降子嬰、戰垓下、敗項羽，而一統天下，建立西漢帝國。劉邦的成就，創造出了平民建國的歷史先河，亦提供後人討論研究的條件。職是之故，本論文即以〈漢高祖研究〉為題，以司馬遷《史記》為主軸，班固《漢書》與其它史料為輔軸，依史料的爬梳剔抉、參互考尋、闡究精微，期能對漢高祖劉邦作全面的分析，進而闡明其在中國歷史上以平民建國的歷史意義。並盼此一研究，可以提供讀者深刻印象暨認識太史公的歷史觀，並為學者研究漢高祖劉邦開闢一新視野。

首章緒論分成研究動機與目的、太史公以互見法突顯高祖形象、研究方法、文獻回顧與探討小節。其中太史公以互見法突顯高祖形象，與《史記》評議、箋釋、司馬遷的學術思想、漢高祖劉邦研究等相關文獻的整理，均甚有參考價值。

次章，則對「漢高祖劉邦的神異事蹟」進行深入的探析，分別以〈高祖本紀〉與〈高帝紀〉中有關劉邦的神異事蹟、《史記》其它篇章中有關劉邦的神異事蹟、劉邦神異事蹟所代表之意義等相關論題，作全面而有系統之探討。

第參章「漢高祖劉邦與儒家文化」，主要有漢高祖的文化水平、漢高祖對儒家文化態度的轉變、陸賈《新語》對漢高祖之影響等小節。首先就漢高祖的文化水平作一釐清與整理，而漢高祖對儒家文化態度的轉變一節，強調高祖不修文學是指天下未定前，天下即定，經由蕭何次律令、韓信申軍法等一連串的整治措施後，立制垂範，而規模稍弘遠矣。再者，陸賈《新語》的出現，實際上對劉邦所發生真實的影響比重很輕，但對於我們民族生命的延續，文化的維持，依然有很重大的意義。

至於第肆章「漢高祖劉邦與黃老學說」，乃賡續劉邦建國期間的學術思想，可分為漢初黃老學說興起之背景、漢高祖與黃老之術、漢高祖重要功臣與黃老之術等小節。目的在於探討漢高祖劉邦與黃老學說之間的脈絡關係，經通盤分析研究，期能增補漢高祖政權下，有關黃老學說的學術思想研究之成果。

第伍章「漢高祖的帝王之道」，主要是透過《史記》與漢高祖相關文本的聯繫與解讀，梳理司馬遷筆下之漢高祖形象，以尋繹太史公筆法的背後深意，對劉邦何以成為中國歷史上第一個布衣帝王，做一通盤全面的論述。

　　第陸章爲「漢高祖分封諸侯王析論」。主要是討探漢高祖分封諸侯王源流、漢高祖分封思想的形成與發展、以及漢高祖的分封策略所帶給後世的影響、秦楚漢之際諸侯王之貢獻等小節，期能就上述議題，闡幽析微，拾遺補闕。

　　末章結語，則將本論文研究之成果，及繼續研究之展望予以說明。

目　次

第七冊　劉秀「退功臣而進文吏」研究

作者簡介

趙瑞軍（1980～），漢族，山東海陽人，華中師範大學中國古代史博士，研究方向秦漢文化史。

提　要

無論從歷史學還是政治學看，劉秀「退功臣而進文吏」都是一個重要的研究對象。回顧前人關於劉秀「退功臣而進文吏」的研究，大多在探討劉秀的治國方略時有所涉及，將劉秀「退功臣而進文吏」作爲單獨事件展開全面系統深入研究的並不多。東漢初年，劉秀採取「退功臣而進文吏」的統治方略，一方面保全了功臣，穩定了政局，另方面又使東漢政權在短短不到三十年的時間裏實現了由武官執政到文官執政的轉變，鞏固了統治東漢初年功臣的形成。伴隨著春秋戰國時期的諸侯紛爭，軍功爵制產生並發展起來的，並在秦和西漢初年達到興盛，此後雖有衰弱，但兩漢之際的戰爭再次爲軍功爵制提供了展現其價值的歷史舞臺。東漢建立後，劉秀按照軍功爵制先後對功臣進行兩次大規模的分封爵土，並通過其它一些物質賞賜和榮譽方面的恩寵與褒揚等。東漢初年，一個以功臣爲主體，擁有強大的政治勢力和經濟基礎，具有高等的社會地位和特權的新社會階層 功臣階層形成了。功臣把劉秀擁戴爲皇帝，但隨著功臣階層權勢的不斷壯大，又對皇權產生了威脅。

「退功臣」研究。以往的史家，以及有關史料，在對劉秀「退功臣而進文吏」的研究或論述中，往往認爲劉秀「退功臣」中的功臣僅是指「雲臺二十八將」爲代表的首要功臣。其實不然，東漢初年劉秀「退功臣」中的「功臣」是指東漢初年的所有軍功人員，不僅僅包括「雲臺二十八將」爲代表在中央機構任職的功臣，還包括州、郡、縣行政機構的軍功人員。東漢初年，劉秀在統治方略上著眼於東漢政權的長治久安，通過鞏固軍權、政權等一系列措施，歷經三個階段，最終成功的剝奪了軍功人員的官職。

「進文吏」研究。中國古代的文官制度，在夏商周時代就已經出現，在春期戰國時期有所發展，在秦代初具框架，在西漢武帝時初步形成。中國古

代的文官制度有著重要的統治功能，它不僅有利於加強封建中央集權統治，而且有利於封建政權的行政管理和廉潔吏治。東漢建立後，劉秀「退功臣而進文吏」，從統治方略上來講，就是爲了鞏固發展文官制度，以保證東漢政權的長治久安。東漢初年，劉秀引進的「文吏」包括儒生、文吏、儒法兼通之人。劉秀通過恢復鞏固西漢以來的官員選拔制度，引進前朝舊臣，發展教育培養後備官員的方式，引進大量文官，不僅彌補了「退功臣」後出現的官職空缺，而且還較快地使東漢政權得以正常運行。劉秀「退功臣而進文吏」雖然對鞏固發展文官制度，維護東漢政權的統治起到了一定的積極作用，但同時也留下了一些消極影響。

目　次

第八、九、十冊　魏晉南北朝史事考釋

作者簡介

　　李文才，男，1969 年生，江蘇東海人，歷史學博士，揚州大學社會發展學院教授，從事魏晉南北朝隋唐史研究。1988～1998 年，先後就讀於揚州師範學院、陝西師範大學、北京師範大學，分別獲歷史學學士、碩士、博士學位。迄今在《中國史研究》、《民族研究》、《文史》、《漢學研究》（臺）、《慶州史學》（韓）等刊物發表論文近九十篇，出版《南北朝時期益梁政區研究》（商務印書館，2002）、《魏晉南北朝隋唐政治與文化論稿》（世界知識出版社，2006）、《兩晉南北朝十二講》（中國國際廣播出版社，2009）、《李栖筠及其政治生涯》（社會科學文獻出版社，2011）、《隋唐政治與文化研究論文集》（花木蘭文化出版社，2015）等著作。

提　要

　　魏晉南北朝乃是中國古代一系列典章制度從發展到完善的重要過渡時期，也是社會、政治、經濟、軍事、民族、文化各個領域發生重大變動的時代，研究魏晉南北朝史，有助於梳理、把握中華歷史發展的脈絡。本書所收論文 26 篇（包括《代序》），涉及魏晉南北朝政治、軍事、制度、文化、民族等多個方面，冀於魏晉南北朝史研究的進一步展開有所裨益。

　　《代序》一文，從四個方面概括了魏晉南北朝的時代特色。以中書機構、太子舍人為題二文，係官制史研究內容，重在考察魏晉之際的變化。以秘書、著作官及出版機構為論題之五文，從官制角度剖析魏晉南北朝圖書編撰出版機構，揭示圖書業發展的概況、原因及特點。以「中堂」、太極東堂、華林園為題

三文，雖屬歷史地理範疇，但重在考察其與現實政治之關係，以言建康「中堂」，不僅爲東晉南朝首都軍事防衛之重心所在，亦與多項政治活動密切相關；太極東堂則爲魏晉南北朝各代政治活動的重要場所之一，對十六國政權尤爲重要，係其中央最高決策之主要場所；建康華林園不僅爲魏晉南北朝時代皇家園林之傑出代表，且在政治化的程度上最高，與南朝的政治運作存在著極爲密切的關聯。《宋明帝安排輔政格局及其破壞》、《南齊政權的建立與淮陰》爲南朝政治史專題論文，前者以宋末中樞政局及其變化爲論述重點；後者從地緣政治的角度，分析蕭道成賴以建立南齊政權的根據。渤海封氏、楊播家族二文，係對北朝世家大族的個案研究，前者重點考察渤海封氏與慕容鮮卑的關係；後者則全面、深入地考論楊播家族在北魏，乃至整個北朝的興衰沉浮。以太史令、漢趙決策制度爲題二文，係十六國政治史專題研究，圍繞中央決策制度爲核心展開。以赫連氏爲題三文，系統考述赫連氏族屬、官制以及統萬城的歷史地位。北齊史三題，要在闡述文宣帝之用人、事功、器識及渤海高氏之家族氣質。佛教史二文，前者重點闡述巴蜀地區佛教發展的獨有特色；後者意在揭示佛教傳播對其時圖書事業的促進作用。尒朱氏一文，以尒朱氏興衰爲切入點，從政治、文化的層面剖析北朝末年的胡化與漢化之爭。

目　次

上　冊

第十一冊　北朝學制研究

作者簡介

　　侯瑞，男，1982 年 10 月，生於遼寧省鞍山市所轄之海城市。現任職於鞍山市第三中學，承擔基礎歷史教學。2001～2005 年，就讀於遼寧大學歷史文化學院。2005～2007 年，就讀於吉林大學古籍研究所，師從沈剛先生攻讀碩士學位。2008～2012 年師從張鶴泉先生攻讀博士學位。專業方向爲秦漢魏晉南北朝史。在教育科研過程中曾獨立發表文章《論漢魏之際的公孫度與營州》，承擔 AFS 國際文化交流項目的教學，參與遼寧省教育科學「十二五」規劃重點課題《普通高中學生學業水準考試的實踐探索研究》研究工作，撰寫

《遼寧省〈普通高中學業水準測試科目學情調查〉資料分析》一文。

提　要

　　本文以北朝時期的學校制度爲研究對象，對北朝學校制度所涉及到的學校設置、教育人員、教育內容、教育方法、學校管理等方面內容進行了論述。全文共分爲下列幾個主要的部分：

　　前言部分，包括研究對象的界定、前人研究的總結和寫作思路的闡述等內容，是本文研究的基礎。

　　第一章，論述北朝時期中央官學、地方官學和私學三類學校的設置情況。北朝時期，中央官學是發展呈現出階段性，並形成了完整的地方官學體系。雖然國家一度禁止私學，然而北魏後期以來，私學卻得到了快速發展。

　　第二章，以北朝時期的教育人員爲研究對象，探討教學活動中的師生群體。北朝時期教育活動中的教育者包括官學中的學官和私學中的教授者。受教育者可以統稱爲諸生，既包括在官學之中求學之人也包括在私學之中求學之人。通過分類研究可以瞭解在官私學校中的教育者們的不同類別、選任、教學與收入以及諸生的入學、求學、師生關係、結束學業後的出路等具體問題。

　　第三章，論述北朝時期的教育內容與教育方法。北朝時期的教育內容包括蒙學階段的教育內容、學術教育內容和專業教育內容三個方面。在蒙學階段，諸生主要學習《急就章》、《孝經》、《論語》等內容。學術教育的主要內容爲五經爲代表的儒家經典文獻，深受玄學與佛學影響。在北朝時期也存在著各種專門教育的教學內容。北朝時期的教育者在教育的工作中所採用了講誦法、問答法與辯難法、正面引導與反面懲戒法等教育教學方法。

　　第四章，探討北朝時期學校管理的機構和管理規定情況。北朝時期學校管理機構主要包括太常寺、中書省和國子寺等機構。北朝時期管理學校的法令是《學令》。

　　結語部分，則是對本文論述內容的總結。此外，在寫作過程中收集、整理的資料列成表格作爲附錄附於文章最後以供參考。

目　次

第十二冊　唐代道教地理分佈專題研究

作者簡介

　　周能俊，男，1980 年出生於浙江杭州。2010 年獲上海師範大學歷史學碩士學位，2013 年獲南京大學歷史學博士學位。現爲浙江機電職業技術學院人文社科學院講師。主要研究方向爲魏晉南北朝隋唐史、歷史地理。先後在《安徽大學學報（哲學社會科學版）》、《中南大學學報（社會科學版）》、《揚州大

學學報（社會科學版）》、《中國道教》等核心刊物上發表多篇相關論述，部分論文曾分別被《中國社會科學文摘》、《新華文摘》轉載或摘編。作者作爲研究負責人先後承擔了浙江省哲社規劃重點課題（省部級）等多項科研項目的研究工作，取得了較高的學術成果與社會評價。

提　要

　　唐代是道教發展的鼎盛時期。《宮府圖》與《名山記》所載內容分別反映了唐代前期與後期道教洞天福地的分佈特點。《名山記》是在繼承《宮府圖》的基礎上，結合唐後期道教的具體特點而成的。總體來說，唐代形成了以長安、洛陽兩京，巴蜀，江南，長江中游，嶺南五大核心，結合周圍地域形成若干洞天福地集群的分佈特點。唐五代投龍活動在唐前期是較爲繁盛的時期，安史亂後投龍活動漸趨稀少。根據記載，絕大部分投龍活動爲奉旨實行，或地方官府組織；個人或地方教團倡行的頗爲少見。投龍的目的也以祈雨或祈福爲主，間或爲了求仙及除罪。投龍的地域則集中在以泰山爲首的五嶽四瀆等名山大川之中，江南和巴蜀地區的山川投龍活動較多。隋唐五代時期，長安、洛陽、揚州、成都四個都市分佈著大量的道教宮觀。乃是繼承了南北朝隋代的基礎並發展而成的。唐前期是宮觀興建的頂峰，唐後期五代是以重建、修繕爲主。從唐後期開始，兩京的道教中心地位向江南、巴蜀傾斜。唐代基層社會道教信仰頗爲興盛。其中，造像活動盛行，乃是佛道競爭，及李唐政權與地方官僚士紳等共同推崇的結果。遊方道士則是道教深入基層社會的重要因素。造像與圖像也對基層民眾理解道法教義有極大的幫助。而自然條件、經濟情況、人口因素、交通狀況、政治局勢、歷史基礎六大要素的共同作用決定了唐代道教地理分佈的特點和現實狀況。

目　次

第十三、十四、十五冊　北宋武將研究（續編）

作者簡介

　　何冠環，1955 年生，廣東江門市新會人，香港中文大學文學士、哲學碩士，美國亞里桑拿大學哲學博士，專攻宋代史。師承著名宋史學者羅球慶教授與陶晉生院士。先後任教於香港公開大學、新加坡南洋理工大學、香港教育大學、香港理工大學，2015 年退休，現擔任香港樹仁大學歷史系客席。2006年起獲選為中國宋史研究會理事，2010 年獲選為嶺南宋史研究會副會長，2014年獲選為中國宋史研究會副會長。著作有《宋初朋黨與太平興國三年進士》（1994）、《北宋武將研究》（2003）、《攀龍附鳳：北宋潞州上黨李氏外戚將門研究》（2013），以及發表學術論文數十篇。

提　要

　　本書是作者《北宋武將研究》（2003）及《攀龍附鳳：北宋潞州上黨李氏外戚將門》（2013）二書的續篇，它是作者近十多年來研究北宋武將的成果另一結集。凡六十餘萬言，共收論文十二篇，其中北宋外戚武將研究共五篇，分別考論陳州宛丘符氏、保州保塞劉氏、開封浚儀石氏及另一潞州上黨李氏四個外戚將門的興衰事蹟，可與《攀龍附鳳》所述的潞州上黨李氏將門參照比較。關於北宋蕃將研究有一篇，詳考北宋綏州高氏蕃官將門五代事蹟。作者對北宋楊家將素有研究，本書收有專論楊家將第四代領軍人物、文武雙全的楊畋生平事蹟兩篇。另有兩篇與北宋名將狄青有關，其一是狄青長子狄諮晚年事蹟考，其二是與狄青齊名的北宋中期名將范恪事蹟考。作者又據出土墓誌銘，重新考述三川口敗將劉平之親弟劉兼濟的邊將生涯，壓卷的一篇是作者據出土墓銘考述南宋初年一則有關北宋末年西邊名將种師道的神話。

　　本書據翔實的史料，包括大量新近出土的墓誌銘，以綿密的考證，生動有趣的筆觸，將北宋十個顯赫的武將家族的事蹟以及其興衰狀況，娓娓道來。本書不光是談武將的故事，北宋九朝帝王后妃、親王公主、自宰相以下的大小文臣，以至宮中服侍的高低內臣，他們與這些武將之錯綜複雜關係，也是本書論述的重點。

目　次

上　冊

陶晉生院士序

第十六冊　馬可波羅與元初商業經濟

作者簡介

　　申友良（公元 1964 年農曆 6 月 28 日～），字泰鴻，男，籍貫湖南省邵東縣。歷史學博士、博士後，歷史學教授，現供職於嶺南師範學院歷史系。主要研究專長為中國古代史、中國民族史、中西文化交流、廣東地方史等方面，特別是在中國古代北方少數民族研究、中國古代遼金元時期歷史研究以及馬可波羅研究等方面已經取得了初步的成果。先後出版專著《中國北族王朝初探》、《中國北方民族及其政權研究》、《馬可波羅時代》、《報王黃世仲》、《馬可波羅遊記的困惑》、《馬可波羅與元初社會》、《史學論文寫作指南》等 7 部，

參編《文物鑒定指南》、《新中國的民族關係概論》、《中國歷史地名大辭典》
等，發表學術論文 60 多篇。

提　要

　　《馬可波羅遊記》是以一個外國人的視角，比較眞實地記錄和反映了元
初的社會政治和經濟等方面的情況，爲研究元初的歷史研究提供了一個獨特
的範例。本書從兩個方面來進行研究：一是對元初的重商主義傳統的分析，
因爲蒙元時期是中國封建社會唯一重商的朝代，從成吉思汗開始，歷代的統
治者都一直遵從這種重商的傳統。因此，元朝的社會風俗等諸多方面都深受
影響。本書側重於對元代商業發展的宏觀環境研究，比如成吉思汗、忽必烈
等元代統治者們對於商業的重視，還有元代商業環境對於社會各個階層的影
響，以及元初商業經濟發展狀況等。二是對馬可波羅與元初商業經濟的分析。
作爲商人子弟的馬可波羅，出於對商業的敏感，記載了大量有關元初商業經
濟的材料，這爲研究元初的社會經濟提供了寶貴的資料。本書側重於《馬可
波羅遊記》裏所反映出來的元初商業經濟的狀況研究，比如元初的商業城市
商業經濟、商人的經濟思想和道德等。

目　次

上編：元代的重商主義傳統

第十七冊　元明之際江南的隱逸士人

作者簡介

　　汪栢年，出生於 1970 年代，喜歡閱讀及論文寫作。在研究生時代遇見啟蒙恩師林麗月老師，就鑽進了元明的時空之中，歷見士人群像。退伍後進入高中任教，自覺身兼元明之際士人般的文化重擔及恩師的教誨，不敢輕忽。倏乎已任教十五年，承先啟後的使命尚未完成。碩班畢業迄今已十七年，謹奉師命出版此論文，聊盡士人之微薄心力。

提　要

　　明初士人多不仕，是中國歷史上頗為奇特的現象，按常理推論，明以漢族王朝取代蒙元外族的統治，士人應踴躍出仕才是。結果不然，他們反以不仕為高，不理會明太祖求才若渴的心情，一意追求沒世無聞的隱逸生活。本文目的即在以江南地區為中心，探討元末、張士誠時期、明初的隱逸現象，分別由三方面考察：第一，從元明之際政治社會背景，看江南隱逸形成的外在環境；第二，分析元明鼎革之際江南隱逸士人的不同類型及其隱逸原因，以略窺此一時代隱士之心態；第三，探討江南隱逸士人的交遊與生活，及其對地方社會之影響。在章節安排上，除了第一章緒論及第五章結論外，第二章探討元末江南士人與政權的關係，分析元朝與張士誠政權底下江南士人的處境，以觀察元末以來的不仕風氣。第三章就筆者整理史籍所得的明初隱逸，分析其在元明之際不同的仕隱經歷，歸納為四種類型，並從明太祖與士人的緊張關係，觀察明初士人面臨鼎革之際的出處抉擇，以及明初隱逸士人的不

仕原因。第四章探討元末明初士人之間的活動與營生方式，並觀察在元明之際政治、社會的急遽轉變，對士人群體造成的影響，以及隱逸在脫離了以仕宦爲經世濟民的途徑之後，憑藉修身、齊家的淑世理想，致力於鄉里教化，在地方文教發展上所扮演的角色。

目　次

第十八冊　從鄭貴妃到客氏：晚明政爭中的幾個宮闈女性

作者簡介

　　鄭冠榮，出生於高雄，從小就愛看電視的古裝戲，舉凡國、臺語連續劇、

歌仔戲、京劇照單全收，因此對於宮廷故事，非常有興趣。後來有幸到國立臺灣師範大學歷史研究所就讀，更有機會鑽研宮闈的各種文化。碩班畢業後，在南部任教，每次講到政治史，不免會介紹當時的帝王與后妃的故事，並與學生討論如何辨別正史與電視劇人物的異同之處，師生一起共同增長知識。

提 要

本文研究的宮闈女性主要以晚明的鄭貴妃、李選侍、客氏為對象，她們分別對萬曆、泰昌、天啟朝的政爭，有相當程度的影響，故為本文研究之重心。至於其他的后妃，如：李太后、王皇后等人，也將適時加以類比補充，儘量呈現宮闈女性在政治上所扮演的角色。

第一章主要探討傳統中國政治中的性別差異，從對「牝雞司晨」一詞的質疑，分析傳統中國「女禍」思想產生的原因，並透過歷史上的「女禍」，及後世對「女主政治」的負面評價，以論述「女禍」思想為何能夠深植人心。其次，介紹明朝防範「后妃干政」的措施，以瞭解明代為何能「宮壼肅清」。第二章與第三章探討鄭貴妃與「國本」之爭及其餘波的關係，由於鄭貴妃受寵時間甚長，因此在萬曆朝發生的一些宮闈案件，皆有涉及到她，因此以兩章剖析其對政治的影響。第四章則論李選侍與泰昌政局的關係，雖然她在政壇的時間甚短，但這段時間，她被東林黨人指控具「垂簾聽政」的野心，後來她遠離政治反而受到同情，反映她對政爭的微妙影響。第五章主要論述客氏，從客氏與熹宗「情同母子」的關係以及客、魏擅政的情形，探討東林黨人對客氏的批判，以及未能成功的原因。

總之，鄭貴妃、李選侍、客氏三人之所以成為晚明政局中備受爭議的人物，乃因她們都被懷疑左右君意，操縱帝心，再加上黨爭的激烈與各派系士大夫不同的解讀，較難有客觀評價。

目 次

第十九冊　中國古人生活淺論

作者簡介

　　蔣武雄，1952 年生。1974 年畢業於東海大學歷史學系；1978 年畢業於政治大學邊政研究所；1986 年畢業於中國文化大學史學研究所博士班；現爲東吳大學歷史學系教授。主要研究領域爲中國災荒救濟史、中國古人生活史、中國邊疆民族史、宋遼金元史、明史。先後在《東方雜誌》、《中華文化復興月刊》、《中國邊政》、《中國歷史學會史學集刊》、《空大人文學報》、《東吳歷史學報》、《中國中古史研究》、《國史館館刊》、《中央大學人文學報》、《玄奘佛學研究》、《史匯》、《中央日報長河版》等刊物發表歷史學術論文一百三十餘篇，以及出版《遼與五代政權轉移關係始末》、《明代災荒與救濟政策之研究》、《遼金夏元史研究》、《遼與五代外交研究》、《宋遼外交研究》、《宋遼人物與兩國外交》等著作。

提　要

　　古人的生活已經成爲歷史，而今人的生活也將成爲歷史，但是其間有許多的傳承，因此古人的生活值得我們加以了解，並且可以拿來和現代生活互相做印証，從中獲得經驗和借鏡。這也是筆者撰寫中國古人生活文章，以及

在大學部、研究所講授中國古人生活史的本意。今天輯錄成書的文章，包括
了中國古代上自皇帝下至百姓的物質、精神生活，如加以分類，則大致可分
爲中國古人的身體髮膚、起居作息、娛樂運動、修心養性、災難受害與其他
等六類。

目　次
自　序

第二十冊　箸史

作者簡介

　　徐華龍，1948 年 9 月生，筆名有文彥生、曉園客、林新乃等，上海文藝出版社編審。上海筷箸文化促進會會長、中國東方文化研究會理事、中國少數民族文學會理事、上海非物質文化遺產保護中心評審專家、上海大學碩士生導師、中國盤古文化專業委員會名譽主任等。

　　學術專著：《國風與民俗研究》、《中國歌謠心理學》、《中國神話文化》、《中國鬼文化》、《泛民俗學》、《上海服裝文化史》、《鬼學》、《山與山神》、《非物質文化遺產與民俗》、《鬼》、《中國民國服裝文化史》、《中國民間故事及其技巧研究》等。主編著作：《鬼學全書》、《中國鬼文化大辭典》、《上海風俗》、《中國民間信仰口袋書》等。

　　《中國神話文化》獲 2001 年首屆中國民間文學山花獎學術著作二等獎。《中國歌謠心理學》獲首屆全國通俗文藝優秀作品「皖廣絲綢杯」論著三等獎。《泛民俗學》獲 2004 年「第五屆中國民間文藝山花獎・第二屆學術著作獎」三等獎。《鬼學》獲 2009 年「中國民間文藝山花獎・第三屆學術著作獎」入圍獎。

　　《中國鬼文化》和《中國鬼話》被日本青土社購得版權，被翻譯成為日語後，在日本出版發行。

提　要

　　筷子是人類飲食史上一個的偉大的發明，也是中國人的文化標誌之一。筷子之前曾經有過各種名稱，其中箸的稱謂最流行。箸的出現，與中國人的

飲食習慣有密切的關係，流行了千百年之後，直到民清時期，才慢慢演變成爲「筷子」一詞，並逐漸被人們所接受。製作筷子的材質很多，大都爲就地取材的木頭或者竹子，隨之社會的進步發展，又有了象牙筷、青銅筷、玉筷、銅筷、鐵筷、漆筷，乃至銀筷、金筷、犀角筷等。另外，筷子附著了大量的中國的傳統文化與歷史文明，是研究中國文化的必不可少的一部分。

　　本書從古代典籍裏梳理、整理出各種筷箸文化史料，從縱的歷史角度來研究箸的發展及其文化演變，有利於人們更好的瞭解中國箸的發展歷程。

目　次

第二一、二二冊　佛教因素對南北朝史學發展之研究——以四部史書爲例

作者簡介

劉玉菁，臺灣高雄人。國立臺灣師範大學歷史學系畢業，國立成功大學歷史學研究所碩士，國立中正大學歷史學研究所博士。研究領域爲魏晉南北朝宗教史、史學史。

提　要

史學與佛教在魏晉南北朝時期皆有突出的發展與表現，兩者間是否存有內在聯繫，耐人尋味。目前學界在佛教對魏晉南北朝史學之影響的整體研究，

已有若干成果；不過，就佛教對於南北朝史學，乃至針對南朝、北朝各自史學發展的影響比較，甚少關注，使得此一學術議題仍有深入探討的空間。

　　佛教勢張是南北朝時期顯著的時代特色，時代刺激學術，故探討南北朝史學的發展，不能忽略此時期佛教興盛的影響，「佛教——史學——影響」乃為本文核心主軸。需特別說明的是，雖然本文論述的研究對象為廣義的佛教史學撰述，但非專門探討佛教史學；以及兩種文化在接觸、交流後，往往互為影響，然本文並非探求中國史學對佛教的作用，而是站在中國史學史的角度，著重區域空間這項變因，探究南北朝時期，「佛教」對中國「史學」所造成的「影響」，尤其重點聚焦於比較佛教在南朝、北朝發展之異，其是否、如何反映、呼應了史學在南朝、北朝發展之別。一般總將南北朝佛教採用一種總體、印象式的觀察，並沒有將南朝佛教、北朝佛教作為雙重視野來進行各自的考察，遑論將南、北佛教之異進一步應用於探討南、北史學之別。故筆者於本文先論述南朝、北朝佛教發展之不同，然後將此差異觀照南朝、北朝史學發展之差別，梳理佛教與史學兩者間內在脈絡、聯繫。繼而以「舉證」較析的研究方法，從正史和史注學兩種個案類型，分別舉《南齊書》、《魏書》兩部正史，以及《世說新語注》、《洛陽伽藍記》兩部史注著作為例，依南、北地域並置對照，進行具體的比較和分析。

　　本文主題為「佛教因素對南北朝史學發展之研究——以四部史書為例」，研究結果揭示佛教在南朝、北朝的發展同中有異，儘管此分歧是大原則、大方向的畫分，卻仍有一定程度的參考價值，可以用來概括觀照佛教在南、北地域空間上的差異，進而據以檢視、探究南、北史學發展不同。總言之，南北朝時期，佛教在南、北的差異，頗能一以貫之與南、北史學的差異相互參照，有所關聯，意即佛教與史學在南、北發展呈現的不同特色，大致互相呼應、吻合。

目　次

上　冊

第二三冊　新時期中國大陸史學思潮的遞進與嬗變：1978～2011

作者簡介

范國強，男，1980 年生，山東泰安人，中國人民大學歷史學博士畢業。現為江蘇大學文法學院講師。研究方向：中國史學史，秦漢史，中國法文化史。目前已主持江蘇省教育廳與國家古籍「十一五」重點規劃整理項目子課題各 1 項，作為課題主要成員（前三），參加國家社科基金項目 2 項，省部級課題 6 項，先後在《中國社會科學報》、《史學史研究》、《理論月刊》等國內公開刊物上發表論文 20 餘篇且數篇被《新華文摘》論點摘編及人大複印資料全文複印。

提　要

「文革」後，反省與重建成為中國大陸史學界的主流聲音。但如何反思與重建，學界卻各執一端，莫衷一是。在互相的爭鳴與論辯下，思潮疊起，名家輩出，大陸史學也在這種思潮下逐漸解放自己，與世界合流。如在理論與傳統之間，以胡繩、黎澍為代表的老一輩馬克思主義史學家，主張「回到馬克思」；一些具有民國情懷，精於歷史考證的史家名宿則發出了「回到乾嘉」的私議；以白壽彝、趙吉惠等為代表的新中國成立後成長起來的馬克思主義史學家則提出要重視傳統，批判繼承中國傳統的歷史遺與史學遺。在此思潮基礎上，「傳統文化熱」、「國學熱」等思潮疊次出現。在危機與現實、保守與革新之間，一部分「文革」後成長起來的史學家提出了史學危機論與告別革命論，虛無主義史學開始出現；但亦有一些青年史家主張史學應該走向自然，走向社會，與世界接軌，以此綿延到 20 世紀末新史學的興起。新時期以來的 20 餘年，在新老史家為馬克思主義與中國史學發展論爭不休之時，史學通俗

熱開始出現，並影響到今天大陸公眾史學的發展。在新的世紀裏，作爲大陸
史家的年輕一代，正視自己，面向未來，爲建設有中國特點、中國作風、中
國氣派的歷史學努力奮鬥則成爲其共同的奮鬥目標。

目 次

史前社會複雜化理論與陶寺文化研究（上）

蘇家寅　著

作者簡介

蘇家寅，1986 年生，河南南陽人，歷史學博士。2011～2014 年間，曾從中國社會科學院學部委員、歷史研究所副所長王震中教授攻讀博士學位，期間獲得利希慎基金會資助，於 2013 年春以訪問學人的身份赴香港中文大學歷史學系進修。博士階段的研究方向是中國史前史，選定的研究對象是山西省的陶寺文化。後進入考古研究所跟隨中國考古學會理事長、學部委員王巍先生從事博士後研究，參與國家「十二五」重大科技支撐項目中華文明探源工程「綜合與總結」課題的工作，博士後階段的研究方向是文明起源的比較研究。自研究生階段以來，先後於《南方文物》、《殷都學刊》等中文核心刊物上發表有《論「考古資料的歷史學索隱」——也談方法學問題》、《陶寺文化二題》、《商代林業遺存研究》等論文多篇，其中《淺析「禮制」與「私有制」的關係——以中國國家起源問題爲背景》與《華夏早期國家的個案研究——陶寺文化的興起及其早期政治結構》等爲首屆「兩岸青年學者論壇」（2015 年 7 月）所收錄。

提　　要

　　晉南地區的陶寺文化屬於龍山時代晚期的一支具備鮮明特徵的考古學文化，無論是就目前已經掌握了的考古發現還是遍見於古史傳說材料中的各類記述來看，這支文化在中國文明起源的過程中都極有可能扮演著非常重要的，甚至是關鍵性的角色，因此如果我們希望探究中國早期複雜社會興起的歷史，那麼無可置疑地，陶寺文化應該成爲首選的研究對象。

　　在篇章安排方面，我們首先探討的是理論問題。具體而言，對於現有理論認識的辨析分作前後緊密聯繫著的兩大部分來進行：其一，我們向讀者解釋了相關概念本身的含義，即學術界當前對於「社會複雜化」或「複雜社會」的基本認識，這一部分見於緒論；其二，我們系統地回顧了學術界以往對於早期社會複雜化進程的各類解釋模式，爲保證論述內容儘量豐滿完密，對於學術史的回顧我們選擇同時從兩個維度入手，也就是說，既歷時性地考察了從 19 世紀的古典進化論到 20 世紀的新進化論學派對於社會複雜化運動過程的解釋，同時又共時性地辨析了同輩學者之間的異同。古典進化論與新進化論兩者相較，論述的重點在於新進化論，而在新進化論中，酋邦問題又當仁不讓地成爲了寫作過程中的重中之重。對於酋邦問題，我們也從兩個角度入手來組織討論，既關注概念層面上的代際傳承，譬如從奧博格與斯圖爾德到塞維斯再到卡內羅與厄爾等人，又對隸屬於這一概念之下的各個子命題做了較爲充分的探討，諸如經濟制度與等級體制的關係，繼承制度與親族結構所經歷的變化，前國家時代的權力性質與運行模式，簡單酋邦與複雜酋邦，集體取向的酋邦與個人取向的酋邦，早期複雜社會中不同種類的財政制度，戰爭與政體規模的發展，以及那個時代的意識形態體系及其常見的表達方式等，還特別反駁了所謂「古代國家產生的兩種途徑」一類的說法。對於上述這些問題，我們都有著比較深入的論述，詳情可參閱敝文第一至第三章，其中第三章是專論酋邦的。

在辨明理論問題之後，我們轉入了對於陶寺的案例研究，目的是爲了將一般理論與具體材料結合起來，進而建立具備自身特色的對於當地早期社會複雜化進程的解釋。首先，敝文對於關涉到陶寺的現有研究成果做了一次細緻的回顧與梳理。通過這樣的梳理，我們認爲，迄今爲止的陶寺研究，如果依照時間順序可以分作前後互有聯繫的三個階段，其發展歷程深受田野發掘進度的影響，總體表現爲以聚落考古與天文考古等爲代表的新技術與新理論對於史學界慣用的二重證據法等傳統研究模式的漸替與修正。在此基礎上，我們相繼探討了公共工程所具備的社會政治指示意義，早期禮制的多元性，個人經濟成就與政治地位之間的關係，堯舜時代與陶寺文化兩者各自代表著怎樣的社會發展階段以及彼此之間的關係如何，世界體系與區域等級政體發展的時序性等一系列與陶寺研究密切相關的重要的原則性問題。有關於這一部分內容，可參閱敝文第四章。

陳述我們自己對於陶寺社會複雜化問題的理解，這也是敝文繼一般理論辨析、陶寺研究歷程回顧之後的第三個相對完整的組成部分。在這裏，我們力圖恢復的恰是古典進化論以及新進化論的一貫主張，即從經濟領域內的變動，也就是首先從生產專業化這個角度入手來解釋政治結構所經歷的複雜化過程。在我們看來，發生於後者內部的各種改革究其實質主要仍是對於變化了的經濟現實的一種反映，目的則是爲了重新安排關於已經增多了的社會剩餘產品的分配策略，這正是政治等級制度必須予以實現的基本目標，而意識形態體系又是對於政治結構的進一步說明，因此也可以被看作是對於經濟現實的反映的反映，這才是社會生活中這三大領域之間的主要的合理的關係。用我們這種視野來重新審視現有材料，就可以看出，陶寺自始至終都是一個高度複雜化的社會，目前尚無法就陶寺文化的最終去向問題給出確切的說明。至於促成這支文化勃興的主要原因，我們以爲，除了人口增長之外不可能有其它更合理的解釋，且對於這種增長過程做出最大貢獻的應是外來人口的挹注，有鑒於當時能源開發技術的發展水平，只有在投入更多勞動力的情況下才有可能獲得更多的產出，也只有在擁有更多產出的情況下，陶寺人才會面對政治結構進一步複雜化的問題。以上所述就是我們對於陶寺文化社會複雜化過程的基本解釋，至於此中詳情，敬請參閱敝文第五章的具體論述。

目次

緒論　社會複雜化：概念問題

　　「社會複雜化」，顧名思義，即指社會由較單純的狀態演進為較複雜的狀態，處於演化鏈條兩端的社會形態，可分別稱之為「簡單社會」與「複雜社會」，不過這只是兩個具有相對意義的概念，在未開展比較研究的前提下，很難準確指認哪些社會屬於前者，而哪些又屬於後者。這裏就牽涉到人類學或社會學對於人類社會發展形態的劃分，然而這個課題又顯得過於龐大，為敝文體量所不能容納，就本論題而言，我們所關心的主要是人類學，尤其是文化人類學家與考古學家著力研究的史前時代末期社會經歷的演化過程，只屬於前述課題中一個甚為狹小的領域。而且如果結合陶寺的具體材料來判斷，所謂「簡單社會」這一類概念也可以排除於本題之外，僅就目前所取得的田野實踐成果而論，我們完全有理由先驗地認定國內考古學界所講的「陶寺文化」其代表的社會形態已然發展到了一種相對複雜的狀態，在我們討論的範圍內，將之歸於「複雜社會」顯然是更合適的，於是問題便自然集中在了早期「複雜社會」這一題目下。

　　關於「複雜社會」（Complex Society）的人類學或考古學研究雖在戰後得到了廣泛的開展，然而長期以來，這一術語卻一直缺乏一種相對嚴謹、統一的定義〔註1〕，在不同的語境中，它可以被用來指稱具備某些相似表徵卻又存在著微妙差異的多種社會形態，各形態之間，社會發展水平相距懸殊，從石器時代直到後工業化時代的許多人類社會都可以被冠以這一名稱。曾受邀為《社會與文化人類學百科全書》（*Encyclopedia of Social and*

〔註 1〕 William J. Mayer-Oakes,"Complex Society Archaeology", *American Antiquity*, Vol.29, No.1, 1963, pp. 57～60.

Cultural Anthropology）撰寫「複雜社會」詞條的烏爾夫・漢內斯（Ulf Hannerz）認爲，在實際運用的過程中，「複雜社會」擁有眾多近義詞，譬如：「現代社會」，「工業社會」或「文明」等〔註2〕。這一點在曼德爾鮑姆（David G. Mandelbaum）爲戰後初期人類學關於「複雜文明」研究所作的回顧中也有相當明顯的表現，在那裏，「複雜」社會這一稱謂所涵蓋的範圍就十分寬泛，而且作者還特別指出，對於這樣的問題，如果不進行系統的比較研究，僅僅就某一孤例來鑽研實際上很難構建起清晰的認識，也就是說很難分清楚哪類社會是「複雜的」，而另外一些又爲什麼是「簡單的」〔註3〕。可以想見，在具有不同學術背景的作者那裏，它們彼此之間的界線往往模糊不清。就實際情況來看，許多涉及史前時期複雜社會的討論都屬於描述性質的，大多數情況下會有若干「要點」或「特徵」被羅列出來，作者指稱它們就是判斷社會複雜性是否已經發生了明顯增長的標準，而這些要點在不同的作者那裏總是存在著細微的差異。

　　儘管如此，一直以來，仍有不少學者曾試圖從不同角度對早期社會所發生的形形色色的複雜化現象進行歸納，盡可能從這些頭緒紛繁的具體的田野材料中提煉出更爲抽象的理論模式。譬如，上個世紀 70 年代初，弗蘭納利（Kent V. Flannery）在對新進化論學派所提出的人類社會演進階段進行回顧的時候，就「國家」的形成機制指出，「國家」被視爲一類非常複雜的系統，其複雜程度主要遵循兩個指標來進行評估：其一爲離析度（Segregation），這主要用來考察社會內部的分化情況，關注的對象在於社會各子系統之間的差異與專業化傾向；其二爲聚合度（Centralization），討論的則是社會高層的集權控制能力，主要通過各子系統與最高管理層之間的聯繫來進行說明。這樣一來，欲闡明所謂「國家」起源問題，實際上也就是要求研究者通過搜集相關材料，描述出某一社會「離析度」與「聚合度」的增長軌跡。在這裏，弗蘭納利給出了測度「複雜性」的兩項標準，或者說我們應該進行觀察的兩個維度，「國家」被理解爲是「複雜社會」的當然代表。不過，弗氏並未就到底怎樣一個社會才有資格被稱爲「複雜社會」，一種現存的社會結構又該包含有多少類不

〔註2〕 Ulf Hannerz, "Complex Society" ,in Alan Barnard & Jonathan Spencer, eds. *Encyclopedia of Social and Cultural Anthropology*, London & New York: Routledge, 1996, pp. 122～124.

〔註3〕 David G. Mandelbaum, "The study of complex civilizations", *Yearbook of Anthropology*, Chicago: The University of Chicago Press, 1955, pp. 203～225.

同的組件才能被稱爲「複雜的」而不是「簡單的」這樣的問題作出明確的答覆〔註4〕。

　　在 70 年代，參與此類討論的積極分子還有曾在法國勃艮第（Burgundy）地區主持過田野發掘工作的克拉姆利（Carole L. Crumley），克氏首先引述了斯波爾丁（Albert Spaulding）早年間的觀點，鼓勵考古學家從時間、空間、類型等多個維度去觀察並解釋手中的材料，至於社會組織結構問題，克拉姆利認爲，「等級式」（Hierarchy）模型固然有其理論價值，但面對紛繁複雜的實證材料，仍有失之於簡單的隱患，爲此，他從當時新興的人工智慧研究領域引進了一個新詞「Heterarchy」。關於這個詞彙，筆者未能在本領域現有中文文獻中覓到合適譯名，國內有自然科學研究者將其譯成「異構式」（Heterarchical）〔註5〕，又有心理學者將其譯爲「異階層次」〔註6〕，總之，是強調了這種組織方式與傳統的所謂「科層制」方式的不同就在於對於後者所具有的縱向等級體制的改革。克氏對此的解釋與國內學者的介紹相仿，他認爲這種組織方式具有更大的靈活性，各個參與者的地位並不是一成不變的，而是會隨著系統整體的需要而陞降。除了這種顯而易見的結構上的差異之外，其各自內部信息的處理方式也不盡相同，對於等級體系而言，各類信息主要沿著垂直維度流動，高層在獲得信息之後所進行的政治決策過程中無需重視「協商」活動，因爲權責劃分在這種情況下通常是非常明確的，這有利於統治者盡快處理突發事件。但因在政策出臺之前缺乏充分協商，所以很多情況下，當事方對於上級的決策往往並不見得滿意，可見，對於這種系統而言，政治維護的成本雖可降低，但爲保證下級的忠誠與整個體系的穩定，維穩費用通常都會比較高昂；相反地，「異構式」的體系中，每一決策的出爐都是相關各方充分協商的結果，信息來源相對比較多樣化，形成的決議往往較受當事方歡迎，然而與此同時，決策所費時間與成本也會相應上陞，其效率自然不及前者〔註7〕。就其所主張的區域研究而論，他認爲，如果從行政管理的角度而言，某

〔註 4〕　Kent V. Flannery, "The Cultural Evolution of Civilizations", *Annual Review of Ecology and Systematics*, Vol. 3 ,1972, pp. 399～426.

〔註 5〕　童勁松、楊偉民、蔡建國：《新一代製造控制系統的集成模型》，《西北工業大學學報》2000 年第 1 期，第 60～64 頁。

〔註 6〕　馬劍虹：《行動學說與層次論》，《應用心理學》1988 年第 1 期，第 42～47 頁。

〔註 7〕　Carole L. Crumley, "Communication, Holism, and the Evolution of Sociopolitical Complexity" ,in Jonathan Haas,ed.*From Leaders to Rulers*, New York: Kluwer Academic/Plenum Publishers, 2001, pp.19～36.

個區域內的多個聚落可以被視爲一種等級化系統，而從市場的角度來理解，這些聚落又因彼此在供需體系中皆發揮有各自獨一無二的作用，故可被看作形成了一種非等級制的系統。這兩類系統在克拉姆利眼中並不是相互排斥的關係，恰恰相反，相互配合或者轉化在兩者之間都是可能的〔註8〕，他甚至傾向於將等級制視爲後者的一種特殊形式〔註9〕。克氏觀點的最大價值在於，提示我們應該注意權力結構的複雜性與其對周圍環境的高度適應性，換言之，金字塔式管控體制的存在並不是以完全消泯各組件相對獨立地發揮各自職能爲前提的。至於其它部分，依筆者看來，其與前述弗蘭納利的觀點頗多相通之處，這或許反映了當時學術界在這類問題上所形成的一種普遍認識。

弗、克二氏發表於上個世紀70年代的觀點是具有代表性的，這些言論直接影響了後來人們在這個問題上的研究思路，弗氏所提出的兩項測度標準也被後學者繼承了下來，只是在技術允許的範圍內更加精細化而已。

80年代初，麥奎爾（Randall H. McGuire）在結合美國西南部的考古材料來探討文化複雜性問題時，就對包括弗蘭納利在內的許多前期研究者的觀點進行了批判：首先，麥氏認爲複雜性及其它任何一類人類社會所具有的屬性，它們的變化軌跡都應當被視作一個連續發生的遞進過程，應當是一條曲線，而不宜於人爲地劃分出一個個層次分明的階段，就像弗里德（Morton H. Fried）與塞維斯（Elman R. Service）在六、七十年代所做的那樣〔註10〕〔註11〕，麥氏認爲這樣做顯然是受了進化論中類型學理論的影響所致，其結論是不符合歷史事實的；再者，正如我們此前提到的那樣，麥氏的分析顯而易見自弗蘭納利處繼承了不少既有的認識，對於弗氏此前所進行的分析，麥奎爾在一定程度上也表示認可，不過他認爲現有研究成果有些顯得過於籠統，這使得考古學家與人類學家在運用理論進行操作的時候會遇到不少實際困難。爲此，麥氏以「異質性」（Heterogeneity）與「不平等性」（Inequality）分別替代了弗

〔註8〕 Crumley, C. L.（1995），Heterarchy and the Analysis of Complex Societies. Archeological Papers of the American Anthropological Association, 6: 1–5. doi: 10.1525/ap3a.1995.6.1.1.

〔註9〕 Carole L. Crumley, "Three Locational Models: an Epistemological Assessment for Anthropology and Archaeology", in Michael B. Schiffer,ed.*Advances in Archaeological Method and Theory*, Vol.2, New York: Academic Press, 1979, pp.141～173.

〔註10〕 Morton H. Fried, *The Evolution of Political Society*. New York: Random House, 1967.

〔註11〕 Elman R. Service, *Origins of The State and Civilization*, New York: Norton, 1975.

蘭納利的命名體系，並進一步申述道，這是兩個隸屬於分級社會的屬性，它們之間時時發生著相互影響，但並不存在簡單的線性關係。從總體趨勢來看，「不平等性」在早期複雜社會中佔有突出地位，構成了規範社會個體行為的主要準則，也是人們進行自我體認的主要依據，然而「異質性」的影響力會在隨後的歷史發展過程中逐漸上陞，直到我們當下所處的現代工業社會，在這裏，「不平等性」降到有史以來的最低點，而「異質性」則成為社會個體在進行身份確認與交往時主要的考慮維度。此外，針對此前類似概念操作性不強的缺陷，麥奎爾根據自己的推理對它們各自的內涵進行了細化，譬如，對於「異質性」而言，它的發展受到三項因素的影響：（1）社會等級的數目；（2）不同團體及社會身份之間差異性所具有的維度；（3）社會限制條件之間的獨立性。這三個領域內的增長都有利於促進社會異質性的增長，而在人類歷史發展的晚近時期，異質性的增長會降低社會不平等性並使整個社會在面對壓力時具備更高的靈活性。同樣地，麥奎爾也對「不平等性」進行了分解，他建議借用經濟學中的洛倫茨曲線（Lorenz Curve）來表述這一概念，可以對曲線形態產生影響的兩類社會運動，分別就是個體趨向或背離平均值〔註12〕。

　　繼麥氏之踵，80年代末，泰恩特（Joseph A. Tainter）終於出版了他那部膾炙人口的著作，書中專闢一章來探討「複雜社會」的本質，作者希望能夠解決如下三個關鍵性問題：（1）「複雜性」的內涵；（2）社會在「複雜性」方面所發生的變化是一種連續的過程，抑或是可以分出燦若列眉的不同階段；（3）人們如何來看待「複雜社會」的興起。在這裏，我們最關心作者對於第一個問題的看法，就這一點，他寫道：通常情況下，關於「複雜性」（Complexity）的討論往往涉及下列事項：社會規模，內部子系統的數量以及它們彼此之間所顯現的差異性，統合於此中的特定社會角色的種類，不同社會人格的數量，最後，還包括這眾多變量之間存在著的各類不同的組織機制，在它們的調節作用下，所有這些變量終於融合成為了一個有條不紊、運轉有序的整體〔註13〕。關於文中所提到的「社會人格」（Social Personality）一詞，作者舉例指出：狩獵——採集社會（為在「複雜性」方面進行對照）包含的不同社會人

〔註12〕 Randall H. McGuire, "Breaking Down Cultural Complexity: Inequality and Heterogeneity" ,in Michael B. Schiffer,ed.*Advances in Archaeological Method and Theory*, Vol.6, New York: Academic Press, 1983, pp. 91～142.

〔註13〕 Joseph A. Tainter, *The Collapse of Complex Societies*, Cambridge: Cambridge University Press, 1988, p.23.

格總計也不超過幾十種，然而在現代歐洲所開展的調查，就確認出存在有 10000 到 20000 種獨特的職業角色，工業社會則可能包含 100 多萬種不同的社會人格〔註 14〕。可見，這裏講的「社會人格」也就是某人所擔任的「社會角色」，是一個人的社會關係網得以構建的基礎，隨著生產領域內專業化程度的不斷加深，「社會人格」自然會愈益細化。在終於完成了上述冗長的羅列工作並澄清相關概念之後，泰恩特指出，這其中任何一個領域內的發展都會導致社會複雜性的增長〔註 15〕。

時隔多年，泰恩特再次就「社會複雜性」問題撰文，關於這一名詞的內涵，泰氏基本上重述了早年間的觀點，未見有明顯新意，他的這種態度從某種程度上反映了「社會複雜性」或「複雜社會」作為一個概念而言，具有更多實證而非理論色彩。換言之，進入 90 年代之後，相當多涉及這一主題的文章都屬於案例研究性質，作者結合某一處考古遺址或現存的人類社會來進行具體的考察。譬如，約菲（Alexander H. Joffe）在對含酒精飲品之於古代西亞複雜社會所具有的影響力進行評估的時候，就直言無意再就普適性概念問題進行糾纏，因為可以導致社會複雜化的因素實在太多，於是在他看來，任何單一理論都不適用於這個課題〔註 16〕。比頓（J. M. Beaton）的態度與此相仿，他認為「複雜性」是種嚴重依賴於特徵描述的概念，對於廣布世界各地的不同社會而言，很難指出到底哪些特徵對於識別複雜社會是必須的或更為有效的，而他對這類社會形態所作的籠統描述，究其實質，與此前二十年間學術界的普遍認識並無二致〔註 17〕。與此同時，在賽勒特（Andrew Sherratt）對西北歐新石器時代巨石建築的社會意義〔註 18〕，亞當斯（E. Charles Adams）等人對普韋布洛（Pueblo）印第安人中陶製品分佈與交換行為之於社會複雜性的

〔註 14〕 Joseph A. Tainter, *The Collapse of Complex Societies*, Cambridge: Cambridge University Press, 1988, p.23.

〔註 15〕 Joseph A. Tainter, *The Collapse of Complex Societies*, Cambridge: Cambridge University Press, 1988, p.23.

〔註 16〕 Alexander H. Joffe, "Alcohol and Social Complexity in Ancient Western Asia", *Current Anthropology*, Vol. 39, No.3, 1998, pp. 297～322.

〔註 17〕 J. M. Beaton, "Extensification and Intensification in Central California Prehistory", *Antiquity*, Vol. 65, No.249, 1991, pp. 946～952

〔註 18〕 Andrew Sherratt, "The Genesis of Megaliths: Monumentality, Ethnicity and Social Complexity in Neolithic North-West Europe", *World Archaeology*, Vol.22, No.2, 1990, pp. 147～167.

影響〔註19〕，以及阿諾德（Jeanne E. Arnold）對於美洲西北太平洋沿岸印第安人航海工具與複雜社會的關係〔註20〕等問題所開展的專題研究中，也都明白無誤地透露出了作者們在這個問題上所持有的類似態度。或許恰如克納普（A. Bernard Knapp）所言：「『複雜性』是一個相對的概念，只有當我們將它與目前正在研究的對象聯繫起來進行思考時，它的價值才能顯現出來。」〔註21〕所以，無怪乎直到本世紀初，當泰恩特試圖站在功能主義的角度來重新探討「複雜性」的本質時，其理論論說竟顯得如此蒼白乏力，而唯一值得一提的是，他認為，複雜性之所以會在社會存在的時段內不斷地得到提升，源於人類群體試圖解決包括環境限制因素在內的眾多發展瓶頸的嘗試，如其所言，「複雜性的演進過程是人類社會適應史的一個具有重要意義的組成部分……」〔註22〕泰氏的言下之意是——就這一點而言，與前此許多人類學家或考古學家一樣——我們對於這個問題的考察必須結合具體案例來進行，因為很顯然，每一個社會群體所要面臨並試圖解決的難題並不一致。

　　近年來，在「複雜化」問題研究領域內，多學科綜合與計算機技術的介入已經成為一個引人關注的亮點。世紀之交，由人類學家科赫萊爾（Timothy A. Kohler）與古莫曼（George J. Gumerman）負責遴選並編輯成書的《人類與靈長類社會動態》正式出版，該書在「複雜性研究」的旗幟下聚攏了包括考古學家、人類學家、經濟學家、計算機科學家、社會學家甚至哲學家在內的一個陣容龐大的研究群體，對上述論題開展跨學科研究。實際的研究工作自上世紀80年代即已開始，經聖菲研究所（Santa Fe Institute）召集，先後舉辦過多屆研討會，目的是為在一個更廣闊的視域內來理解社會與文化變遷過程。其中，來自埃塞克斯大學計算機科學系的多倫（Jim E. Doran）表達了對現有

〔註19〕 E. Charles Adams, Miriam T. Stark and Deborah S. Dosh, "Ceramic Distribution and Exchange: Jeddito Yellow Ware and Implications for Social Complexity", *Journal of Field Archaeology*, Vol.20, No.1, 1993, pp.3～21.

〔註20〕 Jeanne E. Arnold, "Transportation Innovation and Social Complexity among Maritime Hunter-gatherer Societies", *American Anthropologist*, Vol. 97, No.4, 1995, pp. 733～747.

〔註21〕 A. Bernard Knapp, "Social Complexity: Incipience, Emergence,and Development on Prehistoric Cyprus", *Bulletin of the American Schools of Oriental Research*, No.292, 1993, pp. 85～106.

〔註22〕 Joseph A. Tainter, "Problem Solving: Complexity, History, Sustainability", *Population and Environment*, Vol.22, No.1, 2000, pp. 3～41.

研究成果的不滿，認爲此前所擬就的各類定義，如果從計算機建模的角度來看，往往是歧義百出的，而且在思考的過程中忽視了很多本應慎重審視的，發生於微觀層面上的認知活動的細節。他建議利用所謂「基於代理的人工社會」（Agent-Based Artificial Societies）去探索社會複雜化的種種策略，在研究過程中既要吸納人類學現有的研究成果，也要依靠代理技術（Agent Technology），而「理性合作」（Rational Cooperation）、「集體信念」（Collective Belief）與「情感互動」（Emotional Dynamics）等方面將成爲研究的重點〔註23〕。考古學家賴特（Henry T. Wright）認爲，關於社會政治等級演進的研究將從上述這類工作中獲益匪淺〔註24〕。

在國際複雜性科學研究領域深具威望的赫伯特・西蒙（Herbert A. Simon）曾言，社會過程因其複雜性而往往難以被還原，所以從某種程度上來講，社會科學應當是所謂「硬」科學，而這正爲複雜系統理論提供了一個可以大展身手的廣闊空間。主持中國科學院複雜系統和智慧科學重點試驗室的王飛躍同樣認爲，「人工社會」所提供的理論及方法理所當然地能爲複雜社會系統的研究開闢一片新的學術天地〔註25〕。其實社會科學領域內的研究深受哲學及自然科學理論影響乃至左右的事實，早已爲學術界所承認。正如20世紀下半葉「信息論」與「系統論」的興起，對從事本論題研究的人類學、社會學及考古學工作者的思路所造成的衝擊一樣〔註26〕，80年代以來，隨著複雜性科學理論的發展及計算機技術的進步，使得運用自然科學思維與手段來重新解釋複雜社會運動規律不僅成爲可能，而且在可預見的將來，筆者相信，這也必然成爲引領國際學術界相關研究的一種先進趨勢。不過我們應該注意的

〔註23〕 Jim E. Doran, "Trajectories to Complexity in Artificial Societies: Rationality, Belief, and Emotions", in Timothy A. Kohler & George J. Gumerman, eds.*Dynamics in Human and Primate Societies*, New York: Oxford University Press, 2000, pp.89～105.

〔註24〕 Henry T. Wright, "Agent-based Modeling of Small-scale Societies: State of the Art and Future Prospects", in Timothy A. Kohler & George J. Gumerman, eds.*Dynamics in Human and Primate Societies*, New York: Oxford University Press, 2000, pp. 373～385.

〔註25〕 王飛躍，史帝夫・蘭森：《從人工生命到人工社會——複雜社會系統研究的現狀和展望》，《複雜系統與複雜性科學》2004年創刊號，第33～41頁。

〔註26〕 Randall H. McGuire, "Breaking Down Cultural Complexity: Inequality and Heterogeneity", in Michael B. Schiffer, ed.*Advances in Archaeological Method and Theory*, Vol.6, New York: Academic Press, 1983, pp. 91～142.

是，新趨勢的興起並不意味著研究範式必將經歷單一化的痛苦過程。正如唐際根對於上個世紀歐美考古學理論發展史的董理一樣，似乎早已老態龍鍾的「歷史文化學派」並沒有輕易地被賓福德（Lewis R. Binford）或伊恩‧霍德（Ian Hodder）的新主義所擊倒，唐氏甚至認為，進入 90 年代之後，這一派竟然重新找回了本來的地位，對於考古材料的解釋再次呈現出百家爭鳴的局面〔註27〕。之所以會出現這種情況，主要原因在於：其一，當人類學或考古學的研究觸角伸入「時間」這一維度後，其研究方式不可避免地將染上歷史學色彩，梳理某一事物乃至社會整體的發展演變歷程自然成為擺在面前亟待解決的一個重大學術問題；其二，歷史研究的理論架構中天然地預留有解釋學存在的空間。徐兆仁認為，如果缺乏歷史解釋學所提供的嚴格證明，史學成果往往就會成為無源之水，無本之木，遭到頻繁的質疑與否定也就在所難免。而歷史解釋的層次與維度又從來都是多方位的，「科學解釋」與「文化解釋」的並存是自然且正常的現象，它們都屬於架構在歷史客體與研究主體之間的理解通道，甚至類似的通道同時存在著的還有很多〔註 28〕。正如愛德華‧卡爾（Edward Hallett Carr）所言，歷史學家的工作就是在「解釋」與「事實」之間尋找更完美的契合點，而「歷史」正是作者與素材、現在與既往之間永無休止的交互過程〔註 29〕。所以，從理論層面來講，嚴格意義上的「一元化」不會出現在歷史研究的領域內，多倫的新技術之於本論題的討論也只能是錦上添花，而不可能形成隻手遮天的壟斷局面。

關於早期「複雜社會」或「社會複雜化」問題，自 80 年代以來，國內部分考古學與歷史學領域內的研究者也曾有所涉及，但呈現出的總體風貌與前述國際學術界的情況有所不同，主要表現在：其一，理論架構方面表現出對國外相關研究成果的嚴重依賴性。「複雜社會」一語是舶來品，最早出現於對外國學術作品的翻譯過程中，當時還沒有中國學者結合國內材料來對這一概念進行闡發與討論。以筆者所掌握的不完全材料而計，直到 70 年代末，在以

〔註27〕 唐際根：《歐美考古學理論的發展與所謂理論流派》，載南京師範大學文博系編《東亞古物》A 卷，文物出版社 2004 年 12 月第 1 版，第 229～246 頁。

〔註28〕 徐兆仁：《歷史解釋學的基本問題》，《中國社會科學院院報》2006 年 9 月 21 日第 3 版。

〔註29〕 Edward Hallett Carr, *What is History?: the George Macaulay Trevelyan Lectures delivered in the University of Cambridge January-March 1961*, London: The Macmillan Press, 1986, p.24.

日本爲中介初步介紹國際人類學界研究動態的文章中才正式出現了「複雜社會」一語，而且在當時的語境下，該詞亦並無特指對象，不過是作爲一種敘述性語言出現在文末，所以這還不能算是國內學術界對相關問題研究的正式開端〔註30〕。稍後，在80年代後期，美國人類學家艾斯維斯（J. Aceves）與金（H. King）關於人類學學科體系的通識性介紹也被譯成中文，其中也有「複雜社會」一詞，不過那裏的複雜社會指的是現代社會，與我們目前探討的目標並不一致〔註31〕。這種對於理論探討的冷淡，以及因此而產生的對於國際學術資源的依賴性，在歷史學與考古學界一直延續至今〔註32〕。其二，關於「社會複雜化」的討論往往與「文明起源」問題緊密地聯繫在一起，絕大部分研究都是在追索中國早期文明歷程的總體框架內進行的，實際上不過是後者的附庸，沒有形成相對獨立的研究體系。因之，與前述國際學術界的情況不同，國內研究者關注的焦點基本集中在新石器時代末期至早期國家形成過程這樣一個比較狹小的時段，最早的「中國」誕生在何處以及怎樣孵化成形則成爲引領絕大多數研究活動的核心所在，相應地，本著這一論題對史前史其它時段開展的探討便顯得相對寥落。造成這種差別的原因，或許與福爾肯霍森（Lothar von Falkenhausen）聲稱的彌漫於中國考古學領域內揮之不去的「歷史編纂學」導向有關，即發掘工作事先沒有經過問題設計階段，而只以驗證某些早已爲公眾所承認並期許的「共識」爲目的〔註33〕，或許還有劉莉指出的民族主義的影響〔註34〕，無論影響來自哪一方面，總之，事實是脫出歷史文獻視域之外的史前史往往少有人問津。當然，即便是在這樣一個狹隘的視域內，具體理解情況也相當蕪雜，爭議主要集中在這些概念的適用範圍

〔註30〕〔日〕中根千枝：《日本文化人類學簡況》，李培茱譯，《民族譯叢》1979年第1期，第17～22頁。

〔註31〕〔美〕艾斯維斯（J. Aceves），〔美〕金（H. King）：《什麼是人類學》，田國培、周文華譯，月天校，《現代外國哲學社會科學文摘》1987年第12期，第23～25頁。

〔註32〕陳星燦、劉莉、李潤權、華翰維、艾琳：《中國文明腹地的社會複雜化進程——伊洛河地區的聚落形態研究》，《考古學報》2003年第2期，第161～218頁。

〔註33〕Lothar von Falkenhausen, "On the Historiographical Orientation of Chinese Archaeology", *Antiquity*, Vol. 67, No.257, 1993, pp.839～849.

〔註34〕〔澳〕劉莉：《中國新石器時代：邁向早期國家之路》，陳星燦、喬玉、馬蕭林等譯，文物出版社2007年11月第1版，第4～8頁。

上。就筆者目前所見所知，至少存在著三類傾向，或者說三種流派：其一，有人認為，「社會複雜化」與「文明進程」一詞同義，也就是說，二者之間所顯現出來的「差異」僅僅在於學術界面對同一社會運動過程採用了不同的表述方式〔註35〕；其二，另外一些人雖然也承認這兩類概念之間確實具有相似性，文義有重合的部分，但反對將二者之間的全部「差異」簡單地理解為是措辭問題，在他們看來，這兩個概念所指涉的社會運動起訖時間並不完全重合，含義有廣狹之別。譬如，有學者認為，「社會複雜化」所能涵蓋的時段可能要遠遠長於另一詞彙，因為對於「文明化進程」來講，「國家」一級社會組織方式的產生就是它的終點，換句話來講，對於某些作者而言，這一過程的舞臺只能搭建在史前時代，至於國家出現之後繼續發生著的政治經濟演替過程，就只能使用「社會複雜化」來進行描述了〔註36〕。這兩類觀點多少都涉及到了概念本身的界定問題，儘管就我們目前所掌握的材料來看，還沒有任何一方真正對此展開過深入細緻的討論。除此之外，事實上還存在著第三種觀點，但是這一派幾乎不涉及任何內涵問題，很明顯，對於概念本身，這批作者有意或無意地進行了模糊處理。如果僅對他們的作品進行文本分析的話，讀者幾乎不可能在對於「社會複雜化」或「複雜社會」的理解方面獲得任何進益，這一詞彙在文中被頻繁地使用，有的時候甚至僅僅是出於作文技術方面的考慮，目的可能是為了使文字顯得更加流暢或豐富而已，這一類作品在數量上佔有絕對的優勢〔註37〕〔註38〕〔註39〕〔註40〕。其三，跨學科研究活動尚未獲得較充分的開展。這是與國際學術界的情況相比較而言的，其實我們已經明顯地看到，即便是在國內，歷史學（此處就其廣義而言）尤其是

〔註35〕《「第六屆中國社會科學院考古學論壇」紀要》，《考古》2007 年第 7 期，第 53～59 頁。

〔註36〕王巍：《對中華文明起源研究有關概念的理解》，《史學月刊》2008 年第 1 期，第 10～13 頁。

〔註37〕欒豐實：《丁公龍山城址和龍山文字的發現及其意義》，《文史哲》1994 年第 3 期，第 85～89 頁。

〔註38〕何國強：《古代西北游牧部落創建文明與國家的非依賴性》，《中山大學學報》（社會科學版）2000 年第 6 期，第 79～85 頁。

〔註39〕劉恒武、王力軍：《良渚文化的聚落級差及城市萌芽》，《東南文化》2007 年第 3 期，第 12～16 頁。

〔註40〕吳文祥、周揚、胡瑩：《甘青地區全新世環境變遷與新石器文化興衰》，《中原文物》2009 年第 4 期，第 31～37 頁。

考古學研究中已經出現了許多具有不同學術背景參與者的身影，此間就有不少自然科學家，正因如此，才有學者倡言新世紀的考古學將是科技考古學。儘管發展前景喜人，但因我國此類活動起步較晚，更重要的是，參與者個人的學術背景相對比較單一，兼通文理者甚少，所以導致研究成果之間的契合度與國際水平相較，還存在著不容忽視的差距。上個世紀末，第32屆國際科技考古學術討論會在中國的「流產」，既反映出彼此缺乏交流的現實，也折射出雙方研究實力之間不容小覷的落差〔註41〕。

　　綜上所述，就國內外近半個世紀以來關於這類問題的研究趨勢來看，在對於早期人類社會的複雜化進程進行解釋時，應該遵循著這樣幾條原則：首先，就主要內容來講，社會複雜化包括兩個方面，即專業化與等級化，也就是說，這一過程具備「多維性」的特徵。所以對於一個史前社會來講，我們借助於考古材料能夠體察到當地包括農業、手工業等社會生產門類逐漸增多，而每一個門類中的生產工序也日益細化，這些現象都可以被看作是當時社會趨向複雜化的顯著表徵，因此從這個角度來講，生產水平的提升必然意味著社會複雜化水平的提升。我們之所以要先提到這一點，正在於本文將要討論的材料主要是由考古活動來提供的，而技術的進步，無論是從工具角度，還是從產品角度來講，正是考古學解釋中的強項，同時也是考古學解釋中的主要內容。當然，與專業化過程相伴發生的，通常還有所謂等級化的過程，等級化一般來講指的是人與人之間在社會地位方面產生的差異化現象，因此屬於上層建築領域，所以它必然是經濟生產領域內的專業化過程的一個後果。不過我們應該注意的是，作為社會基礎的經濟領域內會發生專業化，與此同時，政治、思想、文化等上層建築領域內同樣也會發生自己各具特色的分化過程，也就是經歷各自領域內的專業化。因此，我們既要認識到，社會複雜化的主要內容就是專業化與等級化，這樣兩個過程各有其內在的運動規律，同時也應該明白，這兩個過程是相互影響著的，專業化是等級化的前提，等級化又可以促進專業化的深入發展，所以歷史實際中的社會運動過程總是要比我們的想像複雜得多。再者，社會複雜化過程是階段性與連續性的統一。我們承認社會的發展是一個連續的過程，新社會總是在舊社會的肌體上成長起來，但同樣反對將社會發展所體現出的這種連續性特徵絕對化。對於學術

〔註41〕冼鼎昌、李學勤、朱清時：《科技考古學的現狀與展望》，《農業考古》2000年
　　　第3期，第17～23頁。

研究來講尤其如此，實際的社會過程正如實際的物理過程一樣，如果不進行適當的簡化或模式化處理，是根本沒有可能成爲科學研究的合適對象的。因此，試圖理解社會複雜化的過程恰如理解一條理想狀態下的物理定律一樣，對提取自考古材料或民族志記載中的體量無朋的龐雜的原始信息進行裁汰不僅是必要的，而且也是合情合理的。經過適當的簡化過程之後，事物發展的主要特徵會更形突出，而被刪減掉的部分在我們運用某一模式對一個新的觀察對象進行分析的時候又可以得到還原，故此，上述裁汰過程並不會對於客觀事實造成損毀。所以，本著一定的原則將實際發生的社會複雜化過程分割爲不同的發展階段，對於負責任的學術研究活動來講是必需的，這是一種具體的研究策略而不應被理解爲是對於前述連續性特徵的否定。最後，對於探索社會複雜化問題來講，最合適的研究視野是一個具備自身特色的地方性社會，也就是說，社會複雜化研究通常都是案例研究，這主要是因爲各地社會所面臨的具體環境差異很大，應對策略也各不相同，便於開展有針對性的案例研究。基於上述幾點認識，在接下來的論述中，我們會首先討論人類學界關於早期社會發展階段的各類不同劃分體系，在這個過程中會探討研究者本人對於社會複雜化主要內容的認知，然後再去分析陶寺出土的具體材料，最後在此基礎上嘗試提出陶寺文化複雜化的基本模式。

第一章　古典進化論的解釋

恰如上文所言，儘管從歷史發展的實際情況來看，「複雜化」同其它任何一類社會運動一樣，應該在宏觀層面上表現爲一個連續的過程，但爲了便於研究，將之依據某類或某些特徵劃分爲相對獨立的發展階段仍然是必要的，否則不僅不利於在不同社會之間開展比較討論，而且會使研究者在研究對象面前顯得無所措手足。但我們必須牢記，這些體系代表的只是一種人爲地附加於對象之上的研究策略，而絕非研究對象本身所固有的屬性。

就國內學術界的實際情況而言，主要流行著兩類劃分體系，若依人類學內部對於各種理論流派的認識，則都應屬於進化論學派。其一以美國人類學家摩爾根（Lewis Henry Morgan）於 19 世紀下半葉提出的劃分方式爲代表，其相關學說在國際學術界則通常被稱作古典進化論。這一派的理論廣爲國內學人所熟稔，甚至在相當一段時期內成爲解釋有關問題的唯一範式，而且迄今爲止仍爲主流學術研究活動所青睞，擁有大批支持者；另一派同樣出自美國人類學家之手，這就是塞維斯與弗里德在戰後分別提出並不斷得到完善的劃分思路，其整個學術架構現在通常名之爲新進化論，當然，新進化論的代表人物絕不止於塞、弗二氏。這一派的理論源頭一般可以追溯至 20 世紀初葉對創辦密歇根大學人類學系居功至偉的萊斯利・懷特（Leslie Alvin White）〔註1〕，此外，同樣曾在該校執教的朱利安・斯圖爾德（Julian Haynes Steward）自然也應屬於該派

〔註1〕 Leslie White.（2013, March 30）. In *Wikipedia, The Free Encyclopedia*. Retrieved 10: 01, April 15, 2013, from http://en.wikipedia.org/w/index.php?title=Leslie_White& oldid=547888249.

早期發展階段一位關鍵性的角色〔註2〕。新進化論自誕生之日起便表現出流派紛呈的特點，中國知識界濡染其風的精準時間無從查考，不過對於以此理論來解釋與中國早期歷史有關的考古材料而言，可以認為張光直在 80 年代所進行的紹介活動起到了重大的推動作用，「酋邦」（Chiefdom）這樣一個在當今中文世界幾乎相當於塞維斯與新進化論「名片」的專業詞彙也是由張氏創制的〔註3〕。當時中國知識界對於國際學術資源是比較感興趣的，所以甫經介紹，便相繼有學者開始試著運用這一新的範式來重新思考有關於本國早期歷史的一些重大問題，童恩正〔註4〕、王震中〔註5〕以及謝維揚〔註6〕等，都屬於這一領域內的先行者。不過在進一步展開論述之前，我們應該注意，現實是這兩派理論如今共存於中國知識界的相關著述之中，幾乎所有的學者都在同時使用著它們所提供的理論與材料，換言之，在中國知識分子群體內部是無法準確區分出哪些是摩爾根的信徒，而另外一些則追隨著塞維斯等人的腳步。

第一節　摩爾根：親屬制度與社會複雜化

摩爾根的人類學研究成果集中體現在 1877 年出版的《古代社會》一書中，這也是他以畢生精力調查、研究美洲印第安人社會，並在將之與世界各地其它早期人類社會進行了廣泛的比較討論之後形成的一部百科全書式的作品。其中內容涉及生產技術、親屬關係、家庭結構，以及政治制度等諸多方面，甚為宏富，不過有這樣兩項最基本的認識卻是貫穿於摩爾根的整個論述過程之中並時時處處制約著他對於世界各地不同材料的具體理解：

其一，摩爾根與那個時代的其它許多古典進化論人類學家一樣，堅信古今中外各種人類社會均具「同質性」。在這一點上，他聲稱，如果將澳大利亞人、波利尼西亞人、美洲印第安人部落以及希臘人和羅馬人在歷史上所經歷的進步過程連綴起來，便足以體現「人類由中級蒙昧社會到古代文明終止之

〔註2〕 Julian Steward.（2013, March 29）. In *Wikipedia, The Free Encyclopedia*. Retrieved 10: 00, April 15, 2013, from http://en.wikipedia.org/w/index.php?title=Julian_Steward& oldid=547619845.

〔註3〕 〔美〕張光直：《中國青銅時代》，生活‧讀書‧新知三聯書店 1983 年 9 月第 1 版，第 49～52 頁。

〔註4〕 童恩正：《文化人類學》，上海人民出版社 1989 年 3 月第 1 版。

〔註5〕 王震中：《中國文明起源的比較研究》，陝西人民出版社 1994 年 11 月第 1 版。

〔註6〕 謝維揚：《中國早期國家》，浙江人民出版社 1995 年版。

時的全部經驗」。根據他的判斷，儘管不同人類社會可能於地域上處在相隔數萬里彼此孤立的狀態之中，但只要社會發展階段相同，則兩者之間的「同質性」便居於主導地位，其「進步過程在性質上總是基本相同的」，當然摩氏也意識到了材料中不時出現的一些「例外」情況，但在前述邏輯認識的引領下，他只是無關痛癢地將之視爲因某些特殊原因而導致的「個別事例而已」，未能給予足夠的重視〔註7〕。之所以有著這樣的認識，主要在於摩爾根認爲人類心智史因受大腦本身基本屬性的制約，因此，由其導致的結果同樣也是「劃一的」，這就規定了人類「一切主要制度」的起源僅僅是早期極爲有限的「少數思想胚胎」，而所有這些又「都曾有一個明確的起點」，在日後的發展中還遵循著同一邏輯規律〔註8〕。所以，我們終於可以看出，在摩爾根那裏，「同源性」導致了日後的「同質性」，而由近古材料中反映出的「同質性」回溯古往，自然而且也只能得出最初的人類社會具有「同源性」，用摩氏自己的話來概括就是：「人類歷史的起源相同，經驗相同，進步相同」〔註9〕，「人類出於同源，在同一發展階段中人類有類似的需要，並可看出在相似的社會狀態中人類有同樣的心理作用」〔註10〕。黑田信一郎對此分析後指出，《古代社會》中所透露出的這類意識既是整部著作得以立足的根基，也是彌漫在那個時代的一種普遍觀念。進化思想的源頭甚至遠在黑格爾、孔德與聖西門之前，可以一直上溯至18世紀啓蒙思想時代的法國哲學家孔多塞與經濟自由主義的早期倡導者杜爾哥。而在當時，如摩爾根一樣奉此爲圭臬的還有人類學的另一位巨匠泰勒，以及巴霍芬、曼恩等人，甚至可以認爲人類學最初正是在此類進化論思想的羽翼下孵化成形的，文化或人類社會從本質上來講具有同質性並遵循著大致相同的步驟向前演進，也就是經歷彼此雷同的複雜化過程，這是那個時代無可爭辯的主流觀念〔註11〕。

〔註7〕　〔美〕路易斯・亨利・摩爾根：《古代社會》，楊東蓴、馬雍、馬巨譯，商務印書館2009年版，第17～18頁。

〔註8〕　〔美〕路易斯・亨利・摩爾根：《古代社會》，楊東蓴、馬雍、馬巨譯，商務印書館2009年版，第68～69頁。

〔註9〕　〔美〕路易斯・亨利・摩爾根：《古代社會》，楊東蓴、馬雍、馬巨譯，商務印書館2009年版，第3頁。

〔註10〕　〔美〕路易斯・亨利・摩爾根：《古代社會》，楊東蓴、馬雍、馬巨譯，商務印書館2009年版，第4頁。

〔註11〕　〔日〕黑田信一郎：《文化進化論》，載〔日〕綾部恒雄編《文化人類學的十五種理論》，中國社會科學院日本研究所社會文化室譯，國際文化出版公司1988年6月第1版，第1～11頁。

　　受此觀念鼓舞，對於全部人類歷史，摩爾根開宗明義地站在宏觀角度將之劃分爲「社會」（Societas）與「國家」（Civitas）兩個前後相續的階段。「國家」對於「社會」的代替，就是「政治性」方式對於「氏族性和社會性」方式的代替〔註12〕，個人與社會之間的中介同時也就由原來的「氏族」與「部落」轉變爲如今的「地域關係」〔註13〕。對此，《古代社會》用是否具備如下兩個標誌來偵測某一人群是否建立了「政治社會」，也就是「國家」：其一曰「地域」，政府通過居址來登記屬下公民，而不再是通過溯源某人的血統關係，也就是不再從「人身」這種角度來對個人進行身份識別；其二曰「財產」，根據私人財富的多寡，原來在氏族組織中於「權利和特權方面一律平等」的「全體成員」〔註14〕，被劃分爲若干階級，每一個階級都對應著一套獨一無二的權利——義務體系。對於這樣兩條標準，我們應該注意的是，按照摩爾根的理解，它們不僅在發生的時序上有先後之別，而且重要性，或者說對社會變化所產生的影響力似乎也不宜等量齊觀。譬如，在論述「希臘政治社會的建立」這一問題時，儘管摩氏同樣承認梭倫以財產爲據將人民分作四個階級，並藉此分割了一部分原由氏族、胞族與部落掌握的內政權，這一步「走得比瑟秀斯更遠」，將氏族推上了消亡之路，但他仍然強調「問題的本質」在這一措施出臺的過程中並沒有被觸及，因爲舊有的「氏族」與新創的「階級」都是由人身組成的，它們都不能達到「政治社會的觀念」。這個癥結最終是在大約一個世紀之後被克萊斯瑟尼斯徹底解決的，具體的辦法就是在公民之間貫徹地域性原則，政府在一如既往地關注財產事務的同時，亦諭令各地居民於所居之處「注籍」，直到此時，各「鄉區」的居民才成爲「一個有組織的政治團體」，而以往這樣的角色一向都是由氏族、胞族與部落來承擔的〔註15〕。「財產」與「地域」兩項之所以於此處獲得如此崇高的地位，成爲主導摩氏論述政治社會形成過程的核心因素，實際上仍然在於《古代社會》於完稿之前就已經爲自己樹立了一個確定的，以歐美近代社會現實爲標準的參照系。

〔註12〕　〔美〕路易斯·亨利·摩爾根：《古代社會》，楊東蓴、馬雍、馬巨譯，商務印書館 2009 年版，第 3 頁。

〔註13〕　〔美〕路易斯·亨利·摩爾根：《古代社會》，楊東蓴、馬雍、馬巨譯，商務印書館 2009 年版，第 303～304 頁。

〔註14〕　〔美〕路易斯·亨利·摩爾根：《古代社會》，楊東蓴、馬雍、馬巨譯，商務印書館 2009 年版，第 336～337 頁。

〔註15〕　〔美〕路易斯·亨利·摩爾根：《古代社會》，楊東蓴、馬雍、馬巨譯，商務印書館 2009 年版，第 310 頁。

所有的古代社會都被視為一個個具有「同質性」的個案，凡是其形式愈接近歐美當前社會的，實際上對於摩爾根而言，更重要的還是美國社會的榜樣〔註16〕，其在發展序列中所處的位階便愈高，反之，則愈低，愈原始。「財產」問題因本身牽涉到親屬制度中的「繼承權」與「所有權」，於此被列為上述兩項標準之一自不待言。至於地位更顯要的「地域性」問題，我們在行文中可以看得很明白，摩氏總是樂於將其與歐美當時的政區劃分體系類比。克萊斯瑟尼斯之所以備受青睞，恰恰因為直到這時，立法活動才終於觸及了以地緣取代親緣這個要害，而「近代文明民族就是按這個方式組織起來的」〔註17〕，稍後古代希臘人的這種政治實踐活動又被與三個主要的近代工業化國家，即美國、法國以及英國的現實體制一一進行了比附〔註18〕，這就是摩氏在考察國家產生的過程中何以擬就上述兩條標準的根據。

　　與此有關，《古代社會》對此中某些概念的認識似乎也與我們現在所用的並不完全一致。上文給出了摩爾根所堅持的「政治社會」也就是「國家」形成的兩個標準，從是書的敘述來看，這兩個標準缺一不可，所以只有後起的克萊斯瑟尼斯才被摩氏視為「雅典第一位立法者——人類第二個偉大政治方式的創建人」〔註19〕，換言之，直到當地居民終於完成了在各鄉區的「注籍」程序，雅典聯邦，或者稱之為雅典國家才算建立起來。需要注意的是，這個過程在摩爾根那裏，與所謂「文明」起源以及「史前時期」的完結並不是同步的，甚至也不被視為同一個歷史事件。譬如，是書認為，早在梭倫主政的時期，雅典人「事實上已經是一個文明的民族，而且已經進入文明有兩個世紀了」，摩爾根做出如此判斷的根據正在於他將「標音字母的使用和文獻記載的出現」視為「文明社會」出現的標誌〔註20〕，所以，很自然的結論便是，「亞細亞的希臘人」因「荷馬詩篇」而得以躋身文明社會的行列，而一衣帶水愛

〔註16〕　〔美〕L・A・懷特：《摩爾根生平及〈古代社會〉》，徐先偉譯，林耀華校，《民族譯叢》1979 年第 2 期，第 1～11 頁。

〔註17〕　〔美〕路易斯・亨利・摩爾根：《古代社會》，楊東蓴、馬雍、馬巨譯，商務印書館 2009 年版，第 310 頁。

〔註18〕　〔美〕路易斯・亨利・摩爾根：《古代社會》，楊東蓴、馬雍、馬巨譯，商務印書館 2009 年版，第 310～313 頁。

〔註19〕　〔美〕路易斯・亨利・摩爾根：《古代社會》，楊東蓴、馬雍、馬巨譯，商務印書館 2009 年版，第 310 頁。

〔註20〕　〔美〕路易斯・亨利・摩爾根：《古代社會》，楊東蓴、馬雍、馬巨譯，商務印書館 2009 年版，第 12 頁。

琴海對岸的同胞，那些「歐洲的希臘人」則直等到約一個世紀之後希西阿德詩篇的問世才終於得分享這一榮耀〔註 21〕。同樣地，史前史的結束與歷史時期的開始這樣一個轉變過程與「國家」的建立也是被分開來看待的，克萊斯瑟尼斯在這一時期的地位及作用已如前述，但摩爾根在將「雅典人的經驗」樹立爲「主要的例證」時，早先德臘科在公元前 7 世紀晚期及梭倫在前 6 世紀初期的立法努力也都被劃歸爲「有歷史的時期」的活動了〔註 22〕。總之，在摩爾根那裏，「國家」誕生與否要依據「財產」及「地域」原則特別是後者在當地的貫徹情況來確定，而「文明」與「歷史」時期的開始則被與文獻記載的出現聯繫在一起，因此，這樣兩個過程的發生是相對分離的。

其二，摩爾根認定，現存的親屬稱謂制度反映的正是在歷史上曾經客觀存在過的某種親族結構，而根據親族結構又可以去構擬古代的婚姻形態，進而獲知當時普遍通行的家族形態〔註 23〕。正是本著這種認識，在完成了對於澳洲土著那種以性爲基礎的可能較氏族制度更爲原始的社會組織方式，以及以馬來亞式親屬制度來證明的史上曾經存在過的最古老的家族形式即血婚制家族的簡略說明之後，摩爾根又相繼分析了夥婚制家族（氏族組織，土蘭尼亞式與加諾萬尼亞式親屬制度，中級蒙昧社會），偶婚制家族（按氏族和胞族組成的部落聯盟，氏族繼承制度，同宗繼承制度，低級野蠻社會），父權制與專偶制家族（雅利安式、閃族式和烏拉爾式親屬制度，子女繼承制度，有組織的奴隸制，高級野蠻社會）等一系列前後相續的發展階段。當然在這樣一個過程中，不可或缺的還有，針對每一階段摩氏都盡其所能羅列了許多發明與創制的實例，以使上述所有這些變化都顯得有據可依。對此，黑田信一郎評論道：「摩爾根的獨創之處，是關於家庭觀念的發展那部分內容，尤其是他那些將家庭形態，婚姻形態與親屬分類，親屬稱謂體系及其它領域有機地聯繫起來加以描述的部分」〔註 24〕。

〔註 21〕 〔美〕路易斯・亨利・摩爾根：《古代社會》，楊東蓴、馬雍、馬巨譯，商務印書館 2009 年版，第 250 頁。

〔註 22〕 〔美〕路易斯・亨利・摩爾根：《古代社會》，楊東蓴、馬雍、馬巨譯，商務印書館 2009 年版，第 253 頁。

〔註 23〕 〔美〕路易斯・亨利・摩爾根：《古代社會》，楊東蓴、馬雍、馬巨譯，商務印書館 2009 年版，第 448、452、497、589 頁。

〔註 24〕 〔日〕黑田信一郎：《文化進化論》，載〔日〕綾部恒雄編《文化人類學的十五種理論》，中國社會科學院日本研究所社會文化室譯，國際文化出版公司1988 年 6 月第 1 版，第 1～11 頁。

　　然而，摩爾根的這套模式自 19 世紀問世以來，即已廣受爭議〔註25〕。特別是其中有關於在某種婚姻形式產生之前曾存在過原始混亂性交時期，以及由所謂馬來亞式親屬制推導出來的第一種家族形式血婚制家族，涉及到這些內容的論述因長期以來無法獲得實證材料的有力支持而成為摩氏體系中的「軟肋」。眾所週知，作為稍晚於摩爾根的另外一位以研究人類婚姻關係史而著稱的學者，韋斯特馬克反對摩爾根關於原始亂交的說法。韋氏指出，摩爾根關於亂交行為曾經在人類社會的早期普遍流行過的觀點是由其「血緣家庭」假說推演而來的，即「血婚制家族和馬來亞式親屬制必須以這種雜交為其前提」〔註26〕。因此，如果關於後者的說法難以成立，那麼前者自然也就失去了存在的合理性，而現實恰恰是：「這種情況是在現存的任何未開化部落中都找不到的，而且它也有悖於實行類別式親屬稱謂制度的大多數民族所普遍實行的外婚制」，這樣一來，自然沒有必要繼續討論關於原始亂交的說法〔註27〕。

　　同樣地，謝苗諾夫雖然支持缺乏適當調節機制的亂婚時期的存在，但他也不得不承認，關於「血緣家庭」的提法是摩氏體系中最薄弱的一個環節。在這個問題上，摩爾除了依靠馬來亞式，更恰當地講，應稱作夏威夷式的親屬稱謂制度以外，不能提供任何堅實有力的證據來支持自己的觀點，而更為不幸的是，即使是這批材料以及摩爾根對其所做的分析也都還存在著不少問題。首先就這種親屬制度本身來講，就有一眾細節問題沒有得到應有的解釋，而是被摩氏「簡單地」繞了過去。譬如，在馬來亞式親屬制度中，丈夫與兄弟，妻子與姐妹各有專名，這就與摩爾根關於血婚制的理解產生了矛盾。要知道，在血婚制的情況下，兄弟姊妹相互婚配，「我」的妻子同時也就是「我」的姐妹，而站在女方的角度來講，「我」的丈夫同時也就是「我」的兄弟，那麼又有什麼必要為之各取專名呢？類似地，丈夫的父母與妻子的父母被冠以不同的名稱，這種現象也是摩爾根的學說所難以解釋的。再就使用著馬來亞式親屬制的夏威夷人當時實際踐行的婚姻形式而言，也與摩爾根的說法相去甚遠。與摩爾根所憑依的傳教士們的證辭不同的是，在大部分夏威夷人中實

〔註25〕〔芬蘭〕E・A・韋斯特馬克：《人類婚姻史》，李彬、李毅夫、歐陽覺亞譯，劉宇、李堅尚、李毅夫校，商務印書館 2009 年版。
〔註26〕〔美〕路易斯・亨利・摩爾根：《古代社會》，楊東蓴、馬雍、馬巨譯，商務印書館 2009 年版，第 584～585 頁。
〔註27〕〔芬蘭〕E・A・韋斯特馬克：《人類婚姻史》，李彬、李毅夫、歐陽覺亞譯，劉宇、李堅尚、李毅夫校，商務印書館 2009 年版，第 223 頁。

行的實際上是對偶婚，而且這種偶婚制已經開始了向一夫一妻制即專偶制的轉變，與此同時，在貴族階層中則流行著多偶制，換言之，所謂夥婚制以及由此所產生的普那路亞家庭也完全都是摩爾根一廂情願式的想像而已。這樣一來，在摩爾根的體系中，也就只剩下偶婚制（對偶婚）與專偶制兩種婚姻形式尚有繼續存在的價值了〔註28〕。

造成上述種種誤解的原因在於這樣兩點：一個是摩爾根先天地認定，若一種親屬制度所包含的稱謂越少，則其在歷史上產生的時期便越早，反之，則越晚，而晚近產生的親屬制必然是以某種更早，因而也就是更簡單的親屬制爲其基礎的〔註29〕〔註30〕，因此包括夏威夷人在內的眾多波利尼西亞社會被認爲就其所處的發展階段而言要低於北美地區的易洛魁人。當然，我們如今知道了摩爾根的這種認識是不正確的，一如韋斯特馬克所辯稱的那樣，難道我們能按照摩爾根的這種邏輯，僅僅因爲在英國現行的稱謂制度中不再有叔與舅、姑與姨之分，而在古代的盎格魯——撒克遜與拉丁稱謂制度中則存在著這種區分，就要荒謬地指認前者要比後者更爲古老麼？事實上，後來的研究證明，夏威夷人那類看起來更形簡單的親屬制度，非但不是早於氏族制度而如摩爾根所想像的那樣成爲孕育後者的基礎，相反地，這種不再著意區分父系與母系親屬的做法正是氏族以及與之並行的外婚制度趨向解體的表徵。因此，就類別式親屬制度而言，與摩爾根的想像大相徑庭的是，夏威夷人的制度不是源頭而應該是其它同類制度日後的演變方向，「代表了比較常見的類別式稱謂制度在歷史發展上的一個比較晚近的階段」〔註31〕〔註32〕。另一點是，摩爾根雖然區分了類別式與說明式親屬制度，但似乎並未真正理解或者說重視存在於兩者之間的本質區別，當他對前者展開分析的時候，很明顯，仍然是戴著說明式親屬制度的「有色眼鏡」來看問題的。就拿摩爾根最

〔註28〕〔前蘇聯〕Ю·И·謝苗諾夫：《婚姻和家庭的起源》，蔡俊生譯，沈真校，中國社會科學出版社1983年12月第1版，第38～39、49頁。

〔註29〕〔美〕路易斯·亨利·摩爾根：《古代社會》，楊東蓴、馬雍、馬巨譯，商務印書館2009年版，第458頁。

〔註30〕〔芬蘭〕E·A·韋斯特馬克：《人類婚姻史》，李彬、李毅夫、歐陽覺亞譯，劉宇、李堅尚、李毅夫校，商務印書館2009年版，第223頁。

〔註31〕〔芬蘭〕E·A·韋斯特馬克：《人類婚姻史》，李彬、李毅夫、歐陽覺亞譯，劉宇、李堅尚、李毅夫校，商務印書館2009年版，第223頁。

〔註32〕〔前蘇聯〕Ю·И·謝苗諾夫：《婚姻和家庭的起源》，蔡俊生譯，沈真校，中國社會科學出版社1983年12月第1版，第40頁。

熟悉的易洛魁人的案例來講，他認爲，當易洛魁人稱呼某一男子爲「父親」的時候，這個名詞的意義與我們當代社會中最常見的那種用法是一樣的。也就是說，當「我」向別人介紹說某人是我父親的時候，「我」指的通常會是自己的「生父」，即最初使「我」誕生，與「我」保持有客觀存在的生物遺傳關係的那個男人，類似的情況同樣出現在當代人使用「母親」這個稱謂的時候。於是在摩爾根的想像中，既然易洛魁人將包括自己生父在內的一大群男子都稱作父親，那麼這就證明，在說話者看來，所有這些擁有同一名稱的男子就都與自己的出生有關。換言之，在最初，他們都可能與自己的生母發生過性關係，而且這種性關係又是如此地混亂與頻繁，以至於如今已無法準確識別這些男人中到底哪一個才是「我」的眞正的生物學意義上的父親，所以，無奈之下，「我」只能泛稱他們爲父。這是摩爾根在由親屬稱謂逆推曾經存在過的某種親屬制度時所表現出的基本邏輯，但這種邏輯在處理「母親」這一稱謂時就出現了問題。與父親不同的是，母子之間的關係要牢固更要明確得多，一位婦女怎麼能連自己所生的孩子也辨識不出，從而被迫在面對孩子時要與其它一大群女人共享「母親」這樣一個稱謂呢？對於這個矛盾之處，摩爾根巧妙地轉變了自己原來在解釋「父親」稱謂時所秉持的觀察角度，即從生物關係的角度轉到了社會關係的角度。他指稱，因爲這些女子皆可爲「我」父之妻，所以從「我」父親的角度來講，她們就都是「我」的母親，「我」以「子」的身份出現在她們的面前〔註33〕。所以我們看到，即便是對於同一套親屬稱謂制度，摩爾根在分別解釋「父親」與「母親」的來源時，也並沒有眞正站在同一個角度來看問題，這就使得他對於上述兩個稱謂的解釋變得缺乏可比性。換言之，他本應站在同一個角度來進行解釋的，但這個角度卻不是他原來所理解的那種生物關係的角度，而是社會關係。從這個角度來講，他或許確實應該適當參考一下麥克倫南針對他就類別式親屬制起源機制所做解釋的批評〔註34〕，因爲後者所關注的正是摩爾根所忽略的。這一點同時也是造成摩爾根解釋中諸多錯誤的重要原因，即親屬稱謂可以反映但不僅僅只是反映兩個人之間在嚴格的生物學意義上的親緣關係，甚至主要不是用來反映這種關係的。正如摩爾根在解釋與眾多「父親」同時並存的眾多「母親」時所理

〔註33〕　〔前蘇聯〕Ю・И・謝苗諾夫：《婚姻和家庭的起源》，蔡俊生譯，沈眞校，中
　　　　　國社會科學出版社 1983 年 12 月第 1 版，第 30 頁。
〔註34〕　〔美〕路易斯・亨利・摩爾根：《古代社會》，楊東蓴、馬雍、馬巨譯，商務
　　　　　印書館 2009 年版，第 603〜607 頁。

解的那樣，它還可以而且確實在許多場合下被用來表明雙方之間客觀存在的且為社會所認可的某種權利與義務關係，簡言之，即社會關係。在這個方面，民族志記載可以為我們提供大量的例證用以證明下面這樣兩個相互關聯著的事實：其一，原始人有能力明確辨識自己的生父與生母；其二，在此前提下，他們仍然可以使用摩爾根翻譯為「父親」或「母親」等的那些稱謂去稱呼其它人，甚至是與自己本身並無任何親屬關係的陌生人〔註35〕。在討論親屬稱謂體繫時，生物學意義上的關係與單純社會意義上的關係可以重疊但不必然重疊，我們現在之所以對於兩者之間不相符合的情況感到陌生，全然在於我們在日常生活中接觸到的最多的例子都是像自己的父母那樣由一男一女，一夫一妻組建而成的核心家庭，在當代這種流行最廣的婚姻形式下，親屬稱謂在上述兩種意義之間取得一致也就不足為奇了，當然，即便是在今天，例外的情況也仍然存在，譬如養父與養子之間的那種關係。不過問題是，現在擺在我們面前的研究對象是原始社會而非當代社會，雖然摩爾根已經認識到了婚姻與家庭形式以及附麗於其上的親屬制度在歷史上曾幾經變化〔註36〕，但他卻未能由此順理成章地意識到這樣一個事實，即具備高度可塑性的社會關係才是引致親屬稱謂隨著人類歷史的演進而變動不居的真實原因。相反地，「假如親屬關係是生物學上的現象，那麼當然它在人類發展的一切階段就會總是一樣的」〔註37〕，因為生育後代的生物行為只需一男一女即可完成，這種程序從古到今都是一樣的，但關鍵是，「親屬稱謂的確立，『主要是根據性別、年齡以及稱呼者與被稱呼者之間的外部關係，即社會關係。』」〔註38〕甚至存在這樣的情況，即縱使摩爾根所認定的那種實際存在於雙方之間的親屬關係未曾發生改變，晚輩也可能因為失怙或失恃而調整對於某些長輩的稱呼，因為這時叔伯或舅舅對於孤兒的意義就與其父在世時有所不同〔註39〕。

〔註35〕 〔芬蘭〕E・A・韋斯特馬克：《人類婚姻史》，李彬、李毅夫、歐陽覺亞譯，劉宇、李堅尚、李毅夫校，商務印書館 2009 年版，第 237～238、252～254 頁。

〔註36〕 〔美〕路易斯・亨利・摩爾根：《古代社會》，楊東蒪、馬雍、馬巨譯，商務印書館 2009 年版，第 437～455 頁。

〔註37〕 〔前蘇聯〕Ю・И・謝苗諾夫：《婚姻和家庭的起源》，蔡俊生譯，沈真校，中國社會科學出版社 1983 年 12 月第 1 版，第 45 頁。

〔註38〕 〔芬蘭〕E・A・韋斯特馬克：《人類婚姻史》，李彬、李毅夫、歐陽覺亞譯，劉宇、李堅尚、李毅夫校，商務印書館 2009 年版，第 233 頁。

〔註39〕 〔芬蘭〕E・A・韋斯特馬克：《人類婚姻史》，李彬、李毅夫、歐陽覺亞譯，劉宇、李堅尚、李毅夫校，商務印書館 2009 年版，第 234 頁。

可見，摩爾根在這裏所犯的主要錯誤在於他在處理歷史材料時未能一如既往地以發展的眼光來看問題，而是以一種以不變應萬變的心態，主觀地將 19 世紀末葉美國白人社會中，那種建立在專偶制之上的親屬稱謂體系中生物學關係與社會關係相重合的情況嫁接到了他所研究的未開化人群中去。於是，「父親」就被簡化爲「生父」，「母親」也被簡化爲「生母」，既然是「生父」與「生母」，那麼雙方之間必然存在有婚姻與性的關係。自然而然地，若孩子稱呼一大群人爲父或母，那麼按照摩爾根的理解，這樣的一大群人彼此之間也必然都有著婚姻與性的關係，於是也就人爲地創造出了所謂的血婚制與夥婚制家族。

此外，摩爾根關於父權制家族的觀點也是值得商榷的。有可能是出於以自己在新大陸未開化人群中的新發現來反駁當世通行看法的緣故，或者是因爲這種家族形態未能產生出一類專屬於自己的親屬制度，要麼就是統治與奴役關係的產生與摩氏本人對於原始社會的一般認識相衝突〔註 40〕，總之，摩爾根極力貶低這種家族形態在歷史上的地位與影響，僅僅將其視爲各種家族形態順序演化過程中的一種例外情況，認爲沒有必要對之開展過多討論〔註 41〕。對於摩爾根來講，這種家族形態被認爲僅存在於個別種族之中，且實際存續的時間也很短暫，與文明社會相匹配的專偶制被看作是這種「不正常」的家族形態未來演化的方向〔註 42〕，而且由於希伯來人等閃族部落的緣故，這種家族形態還被人爲地與游牧生活方式聯繫在了一起〔註 43〕。很明顯，根據今天的知識，摩爾根的這些看法很難被認爲是符合歷史實際的，僅就《古代社會》所搜集的材料來看，這樣的家族組織方式就曾存在於古代的閃族、希臘以及拉丁部落之中〔註 44〕，而對於像中國這樣的東方社會來講，難道我們在這裏還有必要再去論證父權家族在早期

〔註 40〕〔美〕路易斯·亨利·摩爾根：《古代社會》，楊東蓴、馬雍、馬巨譯，商務印書館 2009 年版，第 437～439、540、544～545、591 頁。
〔註 41〕〔美〕路易斯·亨利·摩爾根：《古代社會》，楊東蓴、馬雍、馬巨譯，商務印書館 2009 年版，第 29～30、437、453、540、546～547、583、588 頁。
〔註 42〕〔美〕路易斯·亨利·摩爾根：《古代社會》，楊東蓴、馬雍、馬巨譯，商務印書館 2009 年版，第 540、546、554 頁。
〔註 43〕〔美〕路易斯·亨利·摩爾根：《古代社會》，楊東蓴、馬雍、馬巨譯，商務印書館 2009 年版，第 29～30、539～540、554、583 頁。
〔註 44〕〔美〕路易斯·亨利·摩爾根：《古代社會》，楊東蓴、馬雍、馬巨譯，商務印書館 2009 年版，第 544～545 頁。

歷史中的普遍性與重大意義麼〔註45〕〔註46〕？還有一點需要我們注意的是，儘管在摩爾根的體系中，一夫多妻的父權制家族與一夫一妻的專偶制家族被看作是擁有兩類不同婚姻制度的家族形態，但若與在此之前的婚姻形式即群婚相比，那些爲摩爾根所看重的存在於前兩者之間的區別至多只能被看作是形式上的而非實質性的。因爲無論是多偶制還是專偶制，在這裏，我們所見到的都只是個體婚，也就是發生於個體之間的婚媾關係，這種關係是建立在個人與個人之間，而非集團與集團之間的。多偶制其實就是多次結合且同時共存的專偶制〔註47〕，它並不是一種較之專偶制發展程度更低的婚配形式，也未曾於短期內爲後者所取代，眾所週知的例證是，在古代東亞社會，富裕階層中以男子爲中心的多偶現象一直存在，直到進入近代以後才在歐風美雨的影響下被從法律層面上廢除，而這還僅僅只是在婚姻實踐中徹底清除多偶制的一個開端〔註48〕〔註49〕〔註50〕。所以，摩爾根對於父權家族的歷史定位是不恰當的，實際上他在解釋父權家族向專偶制家族形態轉變的過程中也從未取得過成功。

第二節　恩格斯：技術進步與社會複雜化

儘管摩爾根明確地提出了這樣兩條標準，但在對最重要的案例——雅典的國家形成過程進行具體分析的時候，關於政治史的內容仍然佔了絕大部分。與此同時，雖然克萊斯瑟尼斯（即克里斯提尼）在這裏受到了摩爾根的推崇，《古代社會》也毫不含糊地承認他對政府的改革使之與此前階段相較「形成鮮明的對比」，然而國家形成這樣一個劃時代的歷史過程仍然沒有獲得足夠

〔註45〕 王震中：《中國古代國家的起源與王權的形成》，中國社會科學出版社2013年3月第1版。

〔註46〕 王震中：《中國文明起源的比較研究》（增訂本），中國社會科學出版社 2013年3月第1版。

〔註47〕 〔前蘇聯〕Ю·И·謝苗諾夫：《婚姻和家庭的起源》，蔡俊生譯，沈眞校，中國社會科學出版社1983年12月第1版，第62頁。

〔註48〕 李曉婧：《從法律的視角審視南京國民政府時期的納妾行爲——以江寧縣司法訴訟檔案爲考察中心》，《民國檔案》2013年第4期，第93～99頁。

〔註49〕 李卓：《女性社會角色的變遷與日本的現代化》，《南開日本研究》2013年第1期，第121～140頁。

〔註50〕 李雯：《身似斷雲零落——20世紀初期新加坡的妹仔》，《華僑華人歷史研究》2011年第1期，第47～55頁。

的重視。因爲摩爾根只是將它視爲「一種方式的改變，既不是原則的改變，甚至也不是機構的改變」〔註 51〕，摩氏產生這類認識的根源正在於他缺乏對於社會經濟問題的關注。我們很清楚地看到，在關於希臘政治社會建立過程的回顧中，經濟內容只是在這一章的開端部分獲得了一些極爲籠統的膚淺描述〔註 52〕。對於這一點，研究馬克思主義國家起源學說史的學者們普遍認爲，雖然無可否認的是，19 世紀中葉以後，民族學與人類學的發展成就爲馬克思及恩格斯更新自己關於人類原始社會史的知識提供了基礎，在這其中，摩爾根的《古代社會》自然佔據著更加突出的地位，但必須注意到的是，摩氏與經典作家在這類問題上的認識顯然存在著不容小覷的差距。對於摩爾根來講，我們甚至還不能毫無顧忌地稱他就是一個唯物主義者，至少不能把他算作是一個自覺的唯物主義者。正如他在闡述希臘問題時所表現出來的那樣，在《古代社會》的某些篇章中，政治事件的根源僅僅被歸結爲人類此前心智的進步或其它政治事件的影響〔註 53〕〔註 54〕〔註 55〕。如今，這一部分缺失的邏輯鏈環就只能到恩格斯的著作中去撿拾了。

　　馬克思逝世後不久，在整理亡友遺物的過程中，恩格斯發現了前者就摩爾根著作所留下的讀書筆記。通過對於這份遺稿的解讀，恩格斯認爲，馬克思生前業已制定了一份寫作計劃，目的是爲了用唯物主義歷史觀來闡述這位美國人類學家的最新研究成果，藉以向歐洲讀者，特別是工人階級解釋國家的起源過程及其本質。從恩格斯與考茨基的通信來看，對社會主義及工人運動並未顯露出特別感情的摩爾根之所以受到經典作家們的關注甚至是推重〔註 56〕，可能主要在於這樣兩點：首先，雖然不能說是自覺地，但摩氏至少是自發地在解釋社會歷史演進的過程中加入了一些關於各個時代技術與生活方式

〔註 51〕　〔美〕路易斯・亨利・摩爾根：《古代社會》，楊東蓴、馬雍、馬巨譯，商務印書館 2009 年版，第 315 頁。

〔註 52〕　〔美〕路易斯・亨利・摩爾根：《古代社會》，楊東蓴、馬雍、馬巨譯，商務印書館 2009 年版，第 297 頁。

〔註 53〕　〔美〕L・A・懷特：《摩爾根生平及〈古代社會〉》，徐先偉譯，林耀華校，《民族譯叢》1979 年第 2 期，第 1～11 頁。

〔註 54〕　涂贊琥：《恩格斯家庭、氏族和國家理論的研究——學習〈家庭、私有制和國家的起源〉》，武漢大學出版社 1986 年 6 月第 1 版，第 19 頁。

〔註 55〕　汪永祥、李德良、徐吉升編著：《〈家庭、私有制和國家的起源〉講解》，中國人民大學出版社 1986 年 11 月第 1 版，第 22～23 頁。

〔註 56〕　〔美〕L・A・懷特：《摩爾根生平及〈古代社會〉》，徐先偉譯，林耀華校，《民族譯叢》1979 年第 2 期，第 1～11 頁。

演變情況的闡述。尤爲難能可貴的是，他在涉及國家起源的問題時還談到了
私有財產在這一過程中所發揮的對於原始共產製生活的破壞作用，儘管主要
是從觀念或思想意識這個層面來談的〔註 57〕。然而這在恩格斯看來，等於是
摩爾根在自己所專攻的領域內重新發現了同時也就是印證了馬克思生前所主
張的歷史觀；再者，摩爾根甚至顯露出了成爲一名偉大預言家的潛質，在《古
代社會》就人類財產觀念所做的分析中，我們讀到了這樣的話：「社會的瓦解，
即將成爲以財富爲唯一的最終目的的那個歷程的終結，因爲這一歷程包含著
自我消滅的因素。政治上的民主、社會中的博愛、權利的平等和普及的教育，
將揭開社會的下一個更高的階段，經驗、理智和知識正在不斷向這個階段努
力。這將是古代氏族的自由、平等和博愛的復活，但卻是在更高級形式上的
復活。」〔註 58〕恩格斯認爲摩爾根的這類表述等於是「對現代社會提出了直
接的共產主義的要求」〔註 59〕，或者說「對現時代作出了共產主義的結論」〔註
60〕，是「用了卡爾·馬克思才能說的話來談論這一社會的未來的改造」〔註 61〕。
儘管就《古代社會》本身的文字來講，我們還看不到摩爾根曾明確表達過自
己對於除了原始社會以外的其它共產主義社會形態的觀點，所見到的最多的
則是他對於奉行共和制度的美國的讚美以及本身作爲一名美國人的自豪感〔註
62〕。但不管摩爾根最初所做的具體表述到底是怎樣的，恩格斯自己的態度是
相當明確的，那就是要用「我們的觀點和已經得出的結論」去解釋摩爾根通
過在美洲的田野調查工作而貢獻的事實材料，如果不這樣做，而只是就事論
事地談摩爾根與他的那些發現，那麼「就沒有意義了」〔註 63〕。即便手頭的

〔註 57〕 Elman R.Service, "The Mind of Lewis H. Morgan", *Current Anthropology*, Vol.22, No.1, 1981, pp.25～31.

〔註 58〕 〔美〕路易斯·亨利·摩爾根：《古代社會》，楊東蓴、馬雍、馬巨譯，商務印書館 2009 年版，第 637 頁。

〔註 59〕 中共中央馬克思恩格斯列寧斯大林著作編譯局編：《馬克思恩格斯選集》第 4 卷，人民出版社 1995 年 6 月第 2 版，第 661 頁。

〔註 60〕 中共中央馬克思恩格斯列寧斯大林著作編譯局譯：《馬克思恩格斯全集》第 36 卷，人民出版社 1974 年 10 月第 1 版，第 127 頁。

〔註 61〕 〔德〕恩格斯：《家庭、私有制和國家的起源》，中共中央馬克思恩格斯列寧斯大林著作編譯局譯，人民出版社 1999 年 8 月第 3 版，第 18 頁。

〔註 62〕 〔美〕路易斯·亨利·摩爾根：《古代社會》，楊東蓴、馬雍、馬巨譯，商務印書館 2009 年版，第 247、338～339 頁。

〔註 63〕 中共中央馬克思恩格斯列寧斯大林著作編譯局譯：《馬克思恩格斯全集》第 36 卷，人民出版社 1974 年 10 月第 1 版，第 143～145 頁。

日程排得很緊，但恩格斯當時還是決定先放下其它的工作，集中精力利用馬克思留下的材料，以期保證《家庭、私有制和國家的起源》（以下簡稱《起源》）一書能夠盡早出版〔註 64〕〔註 65〕。他的心情是如此地迫切，以至於日後在私人信件中坦承，當時在與同摩爾根意見相左的各派學者通過出版物進行辯論的過程中，他實際上並沒有認眞地看過那些對手的著作，大多數時候都是憑猜測的，不過幸運的是，他「都相當準確地猜對了」〔註 66〕。他這樣做是有理由的，但首先不是出於學術研究上的考慮，如果僅僅是因爲學術原因，那麼這項工作完全可能被推後。實際上，《起源》寫作及出版過程中最重要的一個時代背景是與當時的政治鬥爭形勢有關的，這方面的關係直接影響了全書的論述基調，特別是在涉及到國家性質等敏感問題的論述上，這種影響表現得尤爲顯著，那就是爲了破除對於所謂的超階級的國家政權的迷信〔註 67〕，反擊當時「猖獗一時的國家社會主義」思潮〔註 68〕。對於這部作品的政治背景，恩格斯自己始終有著清醒的認識，他也意識到了在德國，當時還不具備獲准出版的寬鬆條件〔註 69〕，因此這部原本以德文寫就的著作首先是在瑞士與讀者見面的。

　　與《古代社會》一書的態度類似，《起源》同樣認爲雅典國家的形成過程，對於探討國家起源問題而言實在是「一種非常典型的例子」〔註 70〕，不過恩格斯很顯然是意識到了摩氏分析中的不足之處，因此明言要爲雅典政治形勢的變動補充作爲其根源的「經濟內容」〔註 71〕。所以我們現在如果要考察古

〔註 64〕中共中央馬克思恩格斯列寧斯大林著作編譯局譯：《馬克思恩格斯全集》第 36
　　　　卷，人民出版社 1974 年 10 月第 1 版，第 132 頁。

〔註 65〕中共中央馬克思恩格斯列寧斯大林著作編譯局譯：《馬克思恩格斯全集》第 36
　　　　卷，人民出版社 1974 年 10 月第 1 版，第 135～137 頁。

〔註 66〕中共中央馬克思恩格斯列寧斯大林著作編譯局譯：《馬克思恩格斯全集》第 38
　　　　卷，人民出版社 1972 年 8 月第 1 版，第 110～113 頁。

〔註 67〕涂贊琥：《恩格斯家庭、氏族和國家理論的研究——學習〈家庭、私有制和國
　　　　家的起源〉》，武漢大學出版社 1986 年 6 月第 1 版，第 2～5 頁。

〔註 68〕中共中央馬克思恩格斯列寧斯大林著作編譯局編：《馬克思恩格斯選集》第 4
　　　　卷，人民出版社 1995 年 6 月第 2 版，第 660～661 頁。

〔註 69〕中共中央馬克思恩格斯列寧斯大林著作編譯局譯：《馬克思恩格斯全集》第 36
　　　　卷，人民出版社 1974 年 10 月第 1 版，第 143～145 頁。

〔註 70〕中共中央馬克思恩格斯列寧斯大林著作編譯局編：《馬克思恩格斯選集》第 4
　　　　卷，人民出版社 1995 年 6 月第 2 版，第 118 頁。

〔註 71〕中共中央馬克思恩格斯列寧斯大林著作編譯局編：《馬克思恩格斯選集》第 4
　　　　卷，人民出版社 1995 年 6 月第 2 版，第 107 頁。

典進化論是如何來理解國家形成過程的，最好莫過於將此兩部著作結合起來閱讀。眾所週知，摩爾根原來的敘述其主體架構是古代雅典的三次立法活動，恩格斯同樣從這些政治改革入手，但爲它們增補了社會經濟方面的論證。對於較早的提修斯改革，《起源》指出，其作用一個是在雅典建立了「普遍適用的民族法」，爲突破氏族組織的限制邁出了第一步。因爲如今根據這項措施，無論是否在原氏族居地，雅典的公民也可以獲得法律的保護了，同時開了日後徹底拆解氏族與部落對人身的控制體系並大規模容納外來人口的先河。這是對早先當地已然比較發達的商品生產與商品交易現實的承認，正是這種出現在野蠻時代高級階段末期的經濟活動引起了人口的錯雜居住，同時也便利了日後人們開展更廣泛的商貿活動。第二個作用在於，通過劃分階級鞏固了貴族的政治特權，強化了已經出現的分工形勢，鼓勵社會成員從新的職業的角度來進行身份認同，而不是舊有的氏族制度中那類血緣關係。從恩格斯後來的分析中，我們可以知道，有權有勢者的權益從中獲得了保護，他們現在放手在雅典及其近郊那些經濟發達的地區經營商貿，並縱容商業與高利貸資本侵蝕農村的氏族公社。貨幣、債務與債權人這些新的因素隨著爲個人佔有的土地大量被典賣而進一步肢解了氏族的組織體系，同時被販賣的甚至還有人口，這是專偶制的結果，子女在獲享財產優先繼承權的同時，本身也成爲了父親的一項私產，正如他們的母親早先已經淪爲的那種地位一樣。第二次改革是梭倫主持的立法活動，針對的正是這些在第一次立法活動之後所出現的貌似繁榮實則動蕩不安的經濟形勢。梭倫通過侵犯債權人的所有權而關閉了商業資本大規模湧向農村的閘門，以防止「自由的雅典人變爲奴隸」〔註72〕。對於貴族們於此間所受到的限制，梭倫在政治領域給予了適當補償，允許私有財產作爲一個「全新的因素」加入舊制度中，憑此來規定公民們各自的權利與義務，幫助貴族們將自己已經獲得的特權部分地借由「財富特權」的形式予以更新。梭倫改革的經濟意義在於，它使得貨幣、奴隸與進行跨境貿易所不可或缺的船隻等動產終於上陞爲有產者進行投資的直接目的。這三項當時社會所熱烈追求的對象又恰好都是雅典本地的氏族體系所無法提供的，於是大規模引進外來因素，尤其是外來人口，並爲他們在當地新的環境中開闢生存空間，就不可避免地成爲下一步政治改革的目標。這也就是最後

〔註72〕中共中央馬克思恩格斯列寧斯大林著作編譯局編：《馬克思恩格斯選集》第4卷，人民出版社 1995 年 6 月第 2 版，第 113 頁。

一次立法活動，所謂「克里斯提尼革命」（即克萊斯瑟尼斯）的主要內涵，即不依族籍，而憑常住地區來管理全部雅典人，無論他們出身於何鄉，來自何處，於是，「居民在政治上已變爲地區的簡單的附屬物了」〔註73〕。事已至此，雅典國家終於脫胎成型了，氏族組織也從公共事務中淡出了，只是在私人領域與宗教活動中還保留有一定的影響力〔註74〕。

國家是因著經濟問題而產生的，同樣也因經濟問題而走向滅亡。對於雅典而言，《起源》認爲，最終埋葬這個國家的正是「排斥自由公民勞動的奴隸制」，而奴隸制在國家起源過程中的角色已如前述。這就是恩格斯對雅典國家起源過程中政治活動與經濟現實兩者之間互動過程的分析，每一步政改都是對既存經濟困局的突破，同時又引起了新的問題，這也是日後進行下一次政改的前提，而這一看似互爲因果的邏輯鏈環的端頭實際上還是潛伏在經濟領域內，是那些「擾亂了氏族制度機關的正常活動」的分工與交換以及由此而導致的商品生產行爲〔註75〕。至於「分工」這種更爲本源的因素又是從何而來的，根據恩格斯在《起源》一書中的表述來看，應該是技術的發展與生產領域的擴大。爲此，他聲稱人類歷史上曾經發生過三次具有決定意義的大分工：第一次是游牧部落從野蠻人中分化出來，原因則是人們成功地實現了對於亞洲草原地帶某些大型野生哺乳動物的馴化，發現了新的生產領域。於是，生產資料與生產手段的差異決定了人們之間產品的差異，而產品的差異又決定了交換——起先是集體的，通過酋長來進行，而後則主要是個人的——必然出現於跨部落的經濟活動中，交換的發展則催生了對貨幣這類普通等價物的需求，在這個階段上，牲畜自然成爲充當這一角色的合適對象。而且我們還應特別注意到，農業起源這樣一個重要的問題，在恩格斯看來，實際上是畜牧業出現的一個後果，因爲最初的耕作目的不過是爲了給地處亞洲內陸的畜群提供過多所需的飼料而已〔註76〕。時當野蠻時代中級階段，與之相對應的社會組織形態是氏族組織；第二次是手工業與農業相互分離。如今社會經

〔註73〕 中共中央馬克思恩格斯列寧斯大林著作編譯局編：《馬克思恩格斯選集》第4卷，人民出版社1995年6月第2版，第115頁。

〔註74〕 中共中央馬克思恩格斯列寧斯大林著作編譯局編：《馬克思恩格斯選集》第4卷，人民出版社1995年6月第2版，第116頁。

〔註75〕 中共中央馬克思恩格斯列寧斯大林著作編譯局編：《馬克思恩格斯選集》第4卷，人民出版社1995年6月第2版，第108頁。

〔註76〕 中共中央馬克思恩格斯列寧斯大林著作編譯局編：《馬克思恩格斯選集》第4卷，人民出版社1995年6月第2版，第161頁。

濟生活的內容越來越複雜多樣了，因此造成本次大分工的原因是被從多方面
來解釋的，但「鐵」這一所謂「在歷史上起過革命作用的各種原料中最後的
和最重要的一種」〔註77〕，分明被作者置於一種更突出的地位之上：它帶來
了鐵劍，也就帶來了英雄時代；帶來了鐵犁與鐵斧，也就帶來了農田面積的
大規模擴展，還為手藝人提供了一種更鋒利堅硬的工具。於是，農業與手工
業生產的複雜化程度終於突破了個人能力可承擔的極限，分工成為不可避免
的了。這次分工帶來的一個最重要的經濟後果是商品生產的出現，當然還有
貿易的興起。在上一階段已然被人們作為裝飾品來使用的貴金屬開始取代早
先的牲畜，成為新的貨幣種類。土地公有制度隨著貧富分化已經悄然起了變
化，開始向完全的私有制過渡，這早已成為氏族內部公開的秘密。個體家庭
如今佔有了基本的生產資料，又掌握了更先進的生產技術與工具，於是，它
在經濟上與氏族組織的分離傾向便愈益強烈，它的獨立性在不斷得到強化，
同時伴隨著的還有對偶婚向專偶制度的演變，這一切都推動「個體家庭開始
成為社會的經濟單位了」〔註78〕。這時人類歷史處於野蠻時代高級階段，恩
格斯所認為的「文明」的前夜，其社會組織方式是部落聯盟的普遍存在及其
向「民族」的過渡。為國內學術界所熟稔的「軍事民主制」一語也是出現於
恩格斯對這一階段的描述中的，「軍事首長」、「議事會」與「人民大會」這樣
的「三權政府」〔註79〕，或者其它地方所見的職責與之類似的部門成為這個
時代管理機構的一般組織形式。最後一次社會大分工發生之時，人類已經進
入了文明時代，這就是不事生產的商人階層的出現。這次分工是對前述分工
成果的繼承與擴大，是商品經濟發展的邏輯結果。利息與高利貸出現於這個
階段上，前文所述古代雅典的許多立法活動都是基於這一經濟現實的。這一
階段的經濟內容十分複雜，我們從恩格斯的敘述中也沒有發現他像前兩次分
工那樣將經濟領域內這些交織在一起的新變化歸結為某項或某幾項具體的技
術革新，「商品」、「貿易」、「奴隸」、「貨幣」（這時又有了鑄幣）以及「地產」

〔註77〕 中共中央馬克思恩格斯列寧斯大林著作編譯局編：《馬克思恩格斯選集》第 4
卷，人民出版社 1995 年 6 月第 2 版，第 163 頁。
〔註78〕 中共中央馬克思恩格斯列寧斯大林著作編譯局編：《馬克思恩格斯選集》第 4
卷，人民出版社 1995 年 6 月第 2 版，第 164 頁。
〔註79〕 〔日〕小野澤正喜：《馬克思主義與人類學》，載〔日〕綾部恒雄編：《文化人
類學的十五種理論》，中國社會科學院日本研究所社會文化室譯，國際文化出
版公司 1988 年 6 月第 1 版，第 83～101 頁。

等等經濟因素，都在此前已經嵌入了氏族的肌體，只不過如今隨著商人階層的出現以及商品生產與交換的進一步發展，其規模或影響力日益膨脹而已。這時的上層建築領域內，氏族組織已經走向了窮途末路，因為它那些缺乏強制手段的機構再也無法調節不同階級之間相互對立的經濟訴求，而且也無法在同一地域內保持居民來源的純潔性了，於是一種新的可以同時滿足這兩方面需求的歷史事物產生了，這就是國家，它是「分工及其後果即社會之分裂為階級」的最終產品。以上所述便是恩格斯為國家起源問題所提供的經濟學解釋，也是其它解釋所由以構建的基礎〔註80〕。

　　所以我們很自然地看到，儘管恩格斯聲明《起源》是根據摩爾根的研究成果而作，為的是用唯物主義的歷史觀來闡述「這些成果的全部意義」〔註81〕，摩氏的這部作品也得到了恩格斯的高度褒揚，後者甚至不惜將之與達爾文的進化理論以及馬克思的剩餘價值學說相提並論〔註82〕，然而由於研究策略，甚至是認識深度方面的差異，《起源》與《古代社會》兩部經典著作之間的區別也是不容忽視的。筆者以為，最主要的不同表現在這樣兩個問題上：其一，就「國家」形成的標誌而言，摩爾根所提出的前述兩項標準並未被恩格斯完全繼承，其中的「地域性」特徵是兩者共同強調的，因為後者同樣認為「這種按居住地組織國民的辦法是一切國家共同的」〔註83〕，分歧表現在

〔註80〕　對於恩格斯所提出的三次社會大分工理論，國內學術界存在有不同意見，爭論主要集中在這樣三個問題上：首先，恩格斯提出的第一次社會分工，因為難以獲得實證材料的有力支持，只能被看作是當時環境下的一種假說；再者，對於第二次及第三次分工來講，參與其中的社會主體到底是誰？是個體家庭，還是某種規模更大的人群共同體，譬如氏族、部落或宗族等？中國學術界的一般意見看起來似乎是更傾向於後者，即尊重《逸周書》與《左傳》等歷史文獻中的相關記載，以某類族組織為單位來理解這一進程在古代中國特殊歷史環境下的發生與發展；最後，主張階級分化的最終結果是在經濟分化與政治發展兩方面因素的共同作用下形成的。雖然恩格斯早先曾有提及管理職能對於社會本身的獨立化傾向同樣在階級形成的過程中產生過影響，但就中國學術界的觀點來看，在這個問題上，《起源》一書對於經濟領域之外其它因素所起作用的重視似較《反杜林論》等作品為弱（王震中：《中國古代國家的起源與王權的形成》，中國社會科學出版社 2013 年 3 月第 1 版，第 25～28 頁）。

〔註81〕　中共中央馬克思恩格斯列寧斯大林著作編譯局編：《馬克思恩格斯選集》第 4 卷，人民出版社 1995 年 6 月第 2 版，第 1 頁。

〔註82〕　中共中央馬克思恩格斯列寧斯大林著作編譯局編：《馬克思恩格斯選集》第 4 卷，人民出版社 1995 年 6 月第 2 版，第 14～15 頁。

〔註83〕　中共中央馬克思恩格斯列寧斯大林著作編譯局編：《馬克思恩格斯選集》第 4 卷，人民出版社 1995 年 6 月第 2 版，第 171 頁。

另外一點上，這在他們對於雅典歷史上三次重要立法活動的評價中就可以看得出來，摩爾根對克萊斯瑟尼斯（即克利斯提尼）的評價已見前文，但恩格斯顯然樂於將更大的篇幅分配給另外兩位其措施涉及到分工與所有制因素的改革者〔註 84〕〔註 85〕。因此，下述改變就成為順理成章的事情了，摩氏針對財產問題所提出的標準，在恩格斯手中被抽象化了。摩爾根原本講的是在國家創建的過程中，根據財產將屬下居民劃分為不同的階級，這就在舊有的氏族組織之外為社會中的個體創立了一種新的身份認同的體系，他的著眼點停留在這項措施對於親屬制度的破壞上。但恩格斯的分析更深入了一步，他關注的是在「社會分裂為階級以後」歷史進程的發展，對於這個後續過程的分析使得《起源》一書終於得出了「國家」這種上層建築與「階級對立」這種經濟現象之間的關係。那就是「國家」的出現滿足了「控制階級對立的需要」，它自身也是「在這些階級的衝突中產生的」〔註 86〕，為的是將這些因經濟矛盾而導致的階級鬥爭控制在一定的範圍之內，不致於毀滅整個社會。所以從更本質的意義上來講，這種歷史上的新生事物應該被理解為是一種源於社會而又高於社會的異化力量，它的具象表現就是「公共權力的設立」〔註 87〕。這也正是恩格斯所提出的與摩爾根不同的關於「國家」的第二個特點，我們甚至有理由相信，這個特點在恩格斯針對國家形成過程所給出的標誌中也是更為主要的〔註 88〕。凌駕於社會之上的力量一旦產生，由「武裝的人」以及「監獄和各種強制措施」等「物質的附屬物」所構成的「公共權力」便籠罩於全社會之上，並成為「國家」這一新事物的一項具有本質性的特徵。當然，社會成員之間「血緣性」之被突破與「地域性」聯繫的建立，早就隨著商品生產的發展過程而獲得實現了，所以，它作為國家不同於氏族社會的另一項特徵也得到了恩格斯的承認。除去《起源》對標準問題的修訂之外，兩者之

〔註 84〕 中共中央馬克思恩格斯列寧斯大林著作編譯局編：《馬克思恩格斯選集》第 4 卷，人民出版社 1995 年 6 月第 2 版，第 108～109 頁。

〔註 85〕 中共中央馬克思恩格斯列寧斯大林著作編譯局編：《馬克思恩格斯選集》第 4 卷，人民出版社 1995 年 6 月第 2 版，第 113～115 頁。

〔註 86〕 中共中央馬克思恩格斯列寧斯大林著作編譯局編：《馬克思恩格斯選集》第 4 卷，人民出版社 1995 年 6 月第 2 版，第 172 頁。

〔註 87〕 中共中央馬克思恩格斯列寧斯大林著作編譯局編：《馬克思恩格斯選集》第 4 卷，人民出版社 1995 年 6 月第 2 版，第 171 頁。

〔註 88〕 中共中央馬克思恩格斯列寧斯大林著作編譯局編：《馬克思恩格斯選集》第 4 卷，人民出版社 1995 年 6 月第 2 版，第 116 頁。

間還有一點不同值得我們注意，即「文明」一詞所指涉的對象在這兩部作品中也表現出了明顯的差異。如前文所述，該詞在摩爾根筆下與「國家」無涉，一個民族是否進入文明時代只以當時可曾出現有傳世文獻爲準，譬如對於希臘人而言，當他們因荷馬與希西阿德的名作而進入文明時代之時，國家還遠未建立；但在恩格斯那裏，這樣兩個歷史過程本身是被放在一起來討論的，它們都是「分工」、「個人之間的交換」以及「商品生產」等經濟因素在上層建築領域內的表現與結果，文明時代以國家建立爲標誌，以「公共權力的設立」爲準繩〔註89〕，這也是爲當下國內學術界普遍認可的關於文明時代的界定〔註90〕。在後文中，我們將會看到，恩格斯在國家起源問題上對於權力結構變動以及經濟因素的著重分析，這兩項主要的研究策略都不折不扣地被新進化論者集體繼承了。

〔註89〕 中共中央馬克思恩格斯列寧斯大林著作編譯局編：《馬克思恩格斯選集》第 4 卷，人民出版社 1995 年 6 月第 2 版，第 171 頁。

〔註90〕 王震中：《中國文明起源的比較研究》（增訂本），中國社會科學出版社 2013 年 3 月第 1 版，第 2 頁。

第二章　新進化論的解釋

　　以上所述古典進化論在國內行用有年，大多數研究者對其理論框架也都比較熟悉，與此相對應，如今也有不少學者開始對興起於上個世紀早期的新進化論投以關注的目光，但從總體上來看，其影響力尚與前者相去甚遠。對於新進化論在國際與國內兩方面迄至今日的學術史，筆者不準備展開論述，相反地，同此前對於《古代社會》的探討一樣，我們的興趣仍然集中在諸位作者筆下所體現出的對於早期社會複雜化進程的闡述邏輯上，或者說是他們的研究策略。此外，考慮到新進化論畢竟興起於較晚近的時期，且自問世之日起便呈現出流派雜陳的特色，爲論述清晰計，敝文會酌情甄選部分較具影響力的研究者所提出的個別學術概念進行集中討論。若再結合陶寺遺址的實際情況，則「酋邦」又將成爲此類討論所關注的焦點，這也是與之前針對《古代社會》的敘述有所不同的一點。

第一節　懷特：能源開發與社會複雜化

　　所謂「新進化論」（Neoevolutionism），僅從該學派名稱所採用的構詞方式來看〔註1〕，後者對於早先文化進化理論所表現出的繼承性就在其自身的知識結構中佔有重要地位。關於這一點，如果我們比較一下懷特（Leslie A. White）與恩格斯兩人對技術基礎與社會上層結構之間關係的論述的話，那就會看得非常清楚。

〔註 1〕 J. A. Simpson & E. S. C. Weiner, eds., *The Oxford English Dictionary*（2nd ed.），
Vol. X, New York: Oxford University Press, 1989, p.315.

懷特明確將技術發展列爲文化系統的基礎與決定性因素，他這樣申述到：「儘管我們已將文化劃分爲四大門類，也明瞭它們之間存在著密切的相互關係，換言之，任何一方都與其它三方發生著聯繫，但這並不意味著在我們看來，它們每一個在文化進程中所佔據的地位都是平等的，因爲這不是事實。技術因素是基礎性的；其它所有的因素都建立在技術發展之上。更進一步來講，至少從一般意義上看去，技術性因素決定了其它三者——社會、哲學與感性因素——的形式與內容。……所有生命體爲維持其自身的生存，都必須對外部環境做出哪怕是最小限度的適應性調整。食物、保護與防禦的手段等都是必需的。這些維持生命、延續生命的過程從雖廣泛但有效的範圍內來講都是技術性的；也就是，它們借助於物質的、機械的、生物物理的，以及生物化學的等方式來獲得實現。」〔註2〕至於技術現狀對於上層建築領域的影響，他認爲可以從兩個方面來考察，首先是直接的，很顯然，人們在爲謀生而使用某項工具的過程中，必然將形成一系列的行爲模式。人類使用的工具不止一種，類似的行爲模式也就不止一套；其二是間接的，當這些行爲模式被提升到社會層面上來考慮的時候，如何在彼此之間達成協調並使之融合爲一個有機的整體，就成爲擺在人類群體面前的一個亟待解決的問題。而這些行爲模式內在的結構與功能應該是實現這類融合的前提條件，現在技術因素的影響力便再次體現出來了，因爲這裏講到的「結構」與「功能」從根本上來看，仍然是由技術發展現狀所決定的〔註3〕。諸如此類論述，在懷特的作品中俯拾皆是。我們以爲，此處已無須重複《家庭、私有制和國家的起源》第一版序言中那些由恩格斯給出的關於唯物主義觀點下「歷史中的決定性因素」的具體闡述了〔註4〕，完全可以這樣講，他們都樂於將自己的理論建立在一套唯物主義的歷史觀之上。正是因爲雙方的基本立場相近，所以懷特所構擬的國家起源過程，與恩格斯的觀點相較，其間差別並不明顯〔註5〕。松園萬龜雄甚至認爲，在這些方

〔註2〕 Leslie A. White, *The Evolution of Culture*, New York: McGraw-Hill Book Company, Inc., 1959, p. 19.

〔註3〕 Leslie A. White, *The Evolution of Culture*, New York: McGraw-Hill Book Company, Inc., 1959, p. 21.

〔註4〕 中共中央馬克思恩格斯列寧斯大林著作編譯局編：《馬克思恩格斯選集》第4卷，人民出版社1995年6月第2版，第2頁。

〔註5〕 Leslie A. White, *The Evolution of Culture*, New York: McGraw-Hill Book Company, Inc., 1959, p. 293.

面，早期的新進化論者較之於他們那些 19 世紀的前輩而言，並未顯現出任何新意〔註6〕。

實際上，真正能夠讓我們將懷特與他那些進化論前輩們區別開來的並不是這些附著於認識層面上的基礎性問題，而是一些帶有明顯時代印記的具體的研究技巧與對舊有問題的新的解釋方式。

首先，懷特注意辨析了「文化」一詞在不同語境下所指稱的對象。他主張，如果我們僅僅使用「Culture」一詞，則意味著從宏觀視角將整個人類文化視作一個整體；若使用「A Culture」或「Cultures」，其言說對象往往是某一具體環境中，或為某部落，某國家，或為某地區所特有的文化。從前者的角度來看，人類所有的文化實際上只是構成了一個單一的系統，這一單一的、基礎性的體系包括了我們後面提到的那些為不同社會所分享的形形色色的所謂「文化」（Cultures）。當我們自時間維度來解析這一宏觀體系的時候，人類文化發展過程的階段性就體現了出來，文化從一個階段演進到下一個階段，在這一過程中，新的形式自舊有的形式中生成〔註7〕。很明顯，「文化」的一般意義在懷特手中被肢解了，分作了宏觀與微觀兩個層面，他之所以這樣做，主要是注意到了摩爾根原來的體系缺乏更多的靈活性，難以容納此前經博厄斯（Boas）學派之手而獲得極大豐富的民族志材料，同時，也便於反駁那些進化論的反對者。譬如，懷特辯解道，的確是有一些非洲部落在沒有經歷過紅銅或青銅時代的條件下直接就由原來的石器時代進入了鐵器時代，但那些反對者們應該注意到，這些案例只能被從微觀層面上解讀為是一些社會的文化史，不應該把具體的文化史與宏觀的人類文化所經歷的演進序列相提並論，甚至是混為一談〔註8〕。類似地，黑非洲（Negro Africa）的一些社會中同時存在著國王與氏族組織，這種現象似乎是早期進化理論所難以解釋的，但摩爾根所提出的將人類社會發展史劃分為「社會」（Societas）與「國家」（Civitas）兩大階段的提法並未因此而遭到撼動。要知道，這樣兩個階段早先被提出來

〔註6〕　〔日〕松園萬龜雄：《新進化主義》，載〔日〕綾部恒雄編：《文化人類學的十五種理論》，中國社會科學院日本研究所社會文化室譯，國際文化出版公司1988 年 6 月第 1 版，第 71～82 頁。

〔註7〕　Leslie A. White, *The Evolution of Culture*, New York: McGraw-Hill Book Company, Inc., 1959, pp. 29～30.

〔註8〕　Leslie A. White, *The Evolution of Culture*, New York: McGraw-Hill Book Company, Inc., 1959, pp. 17～18.

的時候，它們在邏輯上本也就是截然有別且不能共存的，那麼在社會從一個階段演進到下一階段的過程中，產生某些兼具兩者特徵的案例實在是再正常不過了。「正如我們已經再三提過的那樣，從原始社會到文明社會的轉變不是瞬間發生的」，這就像單孔目動物在生物進化鏈條中所處的尷尬地位一樣，它們同時表現出了爬行類與哺乳類的特徵，但我們不能因為在澳洲發現了鴨嘴獸就簡單地否定生物進化論對於上述兩大動物門類所作出的劃分。非洲那些案例在文化進化體系中所處的地位正與此相似，所以，我們最好只把它們解釋為一些處於中間轉變階段的文化系統而不能是其它〔註9〕。

再者，懷特在自己對於文化系統的分析中引入了一個頗具時代特色的新變量，即「能源」（Energy）。對於「能源」與「文化」之間的關係，懷特這樣論述到：「某種文化，或者叫做社會文化系統，是一類物質的，因此也是一類熱力學的系統。文化是一個涵納著運動對象的組織，代表著一種能源轉換過程。」〔註10〕「作為一類熱力學系統，文化可以從下述三個方面來分析：能源、工具以及產品。正如我們所見，文化系統的目的是為了滿足人的需要。為達到這一目的，它就必須控制並利用能源。這一過程中就需要技術工具的協助，我們這裏所提到的『工具』一詞，是就其廣義而言的，所有可被用於控制、轉化以及能源消費的物質手段都被包括在內。與此同時，『產品』則是指所有可被用以滿足人類需求的貨物與服務，它們是文化系統對於能源進行開發利用的結果。」〔註11〕「文化進步實際上是年人均可控能源量獲得增長的一個後果。」〔註12〕根據這種認識，懷特從宏觀角度對人類文化發展的早期階段進行了劃分：

在最早的階段中，人類依靠野生動植物為食，雖然風能、水能甚至由火提供的熱能也偶或被人類利用，但它們在當時社會所依賴的能源結構中並不佔有顯要的地位，在這一時期，人自身的體能才是文化系統賴以維持的真正根基。這一階段開始於人之為人，終結於農牧業的發明。懷特估計，

〔註9〕 Leslie A. White, *The Evolution of Culture*, New York: McGraw-Hill Book Company, Inc., 1959, p. 302.

〔註10〕 Leslie A. White, *The Evolution of Culture*, New York: McGraw-Hill Book Company, Inc., 1959, p. 38.

〔註11〕 Leslie A. White, *The Evolution of Culture*, New York: McGraw-Hill Book Company, Inc., 1959, p. 40.

〔註12〕 Leslie A. White, *The Evolution of Culture*, New York: McGraw-Hill Book Company, Inc., 1959, p. 47.

這種依賴人類體能的文化階段從時長上來講大約占迄今爲止全部文化史的
99%〔註13〕。

　　下一個階段隨著新能源的開發而終於到來，這就是通過馴養牲畜及開
展園圃農業獲得了借助於其它生物體而得以進一步吸收利用太陽能的手
段。懷特認爲，農業革命的意義尤爲重大，雖然此前人類也通過野生生物
體而利用太陽能，但那些活動只能被認爲是一種「消費」行爲，缺乏文化
內涵，但等到農業出現之後，情況就不同了，人類掌握了一類控制能源的
手段，並使之成爲文化體系中不可分割的一個組成部分。如果我們原來將
生產過程概括爲 E×T→P，即「能源」加「工具」帶來「產品」，那麼在這
樣一個新的階段，上述公式就可以進一步細化爲：E（H×N）×T→P，其
中 H 代表人自身提供的體能，N 則代表當時整個能源構成中的其它部分，
實際上也就是由農牧業生產提供的那一部分，而且懷特認爲，後者在能源
結構中佔有的比例愈高，則標誌著文化所處的發展階段愈高；如果從產出
的角度來看，也可以這樣表述，單位勞動力所能提供的產品與服務愈多，
則文化發展愈進步。在供能潛力方面，懷特比較了農業與畜牧業兩者之間
的不同之處，並傾向於認爲，前者在這一方面可供開發的潛能更大。因爲
人類對於農業生產過程中能源的流動情況享有更高的控制程度，農作物可
以直接吸收、轉化並存儲太陽能，但牲畜卻不能，它們必須仰賴於牧草或
其它某類飼料維生，而這些飼草或者要尋求農業爲之供給，或者就只能靠
天吃飯，這就又在能源控制過程中加入了自然因素，也就是加入了不可控
的因素，而這顯然對於提高能源利用率，獲取更多來自太陽的能源是不利
的。能源利用方面這些天然的閾值限制了牧業文化系統的發展前景，無論
從理論還是實證角度來看都是如此。在人類眞正開始大規模的開發化石能
源之前，除了受物種分佈現狀制約的墨西哥及中美洲一類地方之外，那些
歷史上最偉大的文明幾乎全都同時籍由農業與畜牧業的有機結合來積極地
開展太陽能的控制利用活動〔註14〕。

　　在接下去的一個階段中，人類則開發了化石能源，進入了工業化社會。

〔註13〕 Leslie A. White, *The Evolution of Culture*, New York: McGraw-Hill Book
　　　　Company, Inc., 1959, pp. 44～45.
〔註14〕 Leslie A. White, *The Evolution of Culture*, New York: McGraw-Hill Book
　　　　Company, Inc., 1959, pp. 45～48.

對於此處所提出的宏觀架構,懷特提醒讀者注意,這並不意味著他主張所有人群都必須順次經歷上述諸階段,在人類文化發展的實際過程中,出現於不同階段之間的「躍進」與「倒退」等事件時有發生,這些問題要結合當時具體的歷史環境來考察。他還進一步辯解道,早先也沒有任何聲名卓著的人類學家曾秉持過類似看法〔註15〕。

其實,懷特所擬就的這種對於文化演進歷程的劃分方式,並非是氏所首創。德國物理化學家歐斯特瓦爾德(Friedrich Wilhelm Ostwald)早年間即表達過類似見解並著有《文化學之能學的基礎》一書,希望藉此「以自然科學之高深原理,應用於人文方面,作通俗之闡述」〔註16〕。歐氏根據本人在自然科學領域內的研究經驗而將能源分作兩類,其一曰「生能」,屬於處在自然條件下的能量,所有這些能量最終都源自太陽,在未獲開發之前處於所謂「游離」狀態,其二曰「用能」,係人類利用工具自環境中所獲得的能量。迄今為止,已為人類所開發的能源種類,依先後次序當為「人力」、「有機能力」及「無機能力」〔註17〕。馬紹伯這裏所翻譯的「能力」一詞我們現在一般都改稱之「能源」,其中「有機能力」係人類對於動植物資源的有計劃開發,若換作懷特的話,也就是農牧業的發明。懷特對於自己深受歐氏學說影響這一事實亦供認不諱,並且認為,雖然「能學」最初是被用於闡發技術問題,但既然如今已將技術發展立為文化演進之基石,則凡適用於前者的理論,從總體上而言,亦當適用於後者〔註18〕。不過兩人對於「能源」種類及「能源」與「工具」兩因素界限之劃定仍有不同的看法,因其離題已遠,茲不備述。至於人類文化未來的發展方向,歐氏認為「其惟發明光電機之一道」,也就是努力使更多的太陽能直接轉化為迄20世紀初葉已為全社會須臾不可或缺的電能〔註19〕,類似的前景在懷特那裏

〔註15〕 Leslie A. White, *The Evolution of Culture*, New York: McGraw-Hill Book Company, Inc., 1959, p. 50.

〔註16〕 〔德〕歐斯特瓦爾德(W. Ostwald):《文化學之能學的基礎》,馬紹伯譯,大江出版社 1971 年 12 月第 3 版,第 1 頁。

〔註17〕 〔德〕歐斯特瓦爾德(W. Ostwald):《文化學之能學的基礎》,馬紹伯譯,大江出版社 1971 年 12 月第 3 版,第 111～112 頁。

〔註18〕 Leslie A. White, *The Evolution of Culture*, New York: McGraw-Hill Book Company, Inc., 1959, p. 56.

〔註19〕 〔德〕歐斯特瓦爾德(W. Ostwald):《文化學之能學的基礎》,馬紹伯譯,大江出版社 1971 年 12 月第 3 版,第 130～131 頁。

則被描繪爲：將核能用作和平之目的，使其爲人類日常生活服務〔註 20〕。懷氏的研究活動晚於歐氏幾近半個世紀，科技發展早已殊異，故正如前文所言，我們從懷特對於文化進化的研究中可以明顯感受到由戰後新科技革命所帶來的深刻影響，它直接決定了研究者本人對於舊有問題的看法，決定了其在正式進入研究狀態之前的理論預想。

除去前述宏觀理論方面的創見之外，在技術細節方面，懷特的確是注意到了來自於民族志記錄中的一些新材料（以波利尼西亞及美洲西北太平洋沿岸地區爲最）與摩爾根理論之間存在著不容忽視的對接問題。譬如對於部分原始社會中已然涵納了奴隸制並形成不同階級的說法，懷特認爲這在當時只是極個別的現象，而且在那些案例中，奴隸與主人同吃同住，其情形完全不同於日後歷史時期的一般描述。對於這些情況若使用諸如「貴族」、「平民」及「奴隸」一類詞彙，不僅很容易讓人產生誤解，而且也不見得就有什麼堅實的根據。總之，只要親屬關係仍然是維繫社會網絡的基礎而未被財產與地域關係所取代，那麼眞正意義上高下有別的階級對立就不可能實現。「階級」作爲一項社會因素，其大展神威的舞臺是在文明社會，而不是這裏所講的史前時期〔註 21〕。很明顯，這些論調與古典進化論相較，在對於後者有所發展的同時卻表現出了濃厚的保守色彩，我們知道，眞正使得關於史前不平等社會的研究大放異彩的還要等到懷特的學生塞維斯一代青年學者的登場。也許恰如卡內羅（Robert L. Carneiro）對此所做出的評價一樣，懷特在新進化論中的歷史地位是由其時代先鋒這一角色所奠定的，正是他的這些早期努力，重新燃起了美國人類學界的理論激情。降至 60 年代，文化進化論重新爲美國主流學術界特別是考古學界普遍接受，成爲規範日後關於早期社會複雜化研究的一類指導思想，懷特居功至偉〔註 22〕。

〔註 20〕　〔日〕松園萬龜雄：《新進化主義》，載〔日〕綾部恒雄編：《文化人類學的十五種理論》，中國社會科學院日本研究所社會文化室譯，國際文化出版公司 1988 年 6 月第 1 版，第 71～82 頁。

〔註 21〕　Leslie A. White, *The Evolution of Culture*, New York: McGraw-Hill Book Company, Inc., 1959, pp. 199～203.

〔註 22〕　Robert L. Carneiro, "White, Leslie A.", in Christopher Winter, ed.*International Dictionary of Anthropologists*, New York & London: Garland Publishing, 1991, pp.753～754.

第二節　斯圖爾德：生態環境與社會複雜化

除了「能源」以及用於開發「能源」的「工具」這些被懷特列爲文化系統發展基礎的因素之外，他同樣關注「環境」狀況對於文化系統的制約作用，並把這一方面的影響一併納入了前述公式之中，改爲：$E \times T \times V \rightarrow P$，其中的「V」代表的就是環境，而且強調在實證研究中需特別注意，文化系統的現狀應該是上述三方因素合力作用的結果〔註 23〕。不過對於這一因素在文化發展過程中所產生的實際影響，懷特卻並沒有展開論述，因爲他認爲人類社會需要面對的環境條件在世界各地呈現著千差萬別的狀態，那麼類似研究就最好只是放在針對具體案例的討論中來進行，對於其現在希望從宏觀角度復原人類文化系統演進歷程的研究目的而言，關於環境影響的解釋並非必不可少的一項內容〔註 24〕。懷特的這種態度引起了另一位與其同時代的人類學家的強烈不滿：「這裏提出的文化發展序列竟是如此空泛，以至於不能激起任何爭辯，也沒有什麼用處。」〔註 25〕這就是與懷氏一樣曾執教於密歇根大學的斯圖爾德（Julian H. Steward），後者以其所倡言的「多線進化論」（Multilinear Evolution）與「文化生態學」（Cultural Ecology）而著稱於世，同樣也是新進化論學派早期發展階段中一位標誌性的人物。

斯圖爾德認爲，此前對於人類文化發展歷程的解釋，大體上可以分作三個流派：其一，「單線進化論」，其具體主張已見諸前文，茲不贅言；其二，「文化相對主義」，這一派的基本主張正與前者相反，人類不同文化之間所表現出的差異性在這裏被提到了一個新的高度，儘管他們也研究因文化擴散而導致的區域文化趨同現象，但斯圖爾德還是強調，在這些學者看來每一地區的文化從根本上來講都是獨一無二的；第三個流派，就是其本人所倡言的「多線進化論」。他認爲，如果文化的發生環境類似，那麼文化的基本形制也會沿著相似的道路發展，但同時又不承認存在有摩爾根式的那種動輒「放諸四海而皆準」的文化演進法則〔註 26〕。因此，就研究對象而言，雖然多線進化論也

〔註 23〕 Leslie A. White, *The Evolution of Culture*, New York: McGraw-Hill Book Company, Inc., 1959, p. 49.

〔註 24〕 Leslie A. White, *The Evolution of Culture*, New York: McGraw-Hill Book Company, Inc., 1959, p. 51.

〔註 25〕 Julian H. Steward, *Theory of Culture Change*, Urbana & Chicago: University of Illinois Press, 1972, c1955, p.17.

〔註 26〕 Julian H. Steward, *Theory of Culture Change*, Urbana & Chicago: University of Illinois Press, 1972, c1955, p.4.

講究發展序列，然而對於構建普世進化法則卻不感興趣，它關注的是那些平行發展的有限個案例〔註27〕，甚至僅僅是這些有限個案例中的某些方面而已〔註28〕。顯然，斯圖爾德的理論在當時博厄斯學派餘焰未熄的學術環境下帶有折衷主義的色彩，而其孜孜追求的則是懷特學說中所缺乏的「具體性」與「眞實感」。

　　至於具體的研究方法，既然已決意要比較不同地方文化之間的相似性或經歷過的平行發展，斯圖爾德認爲，對文化現象進行科學而適當的分類工作是開展類似研究的前提條件。此前曾經被採納的一些分類術語，如「遊團」、「部落」及「國家」等，太過空泛，而另一些涉及具體器物與技術的提法又因其過於追求精確性而難以勝任構建文化模式的需要〔註29〕。有鑒於此，他建議改用「文化類型」（Culture Type）一詞，此前曾有人將之應用於文化區研究之中，不過斯圖爾德強調，在他的框架內，「文化類型」僅僅指的是那些在兩個或多個文化之間表現出因果聯繫的若干具體的文化特徵。譬如，威特福格爾（Karl August Wittfogel）提出的「東方專制社會」即是一例，它揭示了一類特殊的社會政治結構與灌溉經濟之間的因果關係，此外，在關於日本及歐洲歷史的研究中，「封建社會」也可以被視爲一個具有類似特徵的用語〔註30〕。從這些例子看去，此處所講的「文化類型」實係借用結構與功能的分析方法以求在經濟基礎與社會上層建築之間構建起一條可進行跨文化比較研究的邏輯鏈條，這在斯圖爾德看來，可用以標識出人類群體當時所達到的社會文化整合水平〔註31〕。

　　斯氏力薦學術界改用這一術語的用意還在於反對當時盛行的「文化區」（Culture Area）概念。因爲在他看來，用以劃定文化區的標準實際上不夠清晰，缺乏將之計量化的可行性，這就爲容納不同研究者的個人主觀傾向提供

〔註27〕 Julian H. Steward, *Theory of Culture Change*, Urbana & Chicago: University of Illinois Press, 1972, c1955, pp.14～15.
〔註28〕 Julian H. Steward, *Theory of Culture Change*, Urbana & Chicago: University of Illinois Press, 1972, c1955, p.19.
〔註29〕 Julian H. Steward, *Theory of Culture Change*, Urbana & Chicago: University of Illinois Press, 1972, c1955, p.22.
〔註30〕 Julian H. Steward, *Theory of Culture Change*, Urbana & Chicago: University of Illinois Press, 1972, c1955, pp.23～24.
〔註31〕 Julian H. Steward, *Theory of Culture Change*, Urbana & Chicago: University of Illinois Press, 1972, c1955, p.42.

了可能性，所以我們常可見到「任何形式的拆分或捏合竟都聲稱是有理有據的」。就拿新世界的例子來講，有人將北美劃爲六個文化區，另一些人則列出更多的細節，包括所謂「大區」（Grand Area）、「區」（Area）及「亞區」（Sub-area）等，十分駁雜；南美的情況甚至更糟，針對這同一個案例，學者之間竟形成了從三個直至二十四個等多種不同的劃分系統〔註32〕。相反地，如果使用「文化類型」這一概念，斯圖爾德認爲，南加州的肖肖尼人（Shoshone）完全可以與南美的火地人（Fuegians），澳洲土著，非洲的布須曼人（Bushmen）以及世界上許多其它地區的族群劃歸爲一個類型。根據也是很明顯的，他們都是一些父系的遊團（Band），營狩獵經濟，擁有從夫居的傳統及土地佔有制度，也都實行外婚制等〔註33〕，用一句話來概括，也就是說，這些社會在對生態環境所表現出的適應性及所達到的整合層級兩個方面都是相同的〔註34〕。類似地，在對早期較複雜社會的研究中，古代中國與埃及、近東、中美洲以及秘魯等數個時空殊異的案例被認爲實際上屬於同一種類型。斯氏給出的理由則是，在這些早期灌溉文明中同樣都存在著一個由神權——軍事階級統治的專制國家，這是形式上的相似性，同時從功能角度來看，他們的主要職能又都在於控制水利及其它國家工程，至於其彼此之間的差異，在這裏則被看作是次要的〔註35〕。斯圖爾德認爲，我們應該可以從那些導致類型相似的因素中，譬如環境，食物資源，獲取食物的方式，社會性合作行爲，人口密度，人口整合的性質，社會政治控制，宗教所起的作用，以及戰爭等，找出存在於彼此之間的邏輯聯繫〔註36〕。這種聯繫中包含有兩類變量，即對環境的適應及發展的層次，「如果我們本著解釋的目的而對人類行爲進行分類的話，那麼這兩類變量都是必須考慮的」〔註37〕。總之，比起所謂文化的具體內容而言，

〔註32〕 Julian H. Steward, *Theory of Culture Change*, Urbana & Chicago: University of Illinois Press, 1972, c1955, p.82.
〔註33〕 Julian H. Steward, *Theory of Culture Change*, Urbana & Chicago: University of Illinois Press, 1972, c1955, p.85.
〔註34〕 Julian H. Steward, *Theory of Culture Change*, Urbana & Chicago: University of Illinois Press, 1972, c1955, p.89.
〔註35〕 Julian H. Steward, *Theory of Culture Change*, Urbana & Chicago: University of Illinois Press, 1972, c1955, pp.90～91.
〔註36〕 Julian H. Steward, *Theory of Culture Change*, Urbana & Chicago: University of Illinois Press, 1972, c1955, p.89.
〔註37〕 Julian H. Steward, *Theory of Culture Change*, Urbana & Chicago: University of Illinois Press, 1972, c1955, p.92.

這裏更看重的是文化結構的模式〔註38〕。眾所週知，類似情況在中國考古學界關於所謂「考古學文化」的劃分中也是普遍存在著的，而且已經有學者對這一研究範式的科學性提出了強烈的質疑〔註39〕。

「文化生態學」的目的則在於揭示「文化為適應其環境所表現出的那些創造性過程」〔註40〕，或者稱之為「考察文化因適應其環境而招致的某些改變」〔註41〕。這在斯圖爾德看來，等於是為文化相對主義者或某些新進化論者那種以此「文化」為彼「文化」之源的不甚成功的解釋模式加入了「環境」這一新的外在因素〔註42〕，這一點，恰如前文所言，在懷特那裏就沒有被展開論述。根據自己早先曾提出的「文化內核」（Cultural Core）概念，斯氏認為，文化生態學的主要研究對象就是那些可以驗諸實證分析的，其與人類社會環境開發行為關係最為密切的文化特徵。按照斯圖爾德自己的解釋，所謂「文化內核」指的是一個文化系統中那些與經濟活動關係至為密切的因素或特徵。正是這些成分建構了該文化中最穩定的部分，其它與此類活動關係較疏遠的因素，或可名之為「次要特徵」，則易於接受外界影響，譬如文化擴散或隨機出現的新發明等文化歷史事件都可能對它們造成衝擊，從而引起整個文化系統的外觀發生異於往常的某些改變。而這些外圍特徵的消長並不會波及內核，所以我們可能會發現即便在一些表徵差異極大的文化之間，仍然擁有一顆顆彼此相似的內核〔註43〕。儘管斯氏對於懷特的宏大理論不無揶揄，但可以很明顯地看出來，兩人的立論基礎及主要的分析邏輯卻沒有什麼本質差別，即便是斯圖爾德在這裏將原有概念中的經濟活動改換為與環境有關的人類行為，這樣也不會引起根本的不同。用他自己的話來講就是：「在以往的數千年間，許多處在不同環境中的文化都歷經過既深且巨的變遷，而引起這些

〔註38〕 Julian H. Steward, *Theory of Culture Change*, Urbana & Chicago: University of Illinois Press, 1972, c1955, p.85.

〔註39〕 湯惠生：《類型學的類型——考古類型學方法論的回顧與檢討》，載南京師範大學文博系編《東亞古物》B 卷，文物出版社 2007 年 5 月第 1 版，第 1～43 頁。

〔註40〕 Julian H. Steward, *Theory of Culture Change*, Urbana & Chicago: University of Illinois Press, 1972, c1955, p.30.

〔註41〕 Julian H. Steward, *Theory of Culture Change*, Urbana & Chicago: University of Illinois Press, 1972, c1955, p.42.

〔註42〕 Julian H. Steward, *Theory of Culture Change*, Urbana & Chicago: University of Illinois Press, 1972, c1955, p.36.

〔註43〕 Julian H. Steward, *Theory of Culture Change*, Urbana & Chicago: University of Illinois Press, 1972, c1955, p.37.

變化的根源基本上都可以追溯至人類在採用新技術與調整生產方式之後達到了對環境的新的適應。」〔註44〕再者，眾所週知的事實是，直至今日也很難指出，到底人類的哪些經濟活動是與社會所處之周邊環境毫無關聯的。至於原始社會等早期文化系統，鑒於當時生產能力之低下，人對於自然環境的依賴程度當更高，即便是在擁有發達農牧業生產系統的古代文明中，靠天吃飯也仍然是絕大部分食物生產活動所表現出的常態，尤其是大範圍內的氣候變化，帶來的結果往往是災難性的，甚至可能因此而中斷某些原本十分輝煌的文明。因此我們完全有理由認為，斯圖爾德開展研究的基礎仍然建立在對於經濟技術活動的重點分析之上，這與懷特並沒有什麼不同，這樣一條邏輯理路甚至可以上溯到摩爾根與《古代社會》，即便後者在《文化變遷的理論》（*Theory of Culture Change*）一書中經常遭遇到各式各樣嚴厲的批判，這也說明斯圖爾德同樣是位唯物論者。對於「文化生態學」而言，一般性的研究步驟應當是：首先需要分析生產技術與環境之間的關係。不過對於不同社會或社會發展的不同階段而言，生產技術中各要素的地位並不一樣。對於原始人，可能是漁獵工具；對於工業社會而言，資本、信貸以及貿易體系等相應地則佔有更重要的地位。與社會的發展相對應，環境特徵在塑造文化特性過程中的影響力在下降，很顯然，早期人類社會更易受到環境因素的制約。再者，針對具體的案例，分析人群在利用現有技術開發環境資源的過程中所形成的行為模式。譬如，在早期社會中，婦女們從事採集活動，諸如此類事項一般情況下就不需要大規模的團隊合作，相反，更多夥伴的加入可能還會加劇彼此之間的競爭，反為不美；而在某些從事狩獵活動的男子中間，保持密切配合的團隊組織則是必須的，如果周圍環境允許，這類組織也可能在營漁業生計的社會中出現。社會組織的形態或者說人群的行為模式不僅僅受制於文化歷史因素，也就是說，影響人類行事風格的不光有那些技術創新與文化因素的擴散，當地的環境以及那些存在於本地生境中的動植物群體同樣可以產生顯而易見的巨大的影響力。要知道，獵鹿的戰果不會因團隊配合的存在而得到明顯改善，但這一招或許對羚羊與北美野牛就很管用。那些生息於熱帶雨林中以刀耕火種過活的人群，就不太可能產生合作的需求，對於他們來說，涉及生計的勞動方式無外乎是先由男人們清理出準備耕種的地塊，剩下的活

〔註44〕Julian H. Steward, *Theory of Culture Change*, Urbana & Chicago: University of Illinois Press, 1972, c1955, p.37.

計則交給他們自己的妻子；旱地農業中可能存在合作，也可能沒有；但對於試圖通過建立灌溉工程來開發水澆地而言，大規模的合作就成為一項迫切的需求。除了這些生產因素之外，交通運輸條件也是應該得到考慮的一個方面。對於所有的游牧民族來講，馬的引進都可以被看作是一個曾起到過革命性作用的歷史事件，尤其對於促進當地人群團聚為更大規模的群隊而言就更是如此。最後，我們還需要知道，這些行為模式對於一個文化體系中其它各部分都產生了怎樣的影響。儘管與生計經濟及環境有關的因素，在斯圖爾德那裏，被毫無置疑地抬到了一個具有決定意義的高度，但他同時傾向於認為，對於文化系統的研究應該是實證性的。正如前文已然提到過的，具有相似文化內核的社會仍然可能表現出種種差異極大的外在特徵，即便生產方式是一定的，社會文化類型仍然可以享有相當大的變異空間，歷史因素的影響應該是處理該類問題時得到考慮的一個方面。這在很多依靠灌溉農業的早期文明中就可以得到證實，在現今的工業社會中也仍然如此，工業化國家可以是民主制的、共產主義制度的，甚至是國家社會主義體制的，這就需要我們認真考察意識形態等歷史性因素在這一過程中所發揮的作用。進行這一步分析的時候，研究者還應該具備整體意識，舉諸人口、聚落模式、親屬制度、土地使用權、土地利用情況，以及其它許多關鍵的文化特徵若被孤立地加以考察，則它們彼此之間及其與環境之間的關係就很難被解釋清楚〔註45〕。

斯圖爾德的分析邏輯，從整體上來看，應該是這樣的：「環境」以及為適應環境而採納的「生存技術」這兩項基礎性的因素，規定了某一文化體系所賴以建立並得以維持的經濟活動的模式。經濟活動以及文化體系中與之密切關聯的那些部分則構成了斯氏所謂的「文化內核」，這些核心特徵「對下」表達了社會對於環境條件的適應，「對上」則標誌著社會文化系統所達到的整合程度。所以我們應該明白，這在斯圖爾德的體系中確是一個不折不扣的核心概念，正如見於前文的「親屬制度」對於摩爾根體系的價值一樣。後面還有一個內涵更寬泛的所謂「文化類型」的概念，斯圖爾德認為它應該是上述「核心特徵的集合」〔註46〕，其具體作用領域主要是在「多線進化論」的前提下開展跨文化比較研究。

〔註45〕 Julian H. Steward, *Theory of Culture Change*, Urbana & Chicago: University of Illinois Press, 1972, c1955, pp.40～42.

〔註46〕 Julian H. Steward, *Theory of Culture Change*, Urbana & Chicago: University of Illinois Press, 1972, c1955, p. 42.

　　遵照這樣的分析理路，斯圖爾德對於世界各地不同的人類族群就其社會整合層次進行了類型劃分：

　　在斯氏的體系中，第一個整合層次發生在家庭之內，他舉了散佈於美國西南地區肖肖尼人的例子，而且認爲北美的愛斯基摩人（Eskimo）與南美的納比科拉（Nambicuara），瓜脫（Guató）以及穆拉（Mura）等族群都應該處在與之類似的整合模式中。當然，可以想見的是，對此模式的根本性解釋在斯圖爾德那裏自然是建立在了對其居處環境中生境等問題的考察之上。關於其所列實證性細節，我們沒有必要在此重複，基本的內容就是食物資源的低密度與季節性分佈特徵，加之生產技術的落後，規定了肖肖尼人不可能以多家庭聚居成村落的形式長時期內較固定地生息於某地，這使得任何試圖建立固定權威體系的努力都不可避免地成爲徒勞。同時，婚姻關係也比較隨意，既有一夫多妻，亦可見一妻多夫，離婚時有發生，一個家庭的通婚對象並不固定，常可見到跨區域的結合。眞正使之建立起超家庭聯繫的竟然是後來入侵該地的白人移民，在對入侵者的報復與劫掠中，肖肖尼人才終於突破這一局限而形成了所謂「掠奪性遊團」（Predatory Band），但直到此時，也並非所有的人都加入了這類團體〔註47〕。

　　較上述整合層次略高的社會結構是遊團（Band），斯圖爾德將之分爲兩類，即父系遊團與混合狩獵遊團，這兩者在所達到的整合層次方面是一致的。據斯圖爾德的描述，通常情況下，前者都是由同一男性祖先傳下來的多個家庭組成，父系、從夫居、行外婚制、存在土地所有權以及世系群是這一文化類型的核心特徵，或者稱之爲「文化內核」，領袖的地位仍然是暫時而不穩固的，其根基在於親屬關係而缺乏制度性的保障，至於其它的許多方面則被認爲是次要的。在這裏我們可以很明顯地看出，借由生態環境與人類技術兩者之間的互動關係以求對社會結構作出功能性解釋的努力，其所能實現的實際效果，將會隨著社會複雜程度的增高而降低。隨著社會複雜化的日益發展，文化結構中不可避免地將生出許多與技術及環境現狀缺乏直接可觀察聯繫的部分，而這些部分的起源及其存在的理由，在運用文化生態學原則對其進行解釋的時候，往往會顯得力不從心。對此，斯圖爾德也不得不承認：「文化生態因子並不能用來解釋有關於父系遊團的一切

〔註47〕 Julian H. Steward, *Theory of Culture Change*, Urbana & Chicago: University of Illinois Press, 1972, c1955, pp.101～121.

問題」〔註48〕。譬如，關於這些遊團成立的原因，實際上與之前對於肖肖尼人的解釋思路類似，著眼點仍然在於他們所面對的食物資源，與肖肖尼人不同的只是遊團所面臨的食物對象往往是非季節性的，並且可於某一有限領地內經常獲得，這就為更多個有親緣關係的家庭常年聚居於一處提供了可能，領土意識與土地所有權概念就是由此而生的。不過關於從夫居，以及為什麼將「父系」作為遊團的一項顯著特質，斯圖爾德的解釋就顯得有些牽強。他只是說，遊團內的男子們因此時定居於一處，對於周邊環境非常熟悉，因此不願意遷移到妻子們來源的群體中去，他甚至還拿出某些靈長類動物的例子來作類比，聲稱男性的支配地位實際上是天然而來的，即便狩獵活動效率低下且在當時的經濟領域內不占主要地位，這一情況也不會因此而改變〔註49〕。布須曼人（Bushmen）、中非矮黑人（Central African Negritos）、塞芒人（Semang）、菲律賓矮黑人（Philippine Negritos）、澳洲土著（Australians）、塔斯馬尼亞人（Tasmanians）、火地島奧納人（Ona）、巴塔哥尼亞的特韋爾切人（Tehuelche）以及南加州人等都被認為處在類似的整合層級上〔註50〕。混合狩獵遊團的情況與之類似，但規模更大，而且各個家庭之間往往並不存在親屬關係，所以他們可以實行內婚制，而其中一些人丁興旺的家庭也有可能在未來發展成為前述父系遊團〔註51〕，早先是父系遊團的因種種特殊原因接納了與自身無親屬關係的家庭之後又有可能演變為混合遊團〔註52〕。混合遊團的生態基礎是季節性移動的大規模動物群，這些動物可以提供較豐富的食物以供養更多人口，尤其是需要人們在狩獵過程中組成密切合作的團隊，這兩點基本上解釋了混合遊團形成的根由。加拿大的阿爾貢金人（Algonkians）與阿薩巴斯卡人（Athabaskans）被認為屬於這一類型〔註53〕。而對於上述兩類遊團中許多無法用生態因素

〔註48〕 Julian H. Steward, *Theory of Culture Change*, Urbana & Chicago: University of Illinois Press, 1972, c1955, p.137.

〔註49〕 Julian H. Steward, *Theory of Culture Change*, Urbana & Chicago: University of Illinois Press, 1972, c1955, p.125.

〔註50〕 Julian H. Steward, *Theory of Culture Change*, Urbana & Chicago: University of Illinois Press, 1972, c1955, pp.122～142.

〔註51〕 Julian H. Steward, *Theory of Culture Change*, Urbana & Chicago: University of Illinois Press, 1972, c1955, p.146.

〔註52〕 Julian H. Steward, *Theory of Culture Change*, Urbana & Chicago: University of Illinois Press, 1972, c1955, p.150.

〔註53〕 Julian H. Steward, *Theory of Culture Change*, Urbana & Chicago: University of Illinois Press, 1972, c1955, pp.143～150.

加以解釋的現象，斯圖爾德都傾向於認爲那些多半是文化傳播的結果。

接下來，斯圖爾德試圖對「世系群」與「氏族」這兩個概念加以區分，但其實並不成功，因爲要準確判別實際的親屬關係與想像中的親屬關係絕非易事。我們現在所能見到的，只是如下這樣一條內容被以籠統的言辭頻繁地強調著，即氏族的血緣成分更複雜，而規模在通常情況下也會更大。在對美國西南地區氏族制度形成原因的探討中，「傳播」等歷史文化因素被置於一種較此前更形重要的地位之上，相反地，生態因素在這裏卻很少被提及，因爲正如前文所論，如今已很難爲越來越多的社會現象直接尋出其生態根源了。對於這一現狀，斯圖爾德似乎已然明瞭，他對傳播論的態度在這一部分中也大爲軟化了〔註 54〕，後來甚至明言，在文化生態原則允許的變異範圍之內，傳播亦能對基本社會結構產生決定性的影響〔註 55〕。

以上所述，大約就是斯圖爾德所提出的社會整合層級的序列，也可以被理解爲是社會複雜化程度逐步增長的一個序列。就史前時期而言，或可自低至高概括爲「家庭」層次的，「遊團」（即超家庭的）層次的，「多世系群」或「氏族」的。當然，在進入文明時代以後，自然又增加了「國家」這一更高級的整合層次。

與此相對，在另外一個地方，斯氏又給出了一個時間維度上的序列，涵納了人類社會自「狩獵採集」直至「工業革命」的全部歷史。這一序列中最早的幾個時期依次被稱爲：「狩獵採集」、「早期農業」、「形成期（從農民社區到國家）」、「區域國家繁榮期」以及「早期帝國」等。很明顯，這個體系中的許多名稱都受到了美洲考古學相關術語的啓發，特別是，中國歷史上的夏與商被歸入了「區域國家繁榮期」〔註 56〕。斯圖爾德在構建這一體系的過程中仍試圖借具體案例以展示其「文化生態學」的理論價值，不過在那些針對世界上諸如中國、近東、埃及等各早慧文明起源過程的論述中，我們所能見到的卻主要是威特福格爾的成說，強調了這些乾旱半乾旱地區內部水利工程的興建在促成國家強制性權力形成過程中的核心作用，甚至是唯一的作用，以至於連「鐵」這一革命

〔註 54〕 Julian H. Steward, *Theory of Culture Change*, Urbana & Chicago: University of Illinois Press, 1972, c1955, pp.170～172.

〔註 55〕 Julian H. Steward, *Theory of Culture Change*, Urbana & Chicago: University of Illinois Press, 1972, c1955, p.176.

〔註 56〕 Julian H. Steward, *Theory of Culture Change*, Urbana & Chicago: University of Illinois Press, 1972, c1955, p.189.

性的金屬材料投入生產領域所帶來的深遠影響與之相較也望塵莫及〔註57〕。在國家起源問題上，與懷特相似的是，斯圖爾德同樣著重論述了宗教這一因素在此間所扮演的角色，並認爲它提供了一種社會賴以整合的力量〔註58〕。至於斯氏在國家起源問題上的其它見解，筆者以爲已無重述之必要，主要是因爲在這個問題上，他犯了與自己那些19世紀的前輩們類似的「錯誤」，即除了新世界的材料之外，其它區域的內容尤其是關於北中國地區的論述，大部分都未能建立在堅實的實證研究之上，很多只是臆測而已。

　　懷特與斯圖爾德曾被松園萬龜雄並推爲進化論人類學中「新的一代」，也是公認的新進化論早期發展階段中的兩位旗手。他們共同對抗著博厄斯學派的「記述個性主義」與「文化相對主義」〔註59〕，堅持人類文化在其紛繁複雜的表象背後必有可爲研究者所認知的基本法則這一立場。恰如斯圖爾德所言：「正是理論構建活動使得我們認識到新問題的存在，注意到那些早先曾被忽略的材料。若僅僅停留在羅列材料的階段，那是不會產生什麼有價值的科研成果的；材料只有在與理論結合之後才能顯現其價值，而理論從不會爲新材料所推翻──推翻舊有理論的只能是可對材料給出更好解釋的新理論。」〔註60〕鑒於本文論題，我們無意過多地捲入各學術流派間曉曉不休的爭辯之中，但不容抹殺的事實是，新進化論與古典進化論兩者之間的相似之處竟是如此明顯，而且全都是些在各自理論體系內具有決定意義的方面。也就是說，兩者之間的繼承性是主要的，被改變的只是那些採自自然科學或社會科學領域內而爲我所用的新技術與具體的分析方法而已，譬如拉德克利夫－布朗（Alfred Radcliffe-Brown）與馬林諾夫斯基（Bronislaw Malinowski）的功能主義或結構主義一類。關於這一點，懷特的態度已見前文，在此，我們還可以再考察一下斯圖爾德的意見：「如果說19世紀的那些理論是不正確的，則錯誤並不在於研究者們的目的是不可採信的，或其目標是不現實的，關鍵問題

〔註57〕 Julian H. Steward, *Theory of Culture Change*, Urbana & Chicago: University of Illinois Press, 1972, c1955, p.207.

〔註58〕 Julian H. Steward, *Theory of Culture Change*, Urbana & Chicago: University of Illinois Press, 1972, c1955, p.202.

〔註59〕 〔日〕松園萬龜雄：《新進化主義》，載〔日〕綾部恒雄編：《文化人類學的十五種理論》，中國社會科學院日本研究所社會文化室譯，國際文化出版公司1988年6月第1版，第71～82頁。

〔註60〕 Julian H. Steward, *Theory of Culture Change*, Urbana & Chicago: University of Illinois Press, 1972, c1955, p.209.

是，當時擺在人們面前的材料既不充足，又常常錯誤百出，此外，其時所採用的方法體系也還不夠完善，而同時研究者們又熱衷於將建立在如此薄弱基礎之上的理論框架動輒推廣到一個其所不能承受的廣闊範圍之內。」〔註61〕無疑，懷特與斯圖爾德為進化論在關於人類社會與文化發展的研究中重新贏得榮譽做出了巨大的貢獻，其理論影響是深遠的，因此對於國內學人而言，以論述「酋邦」問題知名的美國人類學家埃爾曼・塞維斯（Elman R. Service）會在其代表作《原始社會組織》（*Primitive Social Organization*）一書的扉頁內寫下這樣一句話：「獻給朱利安・斯圖爾德與萊斯利・懷特教授」〔註62〕。

〔註61〕Julian H. Steward, *Theory of Culture Change*, Urbana & Chicago: University of Illinois Press, 1972, c1955, p.179.

〔註62〕Elman R. Service, *Primitive Social Organization*, 2nd ed. New York: Random House, 1971.

第三章　酋邦：早期社會複雜化的關鍵一環

　　在松園萬龜雄看來，懷特與斯圖爾德代表了 20 世紀上半葉嘗試著從進化論視角來解釋社會複雜化過程的第一代學者，而從他們手中接過這柄大纛的則是兩人共同的學生：埃爾曼·塞維斯（Elman Rogers Service）與馬歇爾·薩林斯（Marshall David Sahlins）。兩人年齡相差 15 歲，求學經歷則完全相同，先是在密歇根大學以懷特為師，後又升入哥倫比亞大學追隨斯圖爾德。或許正是因為有了這樣共同的經歷，兩人在學術志趣上也顯得十分投契，都力圖將懷特與斯圖爾德兩位恩師的研究成果結合起來，從而向人類學界證明，「普遍進化論」與「多線進化論」二者之間並不存在相互牴牾的矛盾，以非此即彼，真偽對立的態度去審視雙方的觀點實際上是不合適的，從本質上來講，兩種進化論都是真實的，反映的是同一個問題的兩個不同的側面〔註1〕。

　　為實現這一夙願，薩林斯於上個世紀 60 年代建議，將「進化」分作「一般的」（General）與「特殊的」（Specific）兩種範疇來看待。其中一般進化指的是「各級文化形態的展開，換言之，即文化的發展所經過的各個不同階段，其形成過程不是系統性的，也與對環境的適應無關」，與之相對，特殊進化則指「個別文化形態的歷史發展，其形成過程是文化通過對自然和文化環境的

〔註 1〕　〔日〕松園萬龜雄：《新進化主義》，載〔日〕綾部恒雄編：《文化人類學的十五種理論》，中國社會科學院日本研究所社會文化室譯，國際文化出版公司 1988 年 6 月第 1 版，第 71～82 頁。

適應而產生的一種系統性的轉形」〔註2〕。顯然，薩氏的這種主張是受到了生物進化論的啓發，一方面承認分蘗變異是對具體環境做出適應性調整的結果，「是文化沿其多元線發展的、族系的、分化的、歷史的過程」〔註3〕，同時從宏觀角度認可整體進步的階段性，這種階段性表現在「能量開發從小到大、綜合水平從低到高、全面適應能力從少到多」等諸多方面〔註4〕。在這裏，我們又遇到了諸如「能量」、「環境」、「進化」等這樣一些耳熟能詳的詞彙，實際上也正是通過這種變通，斯圖爾德與懷特的學說終於被統一了起來，也就是統一到了斯賓塞的傳統上去：「社會進步如同其它進步一樣，不是直線發展，而是不斷再分化地向前發展的過程」〔註5〕。

以當然繼承者自命的薩林斯與塞維斯都熱衷於以這種統一後的理論體系來考察人類社會的演進過程〔註6〕。其中薩林斯認爲，如果依照生產力水平與階層化程度這樣兩個標準，自己在波利尼西亞所觀察到的社會形態可以分作三種類別，即血統世系組織，族譜配列組織以及環礁組織，後又從時期上對之加以劃分，依次改稱爲「集群社會階段」、「部族社會階段」與「首領制社會階段」〔註7〕。其各自代表性社會特徵依次分列如下：「在原始階段，未分化的（家庭除外）和無首腦的一夥是最落後的——其特徵是前農業的。分化出宗族、世系群這一類的農業游牧部落則較爲先進（儘管他們沒有強有力的首腦）。比這些平等部落更高的，並以更高生產力爲基礎的階段，是部落內部出現了首領的等級和酋長制度的發展。」〔註8〕次年，

〔註2〕 〔日〕田中二郎：《生態人類學》，載〔日〕綾部恒雄編：《文化人類學的十五種理論》，中國社會科學院日本研究所社會文化室譯，國際文化出版公司1988年6月第1版，第115～126頁。

〔註3〕 〔美〕哈定等：《文化與進化》，韓建軍、商戈令譯，浙江人民出版社1987年版，第31頁。

〔註4〕 〔美〕哈定等：《文化與進化》，韓建軍、商戈令譯，浙江人民出版社1987年版，第19頁。

〔註5〕 〔美〕哈定等：《文化與進化》，韓建軍、商戈令譯，浙江人民出版社1987年版，第34頁。

〔註6〕 〔美〕哈定等：《文化與進化》，韓建軍、商戈令譯，浙江人民出版社1987年版，第92頁。

〔註7〕 〔日〕小野澤正喜：《馬克思主義與人類學》，載〔日〕綾部恒雄編：《文化人類學的十五種理論》，中國社會科學院日本研究所社會文化室譯，國際文化出版公司1988年6月第1版，第83～101頁。

〔註8〕 〔美〕哈定等：《文化與進化》，韓建軍、商戈令譯，浙江人民出版社1987年版，第30頁。

一直以來被視爲塞維斯代表作的《原始社會組織》正式出版，在這部經典作品中，塞氏系統地論述了上述諸階段，即遊團（Band）→部落（Tribe）→酋邦（Chiefdom）在人類社會進化史當中所應具備的普遍意義，從而大大提升了這一劃分體系在學術界的影響力〔註9〕。當然接下去的一個發展階段就是國家社會，與之相關的內容則構成了塞氏日後另外一部作品的論述主題〔註10〕。

　　在塞維斯的劃分體系下，遊團與部落都屬於平等社會，酋邦與國家則是等級制社會，這是兩者之間最顯著的區別。從遊團，至部落，進而又演化爲酋邦乃至國家，在這一過程中，現已爲來自世界各地豐富的民族志材料所證實的事實就是，這裏同時發生著三種變化，即結構分化，功能專業化以及結構與功能的整合水平不斷得到提升〔註11〕。那麼這樣三個過程的同步發生又意味著什麼呢？關於這個問題，我們注意到，薩林斯在借助於生物進化來解釋社會演替時曾作出過內容極爲相似的表述：「綜合水平的觀點可分爲三個方面。當一有機體具有更多的部分和次部分（更高分裂次序）；當這些部分更爲專化；並且所有這些能夠更有效地被綜合時，那麼它就比其它有機體具有更高的綜合水平。因此，生物的一般進化正是表現在器官和有機子系統（諸如消化、呼吸、生殖等系統）的專化過程中，同時也表現在特殊綜合機制（如中樞神經系統和腦）的發展中。在此基礎上對有機體進行比較時，進化史上的整體進步便顯而易見了。」同樣地，「文化以新的方式延續進化」，雖然其具體方式是獨特的，「然而文化依舊是在適應性專化中分化的，並同樣是成功地產生著所有更高級的形態」，因此，從這種角度來講，「文化，如同生物那樣，經歷了特殊進化和一般進化」。可見，無論是對於有機體，如生物，或超有機體，如社會、文化等，上述三個過程的發生都意味著各研究對象在「綜合水平」方面產生了日漸顯著的差距，那麼作爲整篇議論中最核心的一個概念，這裏提到的「綜合水平」指的又是什麼呢？這一點，薩氏也做出了明確

〔註9〕 Elman R. Service, *Primitive Social Organization*, New York: Random House, 1962.

〔註10〕 Elman R. Service, *Origins of the State and Civilization*, New York: W. W. Norton & Company, Inc., 1975.

〔註11〕 A. Terry Rambo, "The Study of Cultural Evolution", in A. Terry Rambo & Kathleen Gillogly, eds. *Profiles in Cultural Evolution*: *Papers from a Conference in Honor of Elman R. Service*, Ann Arbor, Michigan: the Regents of The University of Michigan, The Museum of Anthropology, 1991, pp. 23～109.

的回答，那就是「更大」、「更高」、「更複雜」的組織〔註 12〕！所以，從遊團到國家正如從紅鱒到人一樣，所表徵的恰是觀察對象內部複雜性的增長，也就是複雜化過程〔註 13〕。作為新進化論第二代學者群體中的領軍人物，薩氏這樣講，等於是明白宣示了新進化論對於社會複雜化問題的總體解釋思路，而這一思路從近端來講可以認為是直接繼承自前文所述的懷特與斯圖爾德，實際上從一個更大的時空範圍內來看，亦兼祧所有「偉大的十九世紀文化進化論者」，也就是我們所說的古典進化論，這其中自然包括摩爾根與恩格斯〔註 14〕。因此，塞維斯與薩林斯既如松園萬龜雄所講的那樣是新的一代，同時在這樣一個學術發展脈絡中也是兩位具有收束性的人物，故此，我們要探討社會複雜化問題，正需要從這裏入手，也就是從戰後新進化論學者在揚棄了早先單純以技術或生計方式而改以社會與政治組織類型為評價標準所提出的一般進化諸階段入手〔註 15〕。再結合敝文論述對象的具體情況而言，在從遊團到國家的社會發展四部曲中，最值得予以探討的也就是酋邦，作為人類歷史上等級制社會的開端，這也是前國家時代社會複雜化進程中的關鍵一環。

第一節　塞維斯之前：概念的提出

一、奧博格

　　「酋邦」一詞非為塞維斯所首創，卻因氏而聞名於海內。早先，奧博格（Kalervo Oberg）曾在關於中美洲與南美洲低地部落社會結構的研究中使用過這一術語。當時，他將墨西哥以南前哥倫布時代的各社會政治集團依其結構特徵分作 6 類，具體是：（1）同質部落；（2）環節部落；（3）酋

〔註 12〕〔美〕哈定等：《文化與進化》，韓建軍、商戈令譯，浙江人民出版社 1987 年版，第 18～19 頁。

〔註 13〕〔日〕松園萬龜雄：《新進化主義》，載〔日〕綾部恒雄編：《文化人類學的十五種理論》，中國社會科學院日本研究所社會文化室譯，國際文化出版公司 1988 年 6 月第 1 版，第 71～82 頁。

〔註 14〕〔美〕哈定等：《文化與進化》，韓建軍、商戈令譯，浙江人民出版社 1987 年版，第 33 頁。

〔註 15〕 A. Terry Rambo, "The Study of Cultural Evolution", in A. Terry Rambo & Kathleen Gillogly,eds. *Profiles in Cultural Evolution*: *Papers from a Conference in Honor of Elman R. Service*, Ann Arbor, Michigan: the Regents of The University of Michigan, The Museum of Anthropology, 1991, pp. 23～109.

邦；（4）封建類型國家；（5）城邦以及（6）神權帝國，並認爲這一序列代表了當地社會複雜性逐步增長的趨勢。不過我們首先應該注意的是，與日後塞維斯的用法不同，奧博格自認爲他所列舉的頭三類社會結構其指稱對象都是部落，也就是說，這裏的「酋邦」實際上仍然只是部落社會諸類型中的一種而已，但它確實代表了部落髮展的較高階段，因爲其複雜程度超過了前兩者。就奧氏所論而言，酋邦的主要特徵可概括如下：首先就政治體制來講，（1）這是一種由多社區組成的地域性政體，歸一個至高無上的大酋長統領，大酋長之下還存在著眾多小酋長，這些次一級的酋長各自分管一方，他們與大酋長共同組成了一個政治等級體系；（2）酋長們有權就糾紛作出裁決並懲治犯罪者，甚至動用死刑，而且在大酋長的指揮下，還可以戰爭爲由來征繳人力與物資；（3）政治體系可以算作聯盟制，統治權威建立在共同的利益，最終建立在諸部落共有的世系之上；（4）沒有常備軍，也未見永久性的行政機關，不存在附庸部落，亦無對貢品的徵收；其次，就社會階層的結構而言，（1）酋長們借助戰爭來獲取以財產與奴隸爲主要內容的財富，並贏得榮耀，這些因素使得他們成爲一個與普通民眾相較頗顯特殊的擁有最高社會地位的階層。酋長們擁有眾多妻子，出則乘輿，居則華屋，還被冠以一連串的頭銜，常通過一位中間人傳諭民眾；（2）出色的武士及酋長的親眷們則組成了一個具有較高社會等級的階層，通常被人們描述爲「貴族」，其下則是人數頗爲龐大的一般部落成員；（3）奴隸，正如其它地方所見到的那樣，照舊處在較低的等級上。奧博格還認爲，形成酋邦的先決條件在於食物生產過程中出現了與政治組織及顯著的社會分層相聯繫的剩餘產品。我們會發現，類似的邏輯同樣貫穿於他對其它幾類社會政治組織的分析之中〔註 16〕。奧氏對於酋邦特徵的描述雖顯得有些簡略，也不一定具有廣泛的適用性，但其中確有兩點是值得關注的，即酋長雖有裁決權，然無常備武裝力量以爲後盾，正式的行政機關也尚未成形；再者，政治體系與親屬世系結合在一起。這兩點在塞維斯筆下無一例外都獲得了更爲充分的論述，並成爲酋邦社會的兩項顯著特徵〔註 17〕。沈長雲

〔註16〕 Kalervo Oberg, "Types of Social Structure among the Lowland Tribes of South and Central America", *American Anthropologist,* new series, Vol. 57, No.3, 1955, pp.472～487.

〔註17〕 Elman R. Service, *Primitive Social Organization*, 2nd ed. New York: Random House, 1971, p.155.

根據張光直在《中國青銅時代》中的論述認為：「酋邦的基本精神不過就是政治分級與親屬制度的結合」，並指稱中國古史傳說中「五帝」時代「天下萬邦」的「邦」所代表的就是這類組織〔註18〕。

二、斯圖爾德

　　大約與奧氏同時，斯圖爾德也開始在自己關於南美部族的研究中涉及到這一類社會形態，儘管在稱呼其觀察對象時，斯氏一開始仍樂於使用內涵駁雜的「部落」（Tribes）而不是「酋邦」。在承認各社會政治集團之間普遍存在著文化差異性的同時，斯圖爾德根據某些於廣大區域內遍見的社會特徵將其劃分為 4 個主要的文化類型，但並未如塞維斯那樣為每種類型單獨擬就一個專名，他只是選取了部分有代表性的族群以便對其特徵進行描述。就我們所關心的「酋邦」或者稱之為已然複雜化了的前國家不平等社會而言，似乎可以斯圖爾德提到的那些分佈於安第斯山前地帶（Sub-Andean）及環加勒比海地區的人群為例。在那裏，人們擁有一類更複雜、更高效的生計經濟體系，從而使得人口密度的增長及村社規模的擴大成為可能，相應地，村居設施的永久性程度也更高。許多彼此之間並無親屬關係的群體開始共存於這樣的村落中，可用以判定個體社會身份的標準也更加多樣化了，除年齡、性別、社團組織一類因素之外，人們更看重的是「階級」（Classes）。此時，戰爭行為的性質也發生著變化，日益增多的俘虜逐漸在社會內部形成了一個奴隸階層，而衝鋒陷陣的英雄們則獲得了晉身於上流社會的嘉獎，那種曾廣泛流行的為復仇或個人榮譽而戰的風習漸次為人們所摒棄。儘管用以約束個人行為的仍主要是現有的風俗習慣，但不容忽視的事實是，酋長、武士、巫師等人在某些場合中的確掌握著雖顯有限但特殊的權力，斯圖爾德認為，這可以被視為日後植根於國家法律體系之上的管制行為發生的前兆。尤其是巫師，作為宗教勢力的代表，其行為的公眾性與私密性都發生了不同程度的增長，一方面，他在寺廟中主持著各類涉及到部落神的祭祀活動，而另一方面，關於這些儀式化行為的秘密卻遭到了壟斷，宗教儀軌成了神諭的結果。與塞維斯類似，斯圖爾德同樣表示，要想直接從技術發展水平上對某些社會類型之間的區別作出清晰的說明實際上仍然是困難的，就拿這些安第斯山前地帶及環

〔註18〕沈長雲、張渭蓮：《中國古代國家起源與形成研究》，人民出版社 2009 年 4 月第 1 版，第 5 頁。

加勒比地區的人們來講，他們所實現的技術與物質文化水平其實與那些整合程度更低的熱帶森林部落是相似的〔註 19〕。在參考了奧博格的術語體系之後，斯圖爾德也開始在自己關於南美的作品中使用「酋邦」一詞去稱呼那些已經建立了跨社區領導權的人群，儘管他與法隆（Louis C. Faron）似乎都對這一用語是否具備普遍認可的精准定義表示懷疑，因爲無論是在學術作品還是公眾歷史讀物中對於「酋長」一詞的借用實在是太過泛濫了。斯氏認爲，雖然酋邦的實際情況很複雜，但仍可以分作兩種基本類型，即「軍事型」與「神權型」，判斷的依據在於戰爭的性質及其與宗教和社會結構之間的關係。對於前者而言，戰爭除了可帶來新的土地、財富及奴隸之外，還能爲宗教祭祀提供人牲，同時也打開了勇士們的進階之途，數個村落社區爲此目的而團結在一個大酋長的統領之下，但它們各自在食物生產與宗教實踐等方面的獨立性仍或多或少地得到了維持。與此相對，在另外一類酋邦中，宗教活動的作用會更重要一些，正是靠著神職人員的努力，各社區之間的關係才得以維繫，但與「軍事型」酋邦中「阿茲特克」式的血腥宗教實踐不同，儘管在這裏食人行爲也有耳聞，但人牲在宗教活動中並不具有特別重要的意義，宗教與戰爭實際上處於相對分離的狀態。在社會結構方面，鑒於宗教所具有的重要價值，那些爲之服務的專業人員也構成了社會的上層，作爲對這類現實的一種反映，從平民到村長再到酋邦的領袖，個人的守護精靈也具有了不同的等級。不過，「酋邦」在斯圖爾德那裏多少仍然只是被當作一種不倫不類的社會組織形態，在他看來，酋邦不外乎是因爲在生產過程中出現了富餘，從而爲社會分化提供了可能，這是促成它們與那些熱帶森林部落產生不同的根源，但在細節層面上，兩者之間仍然保持著許多相似之處，特別是在居屋與村落的類型以及社區生活中；同樣地，它們與安第斯及中美洲地區通常被認爲文化發展水平更高的集團之間在宗教、軍事及建築特色等方面也表現出了某些近似之處。因此，「酋邦」在這裏遠未獲得塞維斯筆下那樣正式的地位，斯圖爾德甚至明確反對將「酋邦」列爲當地文化史中的一個階段，「我們沒有必要認爲，它代表的就是中安第斯（Central Andes）社會曾經經歷過的，或那些熱帶森林農民與採集狩獵者將來要經歷的一類社會發展時

〔註19〕 Julian H. Steward, "South American Cultures: an Interpretative Summary", in Julian H. Steward, ed. *Handbook of South American Indians*: *The Comparative Ethnology of South American Indians*, Vol. 5, Washington: United States Government Printing Office, 1949, pp. 669～772.

期。」〔註20〕儘管如此，斯圖爾德與塞維斯在關於「酋邦」的問題上仍有兩點認識是基本一致的：一個就是將環境因素列爲塑造酋邦的重要力量，「酋邦的文化多元性與其環境多樣性是相匹配的」〔註21〕；再者，是將剩餘產品的出現作爲社會分化或公共權力形成的前提。不同的是，對於這些剩餘產品是借助於何種途徑來發揮其政治影響力的，塞維斯有著自己的解釋，這就是將早先由波拉尼（Karl Polanyi）提出的經濟行爲類型與這裏的社會政治發展類型結合起來。具體而言，就是將「互惠制」與部落階段聯繫起來，而用「再分配」來描述社會結構更形複雜的酋邦中的主要經濟行爲，也正是憑藉著這種劃分思路，塞維斯將斯圖爾德大而化之的「部落」概念作了進一步的分解〔註22〕。從理論上來講，這種分解與對應之所以可行，在於波拉尼式的「再分配」行爲得以發生的前提恰是團體內部向心性的存在，表面上他談的是經濟問題，實際已經涉及到了政治力量對於社會資源的整合行爲。雖然他不忘強調「互惠制」、「再分配」與市場環境中的「交換」行爲這三者並不代表任何時間意義上的發展序列，因爲很多情況下，它們都可以被發現共存於同一個社會體系之內，只是發生作用的場景與層次不同而已，但既然波氏此前已將各類經濟行爲明確視爲一種整合形式〔註23〕，所以對於作爲進化論者的塞維斯來講，在雙方之間建立聯繫實在是再簡單不過的事了，畢竟從本質上看，它們所代表的都是一種對於社會整合水平的描述。而這一點——社會整合程度由低到高——恰如前文所述，也是斯圖爾德對社會發展類型進行劃分的一項重要指標，儘管各階段的具體命名在諸學者之間總是存在著令人迷亂的巨大差異〔註24〕。

〔註20〕 Julian H. Steward & Louis C. Faron, *Native Peoples of South America*, New York: McGraw-Hill Book Company, 1959, pp.174～178.

〔註21〕 Julian H. Steward & Louis C. Faron, *Native Peoples of South America*, New York: McGraw-Hill Book Company, 1959, p. 178.

〔註22〕 Gary Feinman & Jill Neitzel, "Too Many Types: an Overview of Sedentary Prestate Societies in the Americas", in Michael B. Schiffer, ed. *Advances in Archaeological Method and Theory*, Vol.7, New York: Academic Press, 1984, pp. 39～102.

〔註23〕 Karl Polanyi, "The Economy as Instituted Process", in Karl Polanyi, Conrad M. Arensberg, and Harry W. Pearson, eds. *Trade and Market in The Early Empires*, New York: The Free Press, 1957, pp. 243～270.

〔註24〕 Gary Feinman & Jill Neitzel, "Too Many Types: an Overview of Sedentary Prestate Societies in the Americas", in Michael B. Schiffer, ed. *Advances in Archaeological Method and Theory*, Vol.7, New York: Academic Press, 1984, pp. 39～102.

第二節　塞維斯的「酋邦」：社會複雜化過程中的一個階段

從以上的論述中我們可以看出，塞氏的理論絕非無源之水，奧博格、斯圖爾德以及波拉尼等人的早期研究無疑構成了塞維斯「酋邦」模式的重要理論源泉。這其中，除了奧博格的直接啟示之外，斯圖爾德學說對於塞維斯日後研究的影響恐怕是更為根本的，這一點突出表現在素來為斯圖爾德所推重的「環境因素」在對於「酋邦」這類社會組織起源過程的解釋中再次獲得了強調，並被列為促成酋邦興起的最初動力之一。從學術傳承角度來講，與薩林斯一樣，塞氏早年間曾先後以懷特與斯圖爾德為師，正如松園萬龜雄指出的那樣，調和普遍進化論與多線進化論並使之完美地融為一爐，成為懷特之後所有嚮往新進化論的青年學生們的夙願，這類傾向在塞、薩二氏的作品中都有著明顯的體現〔註25〕。

一、再分配體系與早期等級制度的興起

具體到塞維斯的「酋邦」而言，與奧博格甚至斯圖爾德不同的是，在這裏，「部落」與「酋邦」都成為專名，它們分別代表了社會組織演進序列中兩個判然有別的階段，前者屬於平等社會，而後者則是不平等的〔註26〕。

關於此間的具體區別，塞維斯認為可以從兩個方面來加以考察：其一，酋邦的人口密度往往比部落要大，這可能主要是得益於生產效率的提高；其二，也是更具有指示意義的一點，酋邦社會一般會更形複雜，組織化程度也更高。這樣籠統的敘述對於我們準確辨識「部落」與「酋邦」其實並不能提供多少有益的幫助，更關鍵同時也是最顯著的一點差別實際在於，酋邦社會中興起了多個用以協調經濟、社會與宗教活動的中心〔註27〕。而這樣的中心最重要的一項職能就是組織經濟領域內的再分配活動，同時這也是它們得以發揮其它方面職能的基礎，塞維斯甚至公開這樣講：「酋邦就是一個擁有固定協調中心的再分

〔註25〕〔日〕松園萬龜雄：《新進化主義》，載〔日〕綾部恒雄編：《文化人類學的十五種理論》，周星等譯，貴州人民出版社1988年12月第1版，第90～102頁。

〔註26〕Elman R. Service, *Primitive Social Organization*, 2nd ed. New York: Random House, 1971, p.140.

〔註27〕Elman R. Service, *Primitive Social Organization*, 2nd ed. New York: Random House, 1971, p.133.

配社會。」〔註 28〕可見，在塞氏關於酋邦的描述中，「再分配」確是一個經常被提及的核心因素，或者認為，酋邦本身就是再分配行為的一個結果。那又是怎樣的原因導致了建立再分配體系成為當時社會的一項迫切需求呢？

這在塞維斯看來，主要是因為在生產專業化的前提下，必然要求對生產系統中的各類活動進行協調，並建立一套高效的產品徵集機制以應付不時之需。由此可知，生產領域內專業化分工的實現是理解這一過程的關鍵，也是成就後續發展的前提條件。這樣一個大前提又被分作兩類，它們都可能促成再分配體系的建立，而且經常是並存於同一個社會之中的：一類發生於某區域內不同的社區之間，塞維斯傾向於認為這種情況在兩者之中是更易於見到的；另一類發生於各懷一技之長的個體勞動者之間，他們在同一個大型生產流程中被按需分配到不同的崗位上。

接下去的一步自然是要尋找生產專業化得以興起的原因。在這個問題上，塞維斯建議，與其一如既往地在技術領域內找答案，不如向環境方面投以更多的關注，因為他認為這倒是一類更具普遍意義的誘因，尤其是當定居生活方式已經在多個社區內普遍實現的時候，情況就更是如此。在一處具備顯著生態多樣性的地區內，當人們已經習慣於定居生活而不再願意象以前那樣為求得各類土產而在一個相當大的地理範圍內往來奔波的時候，貨物的流動便逐漸取代人口的實際流動從而成為社區之間進行交流的主要方式，於是「交換」便由此而日益發展。

不過對於原始社會而言，交換關係通常都只建構於集體層面之上，也就是說這是社區的事務，而不是像今天那樣只是某個人自己的生意。既然關乎多數人的利益，則必然需要成立一類組織來對相關的各種活動進行協調，這一組織既要負責推動當地生產專業化水平在未來能夠得到進一步的提升，很顯然，人們需要憑此以體現本社區在跨區域交換網絡中的價值，需要依靠質優價廉的當方土產來換取大量必需的舶來品，後來的事實證明，史前時期手工業產品質量的大幅提升正是發生於酋邦興起的過程中〔註 29〕，同時它還要負責對經交換得來的貨物進行分配，這一步驟當然也是由酋長來主持的，但並非所有庫存的貨物都立即參與了再分配過程，其中就有一部分在酋長的授

〔註 28〕 Elman R. Service, *Primitive Social Organization*, 2nd ed. New York: Random House, 1971, p.134.

〔註 29〕 Elman R. Service, *Primitive Social Organization*, 2nd ed. New York: Random House, 1971, p.138.

意下被囤積了起來以備特殊需要之用，這其中又有一部分被用來資助技藝高超的手藝人以便他們能夠全身心地投入到手工業生產中去〔註30〕。

　　除去這裏講到的在社區之間進行交換的需求之外，還有一些生計作業必須要有多個社區共同協力才能完成或者說會完成得更好，這類情況同樣有利於促成有組織的再分配體系的建立。例如身處陸地與海洋的結合部，濱海地區的居民往往在食物獲取方面獨具優勢，可以同時享用海陸兩方面的豐富資源，正如人類學家在北美西北沿岸地區所見到的那樣。對於當地社區來講，無論是獵殺鯨類、網羅大比目魚，或者是誘捕、燻製與包裝大麻哈魚等海產，都需要多地居民合作來進行。自然，作為對於共同勞動的回饋，作業所得要在多個社區之間進行分配，而每個社區所得的份額又要在本集團內的個體參與者之間進行第二次分配，這樣，勞動中共同協作，日後又需要進行多次分配，相對健全的再分配系統的建立就成為必需〔註31〕。

　　總之，無論出於哪種情況，類似體制的形成都為酋長日後建構個人權威提供了經濟上的可能性，個人權威的構建會帶來社會地位的抬升，社會地位的抬升又必將榮及酋長的親屬，從酋長個人家庭的當然成員直到某一範圍內的親屬都能因此獲益，於是一個尚處於雛形階段的「貴族」階層便逐漸形成了。這在一些著名的酋邦，譬如波利尼西亞或美洲西北太平洋沿岸印第安人的案例中都可以見到，在那裏，甚至已經發展到每一個人都可以根據與酋長世系親緣關係的遠近而準確獲知自己應得哪一等社會地位〔註32〕，所以在塞維斯眼中，任何組織實體都意味著某種領導權的存在〔註33〕。

　　但酋邦中的這類等級體制尚處於較早期發展階段，這一點可以從兩個方面表現出來：其一，等級差異具有連續性的特徵。譬如，有學者認為，若說努特卡人（Nootka）中有所謂「階級」的劃分，則每人自成一階級，有些人看起來像是貴族，但在貴族階層之下並無一個人數龐大且與上流社會界限分明的農民階層存在。造成這一現象的原因在塞維斯看來，是因為經濟因素在社

〔註30〕Elman R. Service, *Primitive Social Organization*, 2nd ed. New York: Random House, 1971, pp.138～139.

〔註31〕Elman R. Service, *Origins of the State and Civilization*, New York: W. W. Norton & Company, Inc., 1975, p.75.

〔註32〕Elman R. Service, *Primitive Social Organization*, 2nd ed. New York: Random House, 1971, pp.139～140.

〔註33〕Elman R. Service, *Primitive Social Organization*, 2nd ed. New York: Random House, 1971, p.136.

會階層分化的過程中尚未佔據主導地位〔註34〕。類似地，有時人們會被劃入兩三個較寬泛的階層或社會集團，但在這裏經濟或政治的色彩仍然並不濃厚〔註35〕；其二，允許個人通過努力提升自己現有的地位。要實現這一點是有前提條件的，具體原因也很多，例如，當一些原來局促於珊瑚礁小島的波利尼西亞人遷徙到地域廣闊的新西蘭之後，民族志撰述者認爲，他們的政治體制中顯現出了較此前更爲明顯的「民主」色彩。在原來社會中等級地位較低的人，也可以通過個人魅力招引一部分追隨者，因爲周圍存在有大片未經佔據的自然環境，如果他對於自己現有的社會地位不滿，完全可以帶領這些追隨者去外地另闢一塊居地，重新建立一個以自己爲塔尖的等級體系，類似的允許階層轉換的例子在薩摩亞人（Samoa）中同樣可以觀察到〔註36〕。造成這一點的原因，除去環境方面的因素之外，還在於酋邦中酋長日後所享有的尊榮是因其早期以交換——再分配協調人身份爲公眾服務而獲得的，既然如此，只要當地社會尚未成爲塞維斯所認爲的那種理想狀態下充分發展的酋邦，則除酋長外，其它人通過個人努力來爲集體謀福利從而贏得他人尊崇以提升自身地位就應該也是被允許的。這說明在酋邦社會中，正如行政機關一樣，等級體制同樣缺乏嚴格的制度性保障。

與此同時，塞氏特別提醒讀者注意，對於生產專業化及再分配行爲的認識，不僅要從「質」的角度著眼，還要注意到「量」的差別。遊團與部落社會中也可見到類似的現象，但區別在於，對一個酋邦社會而言，這些已經成爲它的一項標誌性特徵，專業化與再分配持續不斷地深刻地影響著酋邦社會中相當大部分的活動，兩者之間存在著程度方面的顯著差別。組織再分配活動的中心一旦形成，它的觸角就不僅僅局限於經濟領域內了，舉凡社會、政治或宗教活動它都要插手〔註37〕。總之，它的存在進一步促進了當地社會融合爲一個整體，社會整合水平由此得以提升〔註38〕。

〔註34〕 Elman R. Service, *Primitive Social Organization*, 2nd ed. New York: Random House, 1971, pp.148～149.

〔註35〕 Elman R. Service, *Primitive Social Organization*, 2nd ed. New York: Random House, 1971, p.163.

〔註36〕 Elman R. Service, *Primitive Social Organization*, 2nd ed. New York: Random House, 1971, p.152.

〔註37〕 Elman R. Service, *Primitive Social Organization*, 2nd ed. New York: Random House, 1971, p.138.

〔註38〕 Elman R. Service, *Primitive Social Organization*, 2nd ed. New York: Random House, 1971, pp.133～134.

　　以上所述就是塞維斯給出的酋邦興起的一般原因，也是在一種相對孤立的理想條件下酋邦組織的形成過程。我們可以看出，在這樣一條邏輯鏈路中，生態多樣性是觸動靶機的第一個因素，這種客觀的超社會的外部現實在人們被迫適應的過程中，引發了日後一連串社會結構方面的變化。看起來事實似乎總是這樣的，「某些自然地理環境特別有利於再分配行爲的發生，如果恰巧此時當地社區已經存在有類似於大人社會那樣的領導權的萌芽，那麼我們有理由推測，與制度化了的集中權力系統相伴隨的身份等級社會完全有可能成爲當地社區未來的發展方向」〔註 39〕。當然，塞維斯後來又吸納了卡內羅（Robert Carneiro）等人的觀點，認爲競爭性的社會環境也可以產生類似的效果，並舉出新西蘭毛利人由酋邦重新退化爲部落的例子以資說明〔註 40〕。

　　這一過程中間的一個關鍵環節在於由酋長居中調節的經濟再分配中心的形成，最終投射到上層建築領域內，就是前述與親屬制度相結合的前國家等級制政體的建立。關於這一點，塞維斯根據自己對於世界各地大量民族志材料的調查研究，總結到：「絕大部分酋邦看起來都興起於那些存在有重要的區域交換以及由此而引起的生產專業化日益發展的地區，在這樣的地區內，各地生境的差異加之相當程度的定居生活又是導致上述變化的原因。」當然，營游牧生活的族群雖未實現定居，卻一日也離不開與農耕人群進行廣泛的交換，所以在那裏也是可以發現酋邦組織的〔註 41〕。此外，或許也有一些酋邦是屬於次生性質的，它們在與某些已經成爲酋邦的社會進行戰爭的過程中逐步完成了對於原有部落組織的改造從而得以躋身於酋邦的行列〔註 42〕。無論產生於哪類具體的自然與歷史環境之中，酋邦一旦形成，往往傾向於擴展自己的勢力範圍，塞維斯甚至認爲，有一些案例明確顯示出，毗鄰酋邦的那些規模較小的社群爲從這一交換與再分配網絡中獲取某種好處乃至有自願融入酋邦的。總之，源出於交換——再分配網絡的動力推動著酋邦及其周鄰社群日益熔融爲一個語言與文化的共同體，並

〔註 39〕 Elman R. Service, *Origins of the State and Civilization*, New York: W. W. Norton & Company, Inc., 1975, p.75.

〔註 40〕 Elman R. Service, *Primitive Social Organization*, 2nd ed. New York: Random House, 1971, pp.137～138.

〔註 41〕 Elman R. Service, *Primitive Social Organization*, 2nd ed. New York: Random House, 1971, p.136.

〔註 42〕 Elman R. Service, *Primitive Social Organization*, 2nd ed. New York: Random House, 1971, p.143.

為日後「國家」級政體在當地的出現開闢了可能的途徑，而這一點恰是前此時期的遊團與部落社會都無法做到的〔註43〕。

在塞維斯看來，如果亨利・梅因（Henry Maine）爵士關於政治演化的觀點可以被接受的話，那麼從「地域性聯繫」這個角度看去，酋邦正日益臨近所謂「文明社會」的門檻〔註44〕。在這一過程中，除去舊有的親緣關係之外，擺在人們面前可供之進行身份認同的標準已經越來越多樣化，而且率先試圖突破同族血親關係限制的看起來往往還是那些具有較高階等的人群，他們為了在財產與地位繼承等方面佔有更大的利益而寧願選擇內婚制或移往對方的族群居住〔註45〕。我們知道，對於在此之前的環節型社會（Segmental Society）而言，它們經常麇集為不同規模的團體，這些團體的具體規模往往會隨著時間而發生劇烈的波動。正因為這樣，環節型社會之間的界線往往是模糊不清的，與此同時，領導權所表現出的顯而易見的臨時性質無疑進一步加劇了政治邊界的不穩定。然而在酋邦中，隨著最高酋長一職逐漸趨向固定化，屬於他的領土與人口等事項必然要得到有效地登記。不過這樣講並不意味著當時各政體之間的領土邊界就已經比較固定了，這還要看正在被研究的這個酋邦，在它的經濟生活中到底是什麼成分占主導地位。就這個問題來講，營游牧生活者與營集約型農業生活者，它們在這個方面的表現肯定存在著很大差異。但這樣的社會畢竟看起來已經比較正式了，至少它有著固定的名稱，它的成員資格以及擁有這類資格的人也是眾所週知的，而且雖說隨著時間的推移，領土大小甚至是位置等總難免起些變化，但在歷史的某個斷面上，它所佔據的區域還是可以在地圖上比較清晰地標定出來的，有的時候，那些營定居生活的酋邦的名稱本身也可以被用來指稱它所統轄的那片地域。眾所週知的是，促進社會的整合本來就是權威體系的一個主要的功能，此時，如果當地社會還能夠在一個相對比較固定的基礎上來進行整合的話，那麼可以想見的是，不同社會之間的差異就會更形凸顯。領土，或者說居住地原則雖然並不見得就是當時判斷社會成員資格的唯一標準，辨別社會成員的歸屬還有其它的許多渠道，但它現在的確屬於經常被提到的一個了，原因就是我們上面

〔註43〕 Elman R. Service, *Primitive Social Organization*, 2nd ed. New York: Random House, 1971, p.142.

〔註44〕 Elman R. Service, *Primitive Social Organization*, 2nd ed. New York: Random House, 1971, p.159.

〔註45〕 Elman R. Service, *Primitive Social Organization*, 2nd ed. New York: Random House, 1971, pp.153～154.

講到的這些。在酋邦中，如果與早先的社會階段相比，地域認同感的增強所引致的一個後果則是分裂的傾向會在一定程度上遭到壓制，類似的局面在平等社會中之所以未能實現，很重要的一個原因是，當時人們進行個體歸屬識別的時候，譬如判定一個人究竟該屬於哪個社團組織時，在很大程度上仍然恪守著自願的原則〔註 46〕。總之，我們可以看出，在對血緣性聯繫的突破或者稱為地緣性聯繫的增強這一點上，摩爾根、恩格斯以至塞維斯都表達了類似的關切，這條紅線確是深埋於他們那些紛擾冗雜的表層爭論之後而一以貫之的。

二、繼承制度與親族結構

酋邦之所以被認為是早期社會複雜化進程中的關鍵一環，因為它實際上代表了政治權力在其自身符合邏輯的發展過程中無法繞過的一個階段，即權力的制度化階段。

從上文的敘述中我們就可以看出，「酋邦」究其實質而言是針對社會結構所作出的一種概括，這個概念的落腳點在「結構」，而非某套具體的器物組合或物化形式。因此如果從這個角度來看，那麼「權力」作為社會系統內部各要素或各子系統之間相互聯繫與相互作用的一種表達方式，也必然要經歷從自然範疇走向社會範疇這樣的一個過程。所以塞氏才會對自己關於酋邦在進化史中地位的排定表現出強烈的自信，因為在正式引入經驗事實之前，這種安排方式首先在哲學上就有其堅實的理論基礎，它符合質量互變規律，體現了發展的過程性〔註 47〕。具體而言，就是填補了曾存在於摩爾根最初所主張的從「社會」（Societas）到「國家」（Civitas）這樣一個轉變過程當中的缺環，至少使得這一過程不再像它早先所表現出來的那樣突兀〔註 48〕。

關於權力本身在這一過程中所發生的變化，肯尼思・里德（Kenneth Read）為我們從新幾內亞（New Guinea）的部落中找來了極好的例子：生活在東部高地（Eastern Highlands）的加胡庫－伽馬人（Gahuku-Gama）屬

〔註 46〕 Elman R. Service, *Origins of the State and Civilization*, New York: W. W. Norton & Company, Inc., 1975, pp. 101～102.

〔註 47〕 王之瑋：《結構與質量互變》，《中國社會科學》1988 年第 1 期，第 93～102 頁。

〔註 48〕 Elman R. Service, *A Century of Controversy*: *Ethnological Issues from 1860 to 1960*, New York: Academic Press, 1985, p.131.

於典型的平等社會，那裏的社區規模很小且鮮見發生分化的跡象，也沒有專業化的政治機制，開展協商以求達成共識才是人們解決爭議的常用手段。就像在其它許多與之類似的民族誌案例中見到的那樣，男人們根據年齡——性別標準來確定社會交際中彼此之間的關係。但人與人之間，尤其是經常參與社會生活的男人與男人之間的地位並不是我們想像的那樣一直都處在一種絕對平等的狀態之中，當地社區中確實有一些有頭有臉的重要人物，他們就是我們通常所講的「大人」（Big Men）或者稱爲「有名有姓者」（men with a name）。這些人之所以能夠收羅一批追隨者並在群體中發揮其影響力，首先在於他們身上具備一些易受他人崇拜的特質，也就是說，從根本上來講，地位的獲得仍然需要依靠個人素質而非其它，而且在當時，對於任何一個躍躍欲試的人來講，可供展現自己能力的機會實際上是很多的。曾幾何時，戰爭可能是所有這類場合中最爲重要的一種，當然，善於舞蹈或是慷慨大方無疑都有助於提升自己在集體中的人氣。施捨行爲通常會令施主在某段時期內處於一種較受益者更加有利的地位，後者對前者可能要承擔某種義務。其常見的一類形式就是舉辦免費的宴會，眾人聚在一處大吃大喝自然要消耗許多食材，而主辦方也正可藉此展示自己聚斂貨物，尤其是生豬的能力。這些東西多數得自那些追隨者，不過追隨者的貢獻並非無償的犧牲，因爲受邀赴宴的往往是另外一批人，而且，作爲對主辦方早先熱情招待的回饋，赴宴者日後也會回贈一批禮物，這些禮物最後經由施捨者之手就在追隨者之間進行了再分配，這甚至已經成爲了評價一個人的「大人」生涯是否成功的標準之一，換言之，一個成功的大人，總是能爲自己的追隨者帶回更多的利益〔註49〕。

這類宴會具有競爭的意味，類似行爲在環太平洋地區的許多族群中都有發現，其中最爲人類學家所熟知的莫過於北太平洋沿岸美洲印第安人著名的「誇富宴」（Potlatch）了〔註50〕。而在更靠近內陸的一些地方，例如對身處緬北山區的克欽人來講，任何接受禮物的人都會處於一種負債的地位，在當地人的意識中，債務即「喀」（hka）的含義十分豐富，其中有相當大的一部分實

〔註49〕 Paul Roscoe, "New Guinea Leadership as Ethnographic Analogy: a Critical Review", *Journal of Archaeological Method and Theory*, Vol.7, No.2, 2000, pp. 79~126.

〔註50〕 Elman R. Service, *Origins of the State and Civilization*, New York: W. W. Norton & Company, Inc., 1975, p.73.

際上是涉及到人際關係而非現實的經濟利益〔註51〕。接受的一方雖然「暫時享受這筆債務」，但給予的一方才真正擁有它，因此回饋是理所應當的。譬如一個「食腿山官」可以要求在其領地上宰殺任一四足動物的非本世系的人繳交其中的一條後腿〔註52〕，「但是社會卻永遠要迫使他送出比接受的還要多的禮物」，否則自然就會損害他在人群當中的威望，而這樣做的後果可能是很嚴重的。因為雖然貢薩類型的克欽社會已經杜絕了人們在獲取更高等級地位方面挑戰「血統標準」的企圖，但卻承認對於身處高位的人來講，有著「栽下山」（gumyu yu），即喪失地位的可能性，而遭遇此事的往往都是那些因未能報以相應回饋而被視為吝嗇的人〔註53〕。無論對於北緬甸的克欽人還是南太平洋的島民抑或是北美西北沿海的印第安人而言，這種關係也發生於集體之間，甚至在那裏，這類行為所具有的上述作用還會表現得更加明顯。

　　與此同時，新幾內亞人還傾向於認為，這些特質可以經由血緣脈絡自父輩傳至子孫，這也就為血緣因素的介入打開了方便之門。在這樣的輿論氛圍之中，那些受人尊敬的父母很可能希望在兒子那裏同樣發現這些幫助自己獲得他人認同並尊崇的品格，諸如自信，或者是能讓對方產生依賴感等等，並在孩子成長的過程中對於這些可能在將來的社會交際中起到積極作用的品格進行精心培養。事實就是如此，「大人」的兒子可能要比其它人在某些方面佔有優勢，譬如，可獲致更多的財富，效法自己的父親，不僅為人所期許，而且在社會上確實也有很多因素推動著他這樣去做〔註54〕。在這種情況下，大人或者施捨者的地位多少顯得有些類似於酋長，與此相應，當地社會也表現出了一些酋邦的特徵，譬如，領導權趨向於集中，地位差異初露端倪，同時存在著某種程度的世襲貴族意識等等。

　　不過嚴格地來講，這些都還只是處於極其初級的發展階段上，因為大人集團的規模一般都比較小，通常有數百人，鮮見超過千人的，更重要的區別是，那裏的權力顯現出強烈的個人色彩，因此作為一種結構，它很難穩定地

〔註51〕〔英〕埃德蒙·R·利奇：《緬甸高地諸政治體系——對克欽社會結構的一項研究》，楊春宇、周歆紅譯，商務印書館2012年6月第1版，第182頁。

〔註52〕〔英〕埃德蒙·R·利奇：《緬甸高地諸政治體系——對克欽社會結構的一項研究》，楊春宇、周歆紅譯，商務印書館2012年6月第1版，第159頁。

〔註53〕〔英〕埃德蒙·R·利奇：《緬甸高地諸政治體系——對克欽社會結構的一項研究》，楊春宇、周歆紅譯，商務印書館2012年6月第1版，第209頁。

〔註54〕K. E. Read, "Leadership and Consensus in a New Guinea Society", American Anthropologist, new series, Vol. 61, No.3, 1959, pp. 425～436.

長期存在。正如上文所言，由於大人們所掌握的權力主要還是基於個人魅力的，缺乏保障權威的有效措施，自然，面對其所發佈的命令，追隨者有選擇是否就此作出反應的自由。儘管如此，但政治權力的制度化進程卻並未因這種種限制條件而止步，在這裏，時間是解決一切難題的鑰匙，只要人們還在相信關於個人能力、魅力，甚至是靈力仍然可以更多更自然地被在位者的居於特定出生次序的——長子或幼子，譬如在克欽人那裏見到的——後裔所承繼，那麼隨著世代的傳承，由某一世系，特別是由該世系中的某一支較固定地爲某個公共職位，尤其是在涉及宗教事務的活動中，提供候補人選的這類處理辦法終究會被社區內的所有人普遍接受從而視爲自然而然的事情。恩格斯在論述野蠻時代高級階段世襲王權與世襲貴族的形成時這樣講到：「習慣地由同一家庭選出他們的後繼者的辦法，特別是從父權制實行以來，就逐漸轉變爲世襲制」，隨著因一個家族世代佔據某一公共職位而累積起來的威望日漸提高，作爲候選人，「他們最初是耐心等待，後來是要求，最後便僭取這種世襲制了」，世襲王權與世襲貴族的基礎正是由此奠定下來的〔註55〕。古典進化論所謂的「野蠻時代高級階段」指的就是文明時代的前夜，人類社會發展到這一步也就意味著走到了「文明時代的門檻了」，因此就發展階段來講，這與新進化論者尤其是塞維斯本人在其理論構想中關於「酋邦」的定位是不謀而合的。換言之，恩格斯與塞維斯兩人在這裏所講的實際上是人類社會進化過程中的同一個階段，當然雙方對於彼時社會政治生活的具體描述不盡相同，因此需要提請讀者特別注意的是，我們這樣講並不意味著要將19世紀人們討論的「野蠻時代」與20世紀中葉由人類學家提出的「酋邦」這樣兩個概念不加甄別地完全等同起來〔註56〕。

通過對來自世界各地的相關材料進行整理，塞維斯發現，無論是對於波利尼西亞（Polynesia）、密克羅尼西亞（Micronesia），美國東南部，環加勒比地區，許多非洲社會，或是中亞的牧人集團而言，借由長子繼承制而世襲佔有某一地位都可以被看作是酋邦的一項具有普遍性的特徵，雖然在少數母系酋邦中，充當繼承人角色的可能是姐妹的兒子，但通常情況下也都是長子。

〔註55〕 〔德〕恩格斯：《家庭、私有制和國家的起源》，中共中央馬克思恩格斯列寧斯大林著作編譯局譯，人民出版社1999年8月第3版，第171頁。

〔註56〕 沈長雲：《酋邦、早期國家與中國古代國家起源及形成問題》，《史學月刊》2006年第1期，第5～11頁。

其實類似這些內容早在摩爾根所能見到的 19 世紀的文獻中就已經有了不少記載，譬如根據利文斯頓（David Livingstone）等人的描述，在從尼日爾河直至贊比西河的許多發展程度參差不齊的非洲土著社群中，都存在著遵照一定血緣準則承繼公職與財產的傳統。不過因為正如前文所述，一直以來摩爾根都將自己討論的重點鎖定在了親屬關係與家庭結構等方面，再者，部分材料又顯得有些語焉不詳，故此當時未能就我們現在關心的問題，即繼承制度對於權力制度化的影響展開充分的討論〔註 57〕。因此我們完全有理由據此推測，由於長子繼承制，或者其它任何一種具有類似性質的血緣繼承制度的普遍實行，隨著時間的推移，高下有別的統治結構將日趨穩固，領導地位所具有的權力也會更大，或許在這一過程中還要伴隨著社區規模的擴大，這樣，在多種因素的共同作用下，權力的制度化過程也終將開啓〔註 58〕。這多種因素之中，最重要的一種，正如我們在酋邦興起過程中所見到的那樣，仍然是再分配活動。一個社會對於再分配活動的依賴性有多強，再分配中心對於整個社會的控制能力就有多強，主持再分配活動的個人所據有的地位就會有多穩固，在這種情況下，領導人的權力，實際上也就是再分配的權力就會顯得更加有用甚至是不可或缺的〔註 59〕。在長子繼承制盛行的社區中，再分配體系與繼嗣體系總是傾向於結合在一起，相互促進，它們共同構成了權力制度化進程的堅實基礎。

　　伴隨著權力制度化過程的發生，史前社區的內部結構必將經歷一系列的變革，而在這裏第一個要討論的就是這類過程對於親族結構自身的影響。因為這一點是所有變化中最顯而易見的，而且對於前國家複雜社會來講，眾所週知的事實是，親屬制度的影響力絕不僅僅局限於家庭與私人層面上。如上所述，因為長期據有某一重要職位，長子一支在親族中的地位必然會日益受到重視，保羅·基希霍夫（Paul Kirchhoff）敏銳地覺察到了這類發生於親屬結構方面的變化，並將這樣的世系或氏族稱為「圓錐形氏族」（Conical Clans）。在這裏，各世系之間的地位不再平等，而通常情況下用以區分彼此地位高下

〔註 57〕　〔美〕路易斯·亨利·摩爾根：《古代社會》，楊東蓴、馬雍、馬巨譯，商務印書館 2009 年版，第 422～425 頁。

〔註 58〕　Elman R. Service, *Origins of the State and Civilization*, New York: W. W. Norton & Company, Inc., 1975, p.74.

〔註 59〕　Elman R. Service, *Origins of the State and Civilization*, New York: W. W. Norton & Company, Inc., 1975, p.75.

的標準則是出生次序，所有的旁系與家庭中的個體都依照始祖的年齒來定階等。塞維斯認爲，這種對於譜系的安排方式曾廣泛存在於古代世界許多族群之中，譬如，大不列顚的凱爾特人（Celtic Peoples），歐洲的貴族階層，尤其是在《舊約》中講到的閃族（Semitic）「部落」那裏表現得十分明顯。但他不太贊同基希霍夫在這裏使用「氏族」（Clan）一詞，因爲相較於「姓族」（Gens）〔註60〕，塞氏認爲，前者多用來指稱源自某位始祖的具有共同血統背景的彼此平等的親屬關係，因而與通常在酋邦中見到的情形並不相符，儘管在中文語境下後者同樣可以被譯作「氏族」〔註61〕。爲此，塞維斯建議，可以考慮採用弗思（Raymond Firth）早年間的提法，即以枝族（Ramage）來稱呼這一類已經產生了內部分化的親屬集團〔註62〕，該詞源自古代法語，意爲「分枝」。看起來這一用法似乎是更合適的，因爲它提醒讀者注意，這類譜系結構所顯現出的不斷分蘖的特徵，各支系依照各自距離父輩分支的遠近而定出高下不同的階等。根據李卉（Li Hwei）的意見，弗思於戰前在南太平洋地區發現的枝族制度，若總其精要，則可列出如下 7 項特徵：（1）單系的親族群與地方群；（2）立長制度；（3）不以外婚制爲其特徵；（4）重視族譜，以始祖之後裔中居長者所在一脈爲主枝，其餘各系爲分枝，若以圖形表示，則各成員所構成之系譜類似於一分枝之樹；（5）基本的親族團體爲家庭，其中又以核心家庭爲主要組織形式，同屬一枝族的家庭常見聚居於一處；（6）與階等制度相結合，系譜中愈靠近主枝者地位愈高，反之則愈低；（7）與祭祀制度相結合，主枝建有主枝廟，分枝則有分枝廟，各家亦皆有家廟，各廟之間地位之差別同於各族之間地位之差別〔註63〕。但稍後弗思在考察了提科皮亞（Tikopia）以外的其它許多類似案例之後對自己早先提出的概念作出了進一步的修改，他認爲，對於那些屬於枝族的群體來講，是否爲單系繼嗣並不應成爲人類學家對其進行識別時所憑藉的必要準則之一，因爲實際情況永遠要比學究們最精緻的理論構想更爲複雜。在當地，個人既可以通過父系亦可通

〔註60〕 Elman R. Service, *A Century of Controversy: Ethnological Issues from 1860 to 1960*, New York: Academic Press, 1985, p.130.

〔註61〕 〔法〕菲斯泰爾·德·古朗士：《古代城市：希臘羅馬宗教、法律及制度研究》，吳曉群譯，上海人民出版社 2012 年 4 月第 2 版，第 128 頁。

〔註62〕 Chang Kwang-chih, "On the Polynesian Complexes in Formosa", *Bulletin of the Institute of Ethnology*, No.3, 1957, pp. 89～99.

〔註63〕 Li Hwei, "The Ramage System in China and Polynesia", *Bulletin of the Institute of Ethnology*, No.4, 1957, pp. 123～134.

過母系來確定自己的歸屬，至於如何做出抉擇，則要依具體情況而定。就絕大多數波利尼西亞社會來講，無論是毛利人還是湯加人（Tongans），似乎總是存在著這樣一類趨勢，即在涉及身份地位的場合中，人們往往依據父系來進行計算。譬如在毛利人那裏，當他們談及酋長所據有的特殊地位時，總是強調借由長子繼承制而綿延不絕的世系，而在公共活動中，例如在集會中進行講演，這時候被提及的也總是父系繼嗣。類似的情況也可以在湯加人中見到，在這裏，父系在決定一個人的世系歸屬這樣的問題上，無論就理論或現實層面上來講，都可以被認為具有更大的決定意義。這種情勢看起來在高等級群體，即有必要明確彼此之間地位差別的人群當中有著更為突出的表現，相反地，隨著位階的下降，從父還是從母這類問題的重要性也就隨之降低，甚至在有的情況下竟可以忽略不計。因此考慮到現實世界中更多樣化的情況，弗思認為，枝族應被理解為一共財的兩可繼嗣群體，其成員透過父方或母方均可獲得某團體之成員身份。而當事人在就此做出選擇的過程中可能會受到社會政治等多方面因素的影響，因為就波利尼西亞的情況來看，某一枝族總是對應著一套祭儀、一定的權利與義務關係等，同時還是一具有政治色彩的團體，因此主導決策過程的因素可能會不止一源。此外，從民族學材料來看，這樣的群體往往都不行外婚制〔註64〕。可以說，就酋邦的情況而言，「枝族」的確較「氏族」一稱為優，但基希霍夫在其中一點上確實是具有預見性的，即「圓錐形氏族」可以朝著更複雜的社會結構，譬如說國家或古代文明等進一步演化下去。可惜的是，他在另外一點上卻犯了錯誤，因為處在平等地位的氏族並不意味著走進了進化道路上的一條「死胡同」，要知道，「酋邦」可能正是這樣的社會下一步將要經歷的發展階段，而在此之後，它們還可能會進一步演化為國家。

三、司法實踐與權力性質

可以想見，雖然酋邦中的組織形態一般來講都不如國家機關完密，但同樣需要針對日常的矛盾、糾紛等安排既定的解決方案，而且在酋邦的語境下來探討這一機制或許還是更為有意義的。這一方面是因為酋邦正處在一個制度創建的階段上，因此也就容易成為社會矛盾集中爆發的時期，但更重要的

〔註64〕Raymond Firth, "A Note on Descent Groups in Polynesia", *Man*, Vol.57, 1957, pp. 4～8.

是，我們不要忘記了這裏所有的問題都是有關於權力制度化的，有關於國家形成前夕的複雜社會的，所以這裏面會牽涉到許多在歷史上曾經產生過或仍在產生著重要影響的制度的起源過程。譬如，法律制度是如何被早先曾生活於環節型社會中的原始人所接受的，這就是一個非常值得探討的問題。法律與我們現在正在討論著的其它許多事項一樣，如果站在進化論者的角度來看，既不是從來就有，也不會是一直存在下去的一類事物，但法律體系在歷史向度上所表現出的階段性特徵不應該給人們造成這樣一種誤解，正如「權力」一樣，即處於更早的自然狀態下的人在其社會生活中就可以不接受任何形式的遊戲規則的約束，更不可能意味著社會個體可以在完全放任自由的狀態下生活〔註65〕。不過，國家與前國家時代的人們所遵循的這類遊戲規則畢竟不同，隨著一個社會從早先的平等階段開始向酋邦這樣的等級制政體邁進，進而又從酋邦一類的早期等級社會演進爲類似於古代國家這樣的更高水平的更複雜的等級化社會，政治結構的變遷以及隨之而來的行政能力的不斷強化，必然會帶來人群組織方式與矛盾協調機制的相應更新，其結果就是人們在參與社會生活時擁有了一套與以往不同的新的行爲指南。

要理解這種變化，關鍵是要明確「酋邦」在這一演變過程當中的定位，因爲正如利奇就緬北兩類對立政體所作出的評判那樣，處在兩個極端的事例總是最容易被識別的，對人們造成認識上的模糊的恰恰是中間的漸進式變化過程。對於這個問題而言，情況是比較複雜的，學者們之間的意見分歧也是顯而易見的，幾乎在諸如「正式的法律」、「傳統習慣」、「強制性力量」、「對暴力的壟斷」等一系列關鍵性的概念，以及歷史上曾經存在過的結構與程序最簡單，同時也是最原始的審判機關的出現，到底該以哪些要素爲基本標準來進行識別等這些方面都總是存在有多種相互牴牾的聲音。法學家與人類學家彼此之間的攻訐更是此起彼伏，譬如，「法」到底是多元的還是一元的〔註66〕。不過在這裏我們主要討論塞維斯的看法。

首先，塞氏聲明自己無意捲入上述曠日持久的理論爭論中去，因爲他在這裏所進行的討論基本上來說都只是描述性質的，對於解決長期以來存

〔註65〕J. W. Powell, "Certain Principles of Primitive Law", *Science*, Vol.4, No.92, 1884, pp. 436～437.

〔註66〕羅致平：《校者前言》，〔美〕E. A. 霍貝爾：《初民的法律——法的動態比較研究》，周勇譯，羅致平校，中國社會科學出版社1993年8月第1版，第1～10頁。

在於學術界的語義論爭，即法律究竟是在在皆有，還是只存在於國家社會中，恐怕幫助不會很大，而現在唯一能夠確定的事實是，國家社會肯定不同於澳洲土著的社團組織方式。當人們終於生活在一個國家的管治之下時，那裏就不僅會有一整套成文的法典，而且還同時存在著與之配套的審理程序，在這一切之後則是用以保障法律實施的強力措施。所有這些對於後者而言竟是如此陌生，在澳洲人那裏，發生的糾紛通常都要交由老人們組成的團體去處理，這些人憑經驗提出處理意見並幫助爭執雙方化解矛盾，在這裏起作用的完全不是國家社會中那些制度化的結構。而酋邦作為一個社會發展階段，正處在「國家」與「平等社會」之間，如果我們將嚴格意義上的法律與遍見於原始社會中的習慣都籠統地稱之為一種社會行為指導規範的話，那麼在這個角度來看，酋邦中的這類規範，其發展水平仍是介於原始的家庭層面上的可能也會包含有一些非正規的懲處措施的習慣與制度化的現代法律體系之間。這些措施的目的都是用來化解糾紛的，關鍵是所運用的手段以及適用範圍不同〔註67〕。

其次，在塞氏看來，幾乎不證自明的是，因為酋邦通常情況下都會擁有較仍處於平等社會的部落及遊團更龐大的規模，同時也實現了更高程度的集權化，所以在那裏，自然有著對於調解活動更頻繁的要求，而且這個新建立的體制也確有能力提供更好的調解機制，但他並不認為在當時已經存在有被成功創制出來的正式的法律機構，也不是說生活在酋邦體制下的人們已經懂得了法庭庭審或是什麼正規的司法程序。在這裏，塞氏只是想強調這樣一件事，即當感到社會的團結受到威脅時，權威或者更準確地來講就是權威的某種化身就會出面以圖制止爭吵繼續進行下去。正是這一點，也就是說權威有權介入衝突之中，造就了酋邦這樣的等級制社會與早先的平等社會之間的一個重大區別。

我們知道，在平等社會中，爭端的解決大多要求助於公眾的意見，而招攬公眾注意的方法則是舉辦一場歌鬥（Song Duel）或是運動競技〔註68〕。作為一名法學家，霍貝爾（E.Adamson.Hoebel）認為，對於那些並不存在「有合法官銜的官員或有巡警標誌的警察」，也就是說不存在政治權威的派生物的社

〔註67〕Elman R. Service, *Origins of the State and Civilization*, New York: W. W. Norton & Company, Inc., 1975, p. 97.

〔註68〕Elman R. Service, *Origins of the State and Civilization*, New York: W. W. Norton & Company, Inc., 1975, pp. 97～99.

會來講，「一樁民事傷害案件的『自訴人』，只要他是爲了一度存在的不法行爲而作爲」，那麼他就「享有該社會與此案無利害關係的其它社會成員明示或默示的支持」。這個時候公眾輿論就會站在他一邊，從而使得這一社會個體所代表的便不再僅僅只是某個個案的受害者，他成爲了社會正義的代言人，他正在反對的也不再只是對於自己的傷害，而是犯罪者對於整個社會的攻擊。所以從這個意義上來講，霍貝爾認爲，受害人的維權行爲帶有公益性質，從而充當了「一位臨時的公共官員」的角色，也就是他所給出的「法律」定義中必不可少的「『官方』因素」〔註69〕。

　　然而，此「官方」非彼「官方」，這類自訴人借助於公議而自行擔任這種臨時公共官員，即臨時「享有社會公認的特許權」，用我們的話來講也就是「權威」的事情與日後以酋長爲首的政治精英集團所享有的權威地位大相徑庭。之所以存在有這樣的不同，原因仍然在於酋邦的根本特徵，在塞維斯那裏就是再分配，無論是作爲一種經濟制度，還是涉及到具體的操作流程，再分配活動的常態化運行都深刻地影響了當地社會生活的方方面面，完全可以這樣講，如果從權力制度化這個角度去理解，那麼酋邦也只不過是再分配這一經濟事實無意間所產生的眾多結果之一而已。正如上文所言，平等社會並不意味著沒有針對於個人舉止的限制規範，社會個體以平等、互惠這樣的原則來進行交往並確定彼此之間的關係就是這些規範中最重要的一條，但我們看到的事實卻是，儘管可能遭遇挫折，但酋長最終卻總能突破這些限制條件，將自己以及身邊那些親密的追隨者樹立爲社會權威的中心，這是因爲「經濟發展總是毫無例外地和無情地爲自己開闢道路」〔註70〕。這一切正是再分配或直接或間接地造成的，而在所有促進因素中一個與這裏談到的法律體系明顯有關的事實是，這也是我們上面已經講到過的，即暫時歸由酋長保管的貨物是原始貴族群體所能掌握的最重要的一項政治資本，各項在日後產生了深遠歷史影響力的創舉在最初的社會實踐中都是由這些貌不驚人的生計物品來提供保障性支持的。這裏所講到的「保障性支持」，如果換用更直白的語言，也就是對於犯規者的處罰措施，

〔註69〕　〔美〕E. A. 霍貝爾：《初民的法律——法的動態比較研究》，周勇譯，羅致平校，中國社會科學出版社 1993 年 8 月第 1 版，第 29～30 頁。

〔註70〕　中共中央馬克思恩格斯列寧斯大林著作編譯局編：《馬克思恩格斯選集》第 3 卷，人民出版社 1995 年 6 月第 2 版，第 527 頁。

這些是它在司法層面上的意義。其實個中原理也很好解釋，首先，在酋邦中，政治權威體系與再分配體系根本上來講就是一而二，二而一的一個系統。一般來講，政治地位更高的人，他們在再分配系統中的地位也會更高，對於貨物所享有的支配權就會更大，而我們知道，這樣一個系統是當地社會的基本供應體系，因此很顯然它對於全社會而言都是不可或缺的。既然如此，這就是第二點，那些試圖挑戰甚至是改變現有等級體系的人，他們現在可能正是一些地位較低的酋長或特定集團，就很有可能因其或隱或顯的政治不忠行為而遭受到來自於上級的懲罰。完全可以想見的是，這種懲罰如果借助於再分配系統來實現，那就是中止對於這些持異議者的物資供給。所以說，再分配系統對於繼續維護當地政體的穩定發揮了不可替代的作用〔註 71〕，同時也正是這樣一個系統的存在最終促成了原始法在其發展過程中「真正重大的轉變」的發生，這就是「在程序法上所發生的重心的重大轉移，維護法律規範的責任和權利從個人及其親屬團體的手中轉由作為一個社會整體的政治機構的代表所掌管」〔註 72〕。

　　但無論這種轉變是否發生，所有試圖參與調解的人或機構都不可避免地要回答這樣一個重要的問題，即合法性的問題，也就是法據以設立的根據的問題。在主要借助於家庭範圍內的勸誡來平息爭端的生活於平等社會中的人群那裏，合法性源自對於久遠傳統的記憶，因此我們可以看到，在凡是採用這類方式處理矛盾的社會中，年齡——正如這裏的再分配一樣——也是一項值得炫耀的資本。為當事人所信賴，同時也為公議所認可的仲裁者往往都是親族群體中的長者，相較於各自的絕對年齡，人們反倒更看重彼此之間的相對年齡，因為「長兄」或「長姊」這樣的稱呼更重要的社會意義在於它們可以通過年齡的級差進而為當事人指示出「權威」的所在〔註 73〕。長老們之所以有資格受到尊重，正在於他們的年齡保證了他們的閱歷，保證了他們通常會比晚輩們知道更多此前類似判決的先例，而這樣的先例正是當前作出裁決的過程中所必需的。無論這一判決是多少年前做出的，只要當時它為公眾所

〔註 71〕Elman R. Service, Origins of the State and Civilization, New York: W. W. Norton & Company, Inc., 1975, p. 92.

〔註 72〕〔美〕E. A. 霍貝爾：《初民的法律——法的動態比較研究》，周勇譯，羅致平校，中國社會科學出版社 1993 年 8 月第 1 版，第 369 頁。

〔註 73〕J. W. Powell, "Certain Principles of Primitive Law", Science, Vol.4, No.92, 1884, pp. 436～437.

認可，那麼當下的援引行為就會增加目前判決的合法性與公信力，這也是在一個尚未形成集中化領導權威的社會中儘量減少案後執行阻力的最重要的舉措〔註74〕。即便是到了酋邦社會，作為一類重要的教育方式，正如在社會發展的上一個階段中所見到的那樣，長者仍肩負著教導晚輩的責任，在這一過程中，年長者借助於家庭式的獎懲方式以圖幫助年輕人逐步瞭解社會遊戲規則並努力使之遵從這些條條框框。通常來講，接受這種教育方式的年輕人應該對師長表現出尊敬的感情。我們可以認為這是一般情況，實際上也是一種理想情況，「理想」這一用語自然蘊含著「有悖於現實」的可能性，不過在正式接觸這類爆發於新社會的衝突之前，或許在這裏探討一下波士斯皮爾的「法律層次說」（Legal Level）是更為有益的。

根據波士斯皮爾的認識，傳統上那種想當然地認為一個社會僅有一套起到控製作用的法律體系的觀點存在著重大的疏漏，因為它忽視了這樣一個如此顯明的事實，即社會是一個整體但絕非完密無間。即便是在已經實現了高度融合的當代社會，各種基於血緣的、地域的、行業的亞群體仍然廣泛存在著，而在每一個這樣的亞群體之內，其實都存在著基於各自的具體情況而構建的法律體系。所以如果我們從一個社會的橫截面來進行觀察的話，任意一個社會個體都可能同時從屬於數個來源不同的法律體系，在實際的行為調控過程中，這些亞社會或者說亞國家的法律體系往往還能夠先於國家法律從而實現對所屬成員行為的調控〔註75〕。

以這裏講到的這種以年齡為標準的家庭式的訓教為例，在平等社會中這類行為調控方式就存在，在酋邦中也仍然可以發現，甚至在國家中依然如此。不過我們應該注意的是，隨著社會等級化成為越來越明晰的政治現實，這種確定權威或曰處理糾紛，制定規則的方式不可避免地面臨著日益邊緣化的趨勢，它作為行為規範的一個來源的重要性，尤其是在公共場合下的意義在經歷著一個逐漸衰頹的過程。如果用法律層次說來看待這種現象，那就是它在這一體系中所佔據的層級被迫下滑了，而隨著層級的下滑就帶來了一個問題，這也是在承認法律體制多元性前提下必然會出現的問題，即「法律關係

〔註74〕 Elman R. Service, *Origins of the State and Civilization*, New York: W. W. Norton & Company, Inc., 1975, p. 88.

〔註75〕 羅致平：《校者前言》，〔美〕E. A. 霍貝爾：《初民的法律——法的動態比較研究》，周勇譯，羅致平校，中國社會科學出版社1993年8月第1版，第1～10頁。

在幾個秩序的不同層面上可能會激烈地衝突」〔註76〕。當這種方式與來自其它權威的處理意見發生尖銳對立的時候，家庭式的權威就可能不得不屈從於他者，因爲畢竟這是在一個等級制社會之中，新的權威中心已經確立，所以有的時候，這種此前看起來天經地義的事情也有可能會遭遇到十分尷尬的局面。譬如，某人雖然較對方年輕，但卻出身於一個具備更悠久歷史的血緣世系，這樣的話，按照等級制的一般原則，他的地位就會比年長於自己的人更高，那麼又該如何來確定雙方交往時應當遵從的禮節，或者說在發生糾紛的情況下，究竟該聽從哪一方呢？塞維斯設想，解決的辦法或許在於應儘量避免這樣出身更高貴的年輕人撞見那些出身於較低世系的年長者，不過他承認民族志記載中的實證性材料很難爲此提供有價值的支持。因此看起來，在實際的歷史過程中，酋邦中的人們更多地還是會採用波利尼西亞人的處理方式，即站在新的等級制原則一邊。也就是說，即便某一個貴族年紀尚輕，他也無需對年長的平民保持刻意的尊敬，非但如此，後者還應該主動做出一些自我貶抑的舉動，以彰顯對方高不可攀的尊貴地位。這一點在夏威夷等地都有著具體的表現，而幫助當地貴族對此加以實現的則是與「靈力」（mana）概念互爲補充的一種宗教禁忌系統（Tabu System）。這種意識形態體系宣稱，社會地位越高的人所具有的自祖先傳承而來的靈力也就越多，因此，獨佔每個島嶼的最高酋長就理所當然地成爲當地最爲神通廣大的一種存在，低等級的人應該自覺避免與這些高貴的群體發生直接的接觸以免於己不利，甚至包括曾爲酋長駐足的地方，也都被認爲「沾染」上了靈力而成爲禁地，在酋長蒞臨的場合，其它在場者則應退避三舍並匍匐在地以示爲出身所限而不敢越雷池一步〔註77〕。其實在原始人的世界中，這個源自波利尼西亞的詞彙擁有許多同義詞，譬如美洲印第安人所用的「阿倫達」（Orenda）、「瓦康」（Wakan）、「曼尼托」（Manitou）等，以及澳洲土著所講的「阿倫桂塔」（Arungquiltha）等所表述的都是相似的意思〔註78〕。這樣的概念之所以遍見於世界各處，全在於它對於支撐當時的社會秩序發揮了重要的作用，正是類似於這樣的意識

〔註76〕 〔美〕E. A. 霍貝爾：《初民的法律——法的動態比較研究》，周勇譯，羅致平校，中國社會科學出版社 1993 年 8 月第 1 版，第 54 頁。

〔註77〕 Elman R. Service, *Origins of the State and Civilization*, New York: W. W. Norton & Company, Inc., 1975, pp. 150~153.

〔註78〕 李亦園：《靈力》，載芮逸夫主編：《雲五社會科學大辭典》（人類學），臺灣商務印書館股份有限公司 1986 年 5 月第 4 版，第 319~320 頁。

形態說辭賦予了施政當局以存在的合法性，完成了對於政治決策的最後包裝，精英集團對於這類解釋權的攫取無疑大大有利於減小他們在處理法律問題時所遭遇到的阻遏。

關於這一點，就經驗事實來看，從處於原始無政府狀態之下的因紐特人，經甫達到酋邦初級發展階段的特羅布里恩德島民，直至建立有原始國家的西非洲的阿散蒂人，「神和其它超自然的力在他們的法律制度中是積極的，並且常常是決定性的力量」[註79]。不過與此前平等社會中的神學實踐不同的是，酋邦中的眾神是分等級的，而且這種存在於神，也就是現實社會中的權威來源之間的差別還與人世間的家系差別相互對應，無須諱言的是，屬靈世界恰是現實世界的翻版，或如人們所言：「在地如在天」（「on earth as it is in heaven」）[註80]。而與日後在國家，尤其是支撐起古典文明的那些政體相比，酋邦在這些方面所表現出的對於血緣關係的格外重視，又構成了兩者之間一個顯而易見的區別。

最高酋長與大祭司在通常情況下都是同一個人，儘管也有例外，但可以肯定的是，無論這兩種角色是否由同一個個體來兼任，宗教勢力總是樂於為政治統治服務，酋長的地位由他們來祝聖，在酋長生命中的某些特殊時刻還要交由他們去籌備慶典，總之，藉著各式慶典與紀念活動，等級體制獲得了據稱來自神的祝福。有時候，譬如在波利尼西亞，教士集團內部也被劃分為不同的等級，他們居住於特定的寺廟，並成為這座廟院及寺中聖像的全職守護人，但我們還是應該清醒地認識到，所有這些設施其實都是為政治制度服務的，後者從僧侶集團這裏獲得了一次又一次的支持。與此同時，塞維斯特別提醒讀者注意，這樣講並不意味著在酋邦的宗教生活中就一定形成了某種大一統的局面。在當時的社會環境下，人們的日常生活需要得到來自屬靈世界的多方慰藉，而這些不可能完全都由官方宗教去承擔，於是，早在平等社會中就一直存在著的薩滿式的巫婆神漢們就獲得了能夠展現一技之長的機會。因此，完全可以想見的是，一些號稱最古老的職業，譬如魔法師、預言家、女巫等等原始信仰的踐行者，在我們討論的這個時代仍然有其存在的可

[註79] 〔美〕E. A. 霍貝爾：《初民的法律——法的動態比較研究》，周勇譯，羅致平校，中國社會科學出版社1993年8月第1版，第5頁。

[註80] Elman R. Service, *Origins of the State and Civilization*, New York: W. W. Norton & Company, Inc., 1975, p. 92.

能性。不過伴隨著等級社會對於平等社會的替代，這些缺乏嚴密組織體系的職業不可避免地逐漸顯露出了日薄西山的頹勢，取代其在宗教生活中核心地位的則是與組織化、等級化的現實相對應的同樣以不同等級組織起來的專業教士集團〔註81〕。

　　因此在典型的酋邦中，案件的審理總是在遵從神意的輿論氛圍中開展的，而且在後續的執行懲戒措施的過程中也還免不了要借助於某些超自然力量。譬如可由某位宗教權威施行詛咒或代表神靈對違犯者進行公開的詈詰等，這自然會敗壞當事人在集體中的聲譽，因此有可能導致這一個體在社交活動與集體內部遭受冷遇，無法獲得相對應的服務等等〔註82〕。如果罪行更為惡劣以至於不能容忍，譬如直接褻瀆了最高酋長本人或是近支親貴集團中的要員，那麼懲罰措施亦會同步跟進，直至以極其殘忍的方式對其執行肉體消滅。只不過在公開執行的過程當中，這一切會被切實地宣佈為是神的旨意，操作方式也常以宗教獻祭為主〔註83〕。

　　在酋邦中，任何對於現行制度的不滿都可以被看作是針對酋長本人的，也就是針對神靈的，所以我們日後所稱的反叛罪、大不敬罪（lèse majestté）等，在當時的司法話語體系中其實都可以被直接解釋為瀆神罪。任何一類行為規範，包括法律制度，就其內容而言都包括兩個方面，即懲惡與勸善，這兩個方面是一個有機的整體，所謂「道之以政，齊之以刑，民免而無恥；道之以德，齊之以禮，有恥且格」〔註84〕，目的都是為了借助於「更迅速的補償和威懾的手段」以期增加犯罪成本〔註85〕。在這裏，瀆神罪之所以難獲寬宥，在於一旦忤逆神意，後果將十分嚴重，或是雨水不時，或是遷徙中的獸群臨時改變路線從而導致獵手們一無所獲，要麼就是發生蟲災或瘟疫等等。相反地，對神及其人間代理表現出馴順與服從則會為集體帶來豐厚的回報，一切幸福美好的事物將會從天而降：戰士們連戰連捷，原野豐膏，病患康復，

〔註81〕 Elman R. Service, *Origins of the State and Civilization*, New York: W. W. Norton & Company, Inc., 1975, p. 93.
〔註82〕 Elman R. Service, *Origins of the State and Civilization*, New York: W. W. Norton & Company, Inc., 1975, p. 84.
〔註83〕 Elman R. Service, *Origins of the State and Civilization*, New York: W. W. Norton & Company, Inc., 1975, p. 92.
〔註84〕 楊伯峻：《論語譯注》，中華書局 1980 年 12 月第 2 版，第 12 頁。
〔註85〕 〔美〕E. A. 霍貝爾：《初民的法律——法的動態比較研究》，周勇譯，羅致平校，中國社會科學出版社 1993 年 8 月第 1 版，第 15 頁。

雨水應時，等等。所謂「雷霆雨露，莫非天恩」〔註86〕，酋長們在借助神意對政治改革運動的反對者進行懲戒的同時，也利用同樣一套系統來團結社會，強化族群的向心力，這樣做的目的自然也是爲了強化人民對於領導權威存在價值的認同，鞏固其合法性。

無可否認的是，儀式化的集體活動通常都具備顯著的社會整合效果，特別是在有眾多人員參與的公益行動中更是如此，實際上組織並主持這樣的公共宗教活動無疑應當屬於當時政治體系所具備的一項功能，是它回饋社會供養的一種方式。眾目睽睽之下，祭司──酋長們通過儀式化的表演行爲向上蒼傳達廣大人民的讚美與期許，以便換取某些現實的福祉，譬如增加降雨以保證莊稼能有一個好收成等。這當然是符合大眾利益的，而且雖說祭司或酋長的地位的確很關鍵，但這絕不是一場獨角戲，他需要人民的配合，人民也樂於配合，普通人在這個場合中也絕不僅僅只是站腳助威的被動角色，有的時候他們也會深入儀式的各個環節之中，邊跳邊唱，打著拍子，反覆吟詠或祈禱。整個盛大的場面中，既有處在核心地位的領導人物，也有成百上千的普通民眾，所有的人在領袖有條不紊的指揮下爲著大家共同的利益一齊努力，以他們認爲最合理的方式去取悅於神，所以從本質上來講，所有參與者的所有動作也都是爲了公共利益，但必須要有一個領導者來保證這一切能夠井然有序地進行下去。其實，這樣的慶典活動與再分配一樣，究其實質，都屬於一種有機的系統，而且對於親身參與其中的廣大群眾而言，可能自覺或不自覺地還經過了這樣一種社會心理過程的洗禮。從某種角度來講，這是一項大家共同協力完成的公益事業，所以在這種大氛圍下，個體之間爆發衝突或不愉快的可能性就很小。很明顯，群體的規模越大，將個體熔融在集體中的能力就越強〔註87〕。

有理由推測，隨著酋邦的不斷發展，其政治體制必將日臻完善，而在這樣一波權力制度化的浪潮中，強加給社會下層的禁忌將會越來越多，換言之，瀆神行爲所囊括的範圍也將經歷一個逐漸擴增的過程，這種擴增過程所標示的正是政治集團管治能力的強化〔註88〕。伴隨著國家社會的興

〔註86〕葛荃：《論傳統中國「道」的宰制──兼及「循道」政治思維定式》，《政治學研究》2011年第1期，第55～64頁。

〔註87〕Elman R. Service, *Origins of the State and Civilization*, New York: W. W. Norton & Company, Inc., 1975, p. 93.

〔註88〕Elman R. Service, *Origins of the State and Civilization*, New York: W. W. Norton & Company, Inc., 1975, p. 94

起，與新生的國家相匹配的司法與懲處機關通常來講也要比此前的類似組織看起來更正規，也更直白。因爲在此過程中，可能會有大量的新的法律條文應當時的需要而被創制出來，我們自然不能奢望當地居民能在一個較短的時期內迅速接受、消化、吸收乃至內化這些新規則，所以可以想見的是，爲使社會整體不至於陷入暫時無序的混亂狀況之中，相應的強制性措施就是必要的。從這一點出發，塞維斯建議，可以拿對暴力的壟斷以及審判機關的出現作爲國家級水平社會到來的標誌。最後，塞維斯就此議題總結道：「家庭層面上的權威主要用來化解家內矛盾，它在處於各個發展階段的社會中都是可以發現的，這與法律是存在著顯著區別的。因此我們應該注意的是，與法律緊密聯繫在一起的那種權威都是超越於家庭層面之上的。另一個值得我們關注的問題是，權威的屬性，即它是世俗的，還是屬靈的，或者說是神權性質的，我們應該予以破除的一個狹隘的偏見是，權威以及它所掌握的懲罰手段都只能是世俗的，事實是，在酋邦中，也包括許多古代文明中，權威通常情況下都披著神性的外衣，許多懲處措施的施行方式也都是超自然性質的。」〔註89〕

四、酋邦概念的特點

綜上所述，「酋邦」是以社會結構特徵來定義的一類概念〔註90〕。在那裏，家庭與親屬關係依然在社會生活中佔有相當分量，但不平等已然發生；雖未見政府，但確實存在著權威與集中化的領導；那裏也沒有關於資源的私產，沒有企業家眼中以營利爲目的的市場貿易，但在產品及生產活動領域內仍然建立起了不平等的控制體系；那裏有階等，但卻不見嚴格的社會經濟或政治意義上的階級〔註91〕。塞維斯就上述種種對立特徵所作出的描述，顯現出極具包容性的開放態度，當然，從另一種角度來講，也可以說具有很大的模糊性。在這種情況下，若將此類概念付諸田野調查，則許多辨識過程就只得依靠研究者本人對於所謂「程度」問題的把握來解決。

〔註89〕 Elman R. Service, Origins of the State and Civilization, New York: W. W. Norton & Company, Inc., 1975, pp. 90～91.

〔註90〕 Elman R. Service, *Primitive Social Organization*, 2nd ed. New York: Random House, 1971, p.145.

〔註91〕 Elman R. Service, *Primitive Social Organization*, 2nd ed. New York: Random House, 1971, pp.164～165.

　　作爲備受塞氏推崇的早期前導性研究之一，利奇在自己關於緬甸高地諸種政治體系的觀察中就已經發現，儘管從理論上來看，貢薩（Gumsa）與貢勞（Gumlao）分別代表了當地政治形態連續變化過程中的兩個極端，但「在實踐中，或許很難把一位貢勞『頭人』與一位貢薩『山官』區別開來」〔註92〕。按照塞維斯的意見，如果根據「氏族」（Clan）與「姓族」（Gens）這兩大範疇來進行區分，那麼生活於貢勞體制下的克欽人代表著一種平等家系，與之歸入同一類別的還有《古代社會》一書中關於氏族（Gens）一詞的經典用法。而對於貢薩克欽人來講，各分支家系之間的地位已不再平等，與之爲伍的則是上文中已經提到過的奧博格的酋邦以及基希霍夫（Paul Kirchhoff）的圓錐形氏族（Conical Clan）〔註93〕。然而事實上，貢勞村寨中一位非世襲的阿基（頭人）仍有機會像貢薩制度下的報孟那樣去攫取權力〔註94〕。

　　面對可與研究對象進行直接交流，對之進行設身處地的實際觀察的民族志撰述者而言，要在兩類社會之間作出精準的區分尚非易事，可以想見，就技術角度來講，當倚重實物證據的傳統考古研究試圖介入此類問題時，很可能常常會陷於一種束手無策的尷尬境地，局面較之民族學會更加被動〔註95〕，因爲這些特徵都是關於社會組織形式的，而不是某些較易留存於地層中的器物發明。克欽人的例子已經證實，或者說重申了在斯圖爾德所考察的南美部落以及李堅尚等研究的珞巴人中間同樣見識到的事實，即處於相似生態環境下，甚至是利用同類謀生手段的具有共同起源的族群完全可能共時性地生活在彼此對立的政治結構中，「物理環境的差別只爲文化的和政治組織的差別提供了部分解釋」。諸如修造梯田這樣的技術並「不專屬於任一文化亞群體或政治形式」，貢薩與貢勞社區都可以此爲生，甚至這樣的社區中最大的一個，那裏的 200 戶居民竟然是貢勞，而規模遠遜於此的類似社區則被發現實際上是講求權威與等級的貢薩。阿薩姆（Assam）的那加人（Nagas）也是這樣，表現出民主色彩的昂嘎密與更加專制的歇馬同樣

〔註92〕〔英〕埃德蒙・R・利奇：《緬甸高地諸政治體系——對克欽社會結構的一項研究》，楊春宇、周歆紅譯，商務印書館 2012 年 6 月第 1 版，第 263 頁。

〔註93〕Elman R. Service, *A Century of Controversy: Ethnological Issues from 1860 to 1960*, New York: Academic Press, 1985, p.130.

〔註94〕〔英〕埃德蒙・R・利奇：《緬甸高地諸政治體系——對克欽社會結構的一項研究》，楊春宇、周歆紅譯，商務印書館 2012 年 6 月第 1 版，第 263 頁。

〔註95〕Elman R. Service, *Origins of the State and Civilization*, New York: W. W. Norton & Company, Inc., 1975, p.178.

以耕種梯田為生〔註96〕。對於手工業而言，我們也可以發現類似的情況。要知道，都涼人的地盤上有銀又有鐵，他們掌握著製造鐵器的手藝，「因出鐵匠而遠近聞名」〔註97〕，所產刀劍似乎「賣到了克欽山區的每一個角落」，而長刀對於克欽男子而言確是一件須臾不離身的通用工具，「砍樹和修指甲都同樣稱手」〔註98〕，但有關於鐵貿易史的研究卻解釋不了他們的政治選擇如何從貢薩變成了貢勞〔註99〕。

現在我們明白了為什麼考古學在試圖介入這類問題時總是會面臨著一些實際的困難，因為田野作業所得到的只能是往古生活的遺骸，而正如這裏講到的，近世的民族志記載已經明白無誤地告訴了我們，同樣揮動鐵製長刀的兩個克欽人或是扣動扳機的一個鄂倫春人與一個漢人〔註100〕，他們的生活理念與政治信仰之間竟可以存在著多麼大的差距！同時，哈斯（Jonahan Haas）雖對利用考古學來探索早期國家興起的軌跡表達了極高的期望，但他也已經認識到，僅僅通過考察紀念性建築遺存很難辨清曾經存在於本地的政體到底是酋邦，還是已經進入了國家社會〔註101〕。因為酋邦中同樣也存在著對公共勞動力的使用，同樣可以留下諸如灌溉工程、梯田以及廟宇、土墩、金字塔等紀念性建築〔註102〕。這方面可舉出曾分佈於美國東南部的那些酋邦為例，在當地可以見到各式各樣的紀念工程。至於其它一些為考古學家們所樂於引用的標準，諸如體現專業化水平的複雜工藝品、精緻的曆法系統以及關於天文現象的豐富知識等等，如果讀者願意適當參考一下民族志中關於美洲西北沿岸、普韋布洛印第安人（Pueblo Indians）以及波利尼西亞人的有關記載，那

〔註96〕〔英〕埃德蒙・R・利奇：《緬甸高地諸政治體系——對克欽社會結構的一項研究》，楊春宇、周歆紅譯，商務印書館2012年6月第1版，第299～300頁。

〔註97〕〔英〕埃德蒙・R・利奇：《緬甸高地諸政治體系——對克欽社會結構的一項研究》，楊春宇、周歆紅譯，商務印書館2012年6月第1版，第86頁。

〔註98〕〔英〕埃德蒙・R・利奇：《緬甸高地諸政治體系——對克欽社會結構的一項研究》，楊春宇、周歆紅譯，商務印書館2012年6月第1版，第174頁。

〔註99〕〔英〕埃德蒙・R・利奇：《緬甸高地諸政治體系——對克欽社會結構的一項研究》，楊春宇、周歆紅譯，商務印書館2012年6月第1版，第294～295頁。

〔註100〕韓有峰：《鄂倫春族狩獵生產資料和組織形式》，《黑龍江民族叢刊》1988年第2期，第86～90頁。

〔註101〕〔美〕喬納森・哈斯：《史前國家的演進》，羅林平、羅海鋼、朱樂夫、陳加貞譯，余靈靈校，求實出版社1988年3月第1版，第193～196頁。

〔註102〕Elman R. Service, *Primitive Social Organization*, 2nd ed. New York: Random House, 1971, p.162.

麼相信會很容易發現，其實酋邦一樣可以在這些方面取得令人矚目的成就。換言之，這些新事物的出現並不需要當地的政治結構爲此做出本質的具有階段意義的調整〔註103〕，結合陶寺的情況來看，這也是導致學術界就其社會發展階段產生分歧的一個重要原因。

對於類似問題，塞氏本人應該說還是早有預見的。在上個世紀 50 年代中期，他與斯波爾丁（Albert C. Spaulding）在美國人類學協會中部分會的年會上所宣讀的文章中就已經表達了對於此類問題的關切，也就是說，如何能夠更有效地在基於當代原始社會而撰寫的民族志報告與經由早期歷史記載或考古發掘活動而揭示出來的關於業已不復存在的土著人群的歷史重構之間建立起聯繫，對於進化論人類學而言，塞維斯認爲，這是所有致力於此的研究人員在方法論層面上必須面對的一個主要難題。爲此，他建議考古學家在開展比較研究的同時能夠以更加積極的態度從其它學科的相關研究成果，尤其是民族志材料中吸納有益的成分，以使此前單純針對器物類型所作的排比，更符合人類社區的實際社會生活在日益豐富的民族志記載中所展現出的邏輯合理性。譬如兩個社會之間在一系列文化特徵上都表現出了相似性，但我們不能簡單地以這二者之間存在著一定聯繫這樣的話來敷衍，問題是，這種聯繫到底意味著什麼，在當時是如何發生的，它的這種發生形式又對於我們今天所掘出的器物在其早先歷史時空中的形成過程產生了怎樣的影響。換言之，今天所見到的這種相似性在歷史上，是因爲兩個社會本出同源，還是文化擴散的結果，抑或僅僅只是人們對於相似的環境條件所作出的一種適應性選擇，這就牽涉到了「文化」的形成過程問題，也就是文化的性質問題。質言之，無論是過去還是現在，文化都可以分作不同的亞類，而每一種亞類可能因其性質不同對應著不同的形成過程。因此在面對社會，特別是我們現在亟待探求的政治領域內的變動時，反映在器物的形制上，它的各個部分就不可能以相同的速率來追趕社會變化，譬如艾馬拉（Aymara）陶器的某些特徵即便在經歷了西班牙人將及 400 年漫長統治期間的種種社會變動之後仍得以保留了下來，類似的例子不勝枚舉。在這裏，煩請讀者回憶一下我們在前文中提到過的斯圖爾德關於「文化內核」一類概念的闡述，作爲自己在哥倫比亞大學就讀期間的導師，斯圖爾德的名字幾乎總能在塞維斯日後各個時期的作

〔註103〕Elman R. Service, *Origins of the State and Civilization*, New York: W. W. Norton & Company, Inc., 1975, p.178.

品中被發現。所以在民族志的啓發下，考古報告理應顯現出令人滿意的完密的邏輯性，這就是塞維斯所主張的傳統考古學研究應該注意到的自身在方法論層面上的局限性，進而採取更加開放的態度去涵納來自人類學界其它分支學科中的新知〔註104〕。這種新知最主要的就是我們在這裏一直將其置於核心論題之內的新進化論，不僅包括懷特與斯圖爾德，更包括此處的塞維斯。塞氏一直以復興進化論爲標榜，而進化論的主張最終必然要求研究者要對其研究對象進行歷史維度上的重建，這種對時間縱深的探索既不是民族志撰寫者所擅長的，在當時，也不爲秉持功能主義或注重探究文化心理現象的民族志學者所重視。因此，這樣的任務順理成章地就落在了同出於人類學門下的考古學家們的身上，換言之，塞維斯實際上是希望得到來自考古學界的更堅實的實證材料方面的支持，所以，他積極鼓勵從事考古研究的後學們走進圖書館，去重新翻檢那些已爲今日民族學界所冷落的早期民族志材料中豐富的更有益於歷史重建工作的記載。而且當時確實也有人響應了這種號召，這些人中如今最爲學界所熟知的一位就是路易斯・賓福德（Lewis Binford），他的成名之作便是 1962 年發表的《作爲人類學的考古學》（Archaeology as Anthropology），隨之「掀起了一場爭論多年的『新考古學運動』」。可以講，20 世紀 60 年代之後，在歐美考古學界派系分化的過程中，人類學中的新進化論思潮發揮了巨大的推動作用。當然，這些都是後話，此處不便展開論述，我們現在要知道的事實是，主張以「假說——演繹法」來進行研究的新考古學在尋找普遍適用的範式方面，同時也在日後與其它考古學派的交鋒中似乎也未能完勝〔註105〕〔註106〕。儘管如此，塞維斯依然相信，酋邦社會廣布於世界各地這是不容置疑的〔註107〕，作爲一種社會類型它應該在人類早期社會演進序列中據有一席之地〔註108〕。

〔註104〕Elman R. Service, "Archaeological Theory and Ethnological Fact", in *Cultural Evolutionism*: *Theory in Practice*, New York: Holt, Rinehart and Winston, Inc., 1971, pp. 139～149.

〔註105〕俞偉超：《序言》，載中國歷史博物館考古部編《當代國外考古學理論與方法》，三秦出版社 1991 年版，第 1～10 頁。

〔註106〕唐際根：《歐美考古學理論的發展與所謂理論流派》，載南京師範大學文博系編《東亞古物》A 卷，文物出版社 2004 年 12 月第 1 版，第 229～246 頁。

〔註107〕Elman R. Service, *Primitive Social Organization*, 2nd ed. New York: Random House, 1971, pp.134～135.

〔註108〕Elman R. Service, *Primitive Social Organization*, 2nd ed. New York: Random House, 1971, pp.164～165.

　　戰後人類學界進化論思潮中的另一位巨擘，同時也是塞維斯的終生密友，曾供職於哥倫比亞大學的莫頓·弗里德同樣獨立地提出過一套與此相近的人類社會演進模式，即由平等社會經階等社會（Rank Societies），再到分層社會（Stratified Societies）最後演進爲國家〔註 109〕。值得注意的是，這兩類四階段說並不能簡單地一一對應起來，其中的階等社會約略可比擬於塞維斯的酋邦，但「弗里德既然認爲分層社會是先於國家就已出現，那麼剛開始的分層社會是與酋邦社會的末期相交叉、相重疊的」〔註 110〕。人們總是樂於比較塞維斯與弗里德兩人關於早期政治社會演進模式的理解中的異同，誠如易建平所言，弗里德雖然曾接受過塞維斯的影響，但並未落入窠臼之中〔註 111〕。這一點突出地表現在，較之塞氏，弗里德在解釋國家起源的分析過程中更多地接受了來自於經典作家的影響，即國家這種我們至今仍生活於其中的人類政治結構發展史中最高級的組織形式，實際上是爲了解決階級衝突而出現的，是階級矛盾發展的邏輯結果。而「階級」——即便是在弗里德那裏——也不能不與各社會集團在經濟領域內的分化過程緊密地聯繫在一起並成爲這一過程的必然結果，我們甚至可以這樣說，如果剝離了經濟因素，那麼「階級」作爲一個概念本身便難以自存〔註 112〕〔註 113〕。當然，這樣講並不意味著弗里德在自己的研究生涯中只是承襲舊說，在解釋歷史的具體實踐中，他是一個唯物主義者，但卻不是一個「本本主義」的衛道士，他有著自己對於早期社會中經濟分化過程的表現出時代色彩的獨立解讀。這個方面的差異，如果概括地來講，就是他與自己的同輩學者塞維斯一樣，尤爲關注生態環境差異對於人類自身的社會文化進程所施加的影響，而不是像經濟學家兼社會學家出身的恩格斯那樣，將自己的解釋體系更多地建立在對於勞動分工、商品生產以及交換或貿易等純粹受經濟規律支配的諸社會過程的分析上。弗里德

〔註 109〕 Morton H. Fried, *The Evolution of Political Society*. New York: Random House, 1967.

〔註 110〕 王震中：《中國文明起源的比較研究》（增訂本），中國社會科學出版社 2013 年 3 月第 1 版，第 179 頁。

〔註 111〕 易建平：《部落聯盟與酋邦——民主·專制·國家：起源問題比較研究》，社會科學文獻出版社 2004 年 11 月第 1 版，第 238 頁。

〔註 112〕 易建平：《部落聯盟與酋邦——民主·專制·國家：起源問題比較研究》，社會科學文獻出版社 2004 年 11 月第 1 版，第 236 頁。

〔註 113〕 〔美〕喬納森·哈斯：《史前國家的演進》，羅林平、羅海鋼、朱樂夫、陳加貞譯，余靈靈校，求實出版社 1988 年 3 月第 1 版，第 42 頁。

對於經典學說在繼承中所做的創新，的確是值得後學傚仿的，無論是塞維斯還是哈斯，都承認弗氏學說的廣泛適用性，並指稱這一經過改進的理論模式業已成爲備受文化人類學家與考古工作者青睞的寵兒〔註114〕〔註115〕。

　　儘管如此，但問題仍然不可避免地出現了，這其中有一些是技術層面上的，而另一些則是理論層面上的，同時，這兩個方面的問題之間也存在著一定的因果聯繫。

　　就前者而言，主要指的是弗里德對於考古材料未能善加利用。其實這不是弗氏一個人的問題，作爲來自新世界的人類學家，塞維斯在試圖將自己的理論模式，運用到主要是依靠考古學手段來積纍原始素材的舊大陸各支古代文明早期社會複雜化研究的過程中，同樣頻現左支右絀的窘態。尤其是在針對中國案例的解釋中，可以看出，他基本上掌握的只是些時過境遷的二手材料〔註116〕，正如恩格斯在批評摩爾根對於古代德意志人社會的分析時所指出的那樣〔註117〕。正是因爲在構擬理論體系之前，審讀實證材料的過程中存在著這樣的偏仄，弗里德的四階段說雖然在論述邏輯的嚴密性上可能勝人一籌，但卻不由得令人起疑，這種看似完體的發展路徑是否一定符合歷史發展的實際情況，而後者在我們探討的這個時段內，更多地還是必須要依靠考古材料來提供支持，所以正如上文所言，弗里德在寫作過程中所暴露出的兩類弱點之間是相互聯繫著的。

　　具體來講，在理論方面，弗里德所設計的「階等社會」與「分層社會」這樣兩個概念都存在一些問題，主要表現爲難以獲得實證材料的有力支持，而且這兩個概念的銜接工作處理得也遠非盡善盡美。已有國內學者指出，雖然弗里德關於階等社會中階等劃分原則的論述，有利於啓示中國學者進一步探求更適合中國實際情況的對於上古社會從平等到不平等的轉變過程的解釋，但問題在於，實際操作的過程中，很難從考古材料中剝離出有哪些是確實與經濟地位無關的指示階等體系曾經存在過的現象，相反地，倒是與經濟

〔註114〕Elman R. Service, "Morton Herbert Fried（1923～1986）", *American Anthropologist, new series*, Vol. 90, No. 1, 1988, pp. 148～152.

〔註115〕〔美〕喬納森·哈斯：《史前國家的演進》，羅林平、羅海鋼、朱樂夫、陳加貞譯，余靈靈校，求實出版社 1988 年 3 月第 1 版，第 34 頁。

〔註116〕Elman R. Service, *Origins of the State and Civilization*, New York: W. W. Norton & Company, Inc., 1975, pp. 247～248.

〔註117〕〔德〕恩格斯：《家庭、私有制和國家的起源》，中共中央馬克思恩格斯列寧斯大林著作編譯局譯，人民出版社 1999 年 8 月第 3 版，第 4～5 頁。

因素相關聯的現象更爲常見〔註118〕。「分層社會」這一概念本身的問題與之相似，因爲幾乎無法在實際研究中予以檢驗，哈斯嚴重質疑這一獨具弗氏特色的概念的有效性，並指稱對於這一概念的堅持從整體上弱化了弗氏四階段說的理論說服力。此外，從早先的階等社會經由分層社會最後演進爲國家，這三個概念在相互銜接的過程中也出現了一些破綻。具體而言，就是從階等到分層社會的演進像是一個質變，但從分層到國家社會的演變看起來卻顯得平順許多，哈斯認爲這個環節的主要內容更多的還是一種「量」方面的增長，這就使得分層社會與國家之間的界線有的時候會變得相當模糊〔註119〕。同樣地，因爲弗里德主張階等制度可以完全獨立於經濟秩序之外，而作爲與之毗鄰的下一個社會發展階段，分層社會的根本基礎卻又是建立在社會成員之間基本經濟權益差異化已然獲得了一定程度的發展之上的，那麼我們自然要問，這種「無中生有」的發展又是從何而來的呢？關於這個問題，其實弗里德自己在不自覺間就給出了一些解釋，但在他那裏，這些現成的解釋素材卻被用在了完全相反的方面。譬如，在弗氏所認定的一些階等社會中，高階等的地位往往正是用實實在在的財富來換取的，爲此，那些有意參與類似競爭的人，通常需要較之他人更爲奮力地工作，以便事先積聚日後可以投入到相應的「政治」活動中去的物質資本。從這一點來看，難道我們能說發生於更早階段上的社會地位的分化與經濟生活無關麼？再者，弗氏指稱，對於階等社會中的酋長等人使用「所有者」這類稱呼可能並不恰當，因爲實際上他們只是公共財產的受委託管理者而已。對於弗里德的這種說法，我們承認其中有著合理的成分，無可置疑的是，私有的事實、維護私有的制度以及用以解釋私有的意識形態體系，這些東西確實並非從來就有的，這一點經典作家已經作出過明確的說明，但我們同樣應該注意到的是，經典作家關於階級產生途徑的說明。難道恩格斯沒有明白告訴過我們，最初作爲「公僕」的管理者借助於管理職能對於社會本身的獨立化傾向而終於蛻變爲社會的「主人」，這同樣也是一條統治與奴役關係，即階級關係借由產生的途徑麼〔註120〕？而階

〔註118〕王震中：《中國古代國家的起源與王權的形成》，中國社會科學出版社 2013年3月第1版，第43～45頁。

〔註119〕〔美〕喬納森·哈斯：《史前國家的演進》，羅林平、羅海鋼、朱樂夫、陳加貞譯，余靈靈校，求實出版社 1988年3月第1版，第40頁。

〔註120〕〔德〕恩格斯：《反杜林論》，中共中央馬克思恩格斯列寧斯大林著作編譯局譯，人民出版社 1999年12月第3版，第185～187頁。

級關係卻從來都是不能不與經濟問題聯繫在一起的！所以說弗里德在這裏沒有歷史地看待自己手中掌握的材料，他沒有看到管理者有著發展成爲統治者的潛質，正是現在這些表現出公僕情懷的管理者轉變爲了日後掌握著暴力機關的統治者，完成了自己從社會之「中」到社會之「上」的角色轉換！因此，弗里德關於作爲一種社會或政治制度的階等系統可以完全脫離經濟背景而自存自立，以及認爲經濟權力起源於宗教地位的看法，都大有可商榷之處。如果再聯繫弗里德關於分層社會基本特徵的論述，我們就會發現更多的相互矛盾著的地方。那就是按照他的說法，在階等社會中，階等系統可以獨立於經濟問題而存在並自行運轉，而這個時候在基本的經濟生活中還仍然奉行著早先的平等主義原則，換句話來講，在這裏是政治或社會領域內的分化過程先於經濟分化過程，而在下一個階段，在將分層社會與國家做比較的時候，我們卻又發現，在弗氏的筆下，經濟分化過程又變得早於政治分化或複雜化過程而出現了。對於兩者之間這類「龜兔賽跑」式的對調，弗里德未能給出令人信服的解釋，他那由階等社會發展而來的分層社會，在經濟組織的結構方面並沒有表現出與自己所由來的那種社會形態應有的繼承性，所以說，這是一種「斷裂的」社會發展模式〔註121〕〔註122〕。

　　上面講到的是一個方面，當然還有其它問題，可以認爲同樣起因於弗氏對於考古學研究的漠視，那就是他極不恰當地將親屬關係自身所可能經歷的變化與國家水平政體的出現這樣兩個具體過程過於緊密地糾纏在了一起。在對於這個問題的解釋上，弗里德並未能在恩格斯之外做出更多值得關注的改進，當弗里德的「國家」終於登上歷史舞臺時，以親屬關係爲組織原則的集團仍然可以作爲社會的一個子系統而繼續存在，但用以維護整個政治與經濟體制穩定運轉的最高權力系統已經不是建立在這種傳統的組織原則之上了，甚至從某種角度來講，打擊、削弱親屬關係在私人事務領域之外的影響力，本身就是新政府的既定工作之一。包括對於造成親屬關係紐帶日漸鬆弛的一般原因的闡述，在這許多方面，我們總是能覓到與恩格斯就希臘國家形成過程所給出的解釋似曾相識的痕跡，而希臘乃是後者眼中代表著國家起源一般

〔註121〕〔美〕喬納森·哈斯：《史前國家的演進》，羅林平、羅海鋼、朱樂夫、陳加貞譯，余靈靈校，求實出版社1988年3月第1版，第40頁。

〔註122〕易建平：《部落聯盟與酋邦——民主·專制·國家：起源問題比較研究》，社會科學文獻出版社2004年11月第1版，第216～225頁。

過程的「非常典型的例子」。希臘人之所以能獲此殊榮，一個重要原因正在於，恩格斯認為希臘國家的誕生過程「非常純粹」，這一過程在其存續的歷史時段內未曾受到外部勢力的干擾，而且發展水平更高的希臘國家是直接從早先業已存在的更簡單的社會形態中直接脫胎而來的，是直接從上一個社會發展階段中最高級的簡單結構，進化為下一個社會發展階段中更複雜的「具有很高發展形態的國家」的。關於這一點，建議讀者關注一下弗氏本人對於所謂「原生國家」（Pristine States）與「次生國家」（Secondary States）一類概念的論述〔註123〕。當然，在許多細節問題上，包括對於愛琴文明在整個世界文明史中應有地位的評估，弗里德拉開了自己與經典作家的距離，但雙方無一例外地都表現出了對於國家起源過程中「原生性」問題的關注，而且僅就在這個問題上所設立的標準來看，弗里德對於經典作家而言，還是表現出了相當明晰的繼承性的〔註124〕〔註125〕。但問題在於，摩爾根、恩格斯與弗里德都不是考古學家，而考古學家，按照哈斯的說法，實際上一直以來都非常討厭談論已消逝社會中的血緣或親屬關係問題，因為在這些問題上，考古學只能提供一些令人失望的「極零碎的細節」，而且未有成功的先例可循〔註126〕。但弗氏對於國家發生原生性問題的關注又使得如果試圖驗證其學說，則只能借助於考古學研究，這是由弗氏自己對於原生型國家的規定所決定的。於是，這就使得那些期望踐行其模式的學者們不時陷入了一類進退維谷的尷尬境地，這種情況的出現說明弗氏對於這類問題的解釋是有待商榷的。

因此，雖然較之同時代的其它許多西方人類學家而言，弗里德本人與中國或許是更具淵源的〔註127〕，但研究文明起源或早期社會複雜化問題的中國學者似乎對其四階段說並未表現出預想中的興趣。顯然，中國學術界有著自己對於「社會分層」一類概念的使用習慣，而類似研究傳統與弗里德的學說

〔註123〕 Morton H. Fried, The *Evolution of Political Society*. New York: Random House, 1967, pp.xi, 111, 185, 231～235, 240～242.

〔註124〕 Morton H. Fried, The *Evolution of Political Society*. New York: Random House, 1967, pp. 224～226, 229～230, 236～237.

〔註125〕〔德〕恩格斯：《家庭、私有制和國家的起源》，中共中央馬克思恩格斯列寧斯大林著作編譯局譯，人民出版社1999年8月第3版，第123頁。

〔註126〕〔美〕喬納森‧哈斯：《史前國家的演進》，羅林平、羅海鋼、朱樂夫、陳加貞譯，余靈靈校，求實出版社1988年3月第1版，第38頁。

〔註127〕 Elman R. Service, "Morton Herbert Fried（1923～1986）", *American Anthropologist*, new series, Vol. 90, No. 1, 1988, pp. 148～152.

卻沒有什麼直接的關聯〔註128〕。其實這種情況的出現並非偶然，因為國內學者的研究重點仍然集中於本國文明的起源問題，而對於中國案例來講，考古學尤其是田野考古實踐當仁不讓地要成為主要的、基本的研究手段。不僅各項實證材料幾乎清一色地都要依賴考古工作來提供，而且各種解釋框架也被要求必須符合考古學的學科規範方可，也就是說，在面對考古材料的時候，這些理論模式必須要具備強大的解釋能力，要有足夠的易操作性。拿這個標準來看，弗里德的「階等社會」與「分層社會」等種種創見，即便在已有中文譯介面世的情況下仍然難以引起中國學者的關注也就在情理之中了，簡單地說，就是它們未能獲得考古學特別是中國考古學的認可。在這裏，我們應予注意的是，中國考古學既是世界考古學的一部分，同時又有著自己成長於其中的獨特的歷史與現實環境。這種環境塑造了中國考古學的個性，通俗地來講，就是與傳統意義上的歷史學研究「親」，而與人類學或民族學研究「疏」，中國考古學對於本國當代的人類學研究都形同陌路，遑論關注西方人類學的發展情況！在這種學術生態環境中，弗里德的學說要獲得廣泛響應就更困難了。當然，塞維斯的酋邦概念一直以來也面臨著這樣的問題，但總體而言，處境還是要比弗里德的四階段說好很多，畢竟已經有越來越多的本土學者開始在自己的研究中使用酋邦概念，關於這一點，我們在後文對於陶寺研究歷程的分析中就可以看得出來。從目前的使用情況來看，有理由推測，在可預見的將來，酋邦概念的適用範圍會愈益廣泛，在中國學者群體中的認可度也會更高，而弗里德的學說因為本身即存在上述與國內研究傳統「水土不服」的弱勢，加之在最初譯介的過程中多少也存在一些不盡如人意的，容易引起認識混亂的地方〔註129〕，相較之下，「酋邦」一語的譯法則相對簡練明確〔註130〕，從而造成了中國學者一開始對於弗氏體系的關注度與求知欲就不高。而這一體系本身又是在更早提出的塞維斯模式一定程度的影響之下推出的，在具備自身特色的同時，許多方面又保留著與塞氏學說實現對接的可能性〔註

〔註128〕王震中：《中國古代國家的起源與王權的形成》，中國社會科學出版社 2013 年 3 月第 1 版，第 45 頁。

〔註129〕王震中：《中國古代國家的起源與王權的形成》，中國社會科學出版社 2013 年 3 月第 1 版，第 45～46 頁。

〔註130〕王震中：《中國古代國家的起源與王權的形成》，中國社會科學出版社 2013 年 3 月第 1 版，第 42 頁。

〔註131〕易建平：《部落聯盟與酋邦——民主·專制·國家：起源問題比較研究》，社會科學文獻出版社 2004 年 11 月第 1 版，第 238 頁。

131〕，最後，如今距弗氏學說的正式面世已將及半個世紀，畢竟時過境遷，所以按照我們的看法，在未來的中國文明起源研究中，國內學者對於弗里德四階段說的討論更多地應該還是在學術史回顧的語境下展開的，至於弗氏學說中的有益成分，則會被吸收進酋邦概念之中。自然，我們應該注意的是，此「酋邦」非彼「酋邦」，雖然酋邦學說被歷史性地與埃爾曼・塞維斯的名字聯繫在了一起，又有學者主張，如果從針對各類國家起源學說的傳統劃分方式來看，弗里德應屬「衝突論」一派，而塞維斯則是「融合論」一派〔註132〕，但我們認爲，這種兩分法式的理解對於塞維斯之後，現當代的酋邦概念已然不再適用了。事實是，眾多學者的共同參與使得這一概念的內涵獲得了極大地擴展，我們現在已經很難說行用於當下的酋邦一語到底應該是屬於衝突論的還是融合論的，學術發展的自然結果使得兩派的觀點在持續地交鋒中實現不斷地融合，從而也使得「酋邦」成爲中外學者藉以討論類似問題的一個公共的平臺。

第三節　塞維斯之後：概念的修正與擴充

作爲上個世紀中葉新進化論者最突出，同時也是迄今引用頻率最高的一類關於中程社會（Middle-Range Societies）的概念，加之關涉到國家與文明起源一類社會科學領域內的重大課題，在塞維斯之後，各路學者對於「酋邦」問題的興趣始終不減，只是往往因爲研究過程中實際涉及到的變量太多，以致於無法提煉出像塞維斯那樣一類比較清晰的解釋範式。法因曼等人（Gary Feinman & Jill Neitzel）認爲，這些日趨專門化的研究或許可爲我們提供關於這類社會形態的更多細節，但卻難以幫助後續的研究將之與其它社會類型準確區別開來〔註133〕。如果可以認爲諸如「酋邦」這類以社會政治結構而非典型器物組合爲辨識依據的概念的興起，是對 20 世紀早期傳播學派「文化區」體系的一種反動，原因正在於新進化論者認識到了後者在進行劃分的過程中

〔註132〕〔美〕喬納森・哈斯：《史前國家的演進》，羅林平、羅海鋼、朱樂夫、陳加貞譯，余靈靈校，求實出版社 1988 年 3 月第 1 版。

〔註133〕Gary Feinman & Jill Neitzel, "Too Many Types: an Overview of Sedentary Prestate Societies in the Americas", in Michael B. Schiffer, ed. *Advances in Archaeological Method and Theory*, Vol.7, New York: Academic Press, 1984, pp. 39～102.

摻雜了太多的主觀因素，恰如斯圖爾德所言，在南美洲，幾乎沒有任何兩位
學者曾經劃出過相同的文化區〔註134〕。那麼現在，多少具有諷刺意味的是，
當類型學模式悄無聲息地逐步滲入對社會政治結構的分析中時，我們終於看
到，類似的不幸再次上演了。以「酋邦」而論，在塞維斯與薩林斯早先所創
建的框架之下，越來越多的「亞型」（Subtype）被不同的研究者發掘了出來，
結果只能是「理論建樹越來越多，反倒有些令人不知所從」〔註135〕。

　　降至上個世紀80年代後期，類似情況愈演愈烈，厄爾（Timothy K. Earle）
認為，隨著新出考古及歷史資料的不斷豐富，是時候在新材料的基礎上來重
新認識「酋邦」社會了。為此，他與喬納森・哈斯（Jonathan Haas）共同邀請
考古學、歷史學及民族學領域內的眾多學者齊聚美洲研究院（School of
American Research）召開了一次關於「酋邦」問題的高級研討會。在「酋邦：
進化論視野下的重要意義」這一題目下，來自世界各地的研究人員就美洲、
歐洲與太平洋地區的材料進行了廣泛深入的探討，在求同存異的基礎上形成
了一系列重要的共識，對於塞維斯等人原有的認識也做了較大的修正與擴充
〔註136〕。

一、簡單酋邦與複雜酋邦

　　首先，就「酋邦」的定義而言，在繼承薩林斯的「波利尼西亞」傳統——
—社會分層等上層建築領域內的變化是地方群體在技術與環境兩因素的博弈
中所作出的一種適應性選擇〔註137〕——的前提下，將某類具體的經濟制度，
這裏指的主要就是被塞維斯視為酋邦社會基本特徵的由酋長主持的再分配活
動，與用以指示社會發展階段的政治組織形態進行適當的切割。

　　厄爾以夏威夷的酋邦為例指出，塞氏的假說因下述四項原因而不能被接

〔註134〕Julian H. Steward, "South American Cultures: an Interpretative Summary", in
Julian H. Steward, ed. *Handbook of South American Indians*: *The Comparative
Ethnology of South American Indians*, Vol. 5, Washington: United States
Government Printing Office, 1949, pp. 669～772.

〔註135〕Timothy K. Earle, "Chiefdoms in Archaeological and Ethnohistorical Perspective",
Annual Review of Anthropology, Vol.16, 1987, pp. 279～308.

〔註136〕Timothy K. Earle, "Preface", in Timothy K. Earle, ed. *Chiefdoms*: *Power,
Economy, and Ideology*, New York: Cambridge University Press, 1991, pp. xi～
xii.

〔註137〕Marshall D. Sahlins, *Social Stratification in Polynesia*, Seattle and London:
University of Washington Press, 1958, p.253.

受：（1）生活於某一社區內的人們有條件從事多種經營，他們完全有能力形成一類自給自足式的經濟體；（2）規模化的交換行爲並非消解地區間環境差異的唯一手段，相反地，針對這類問題，更常見的措施是在生計經濟中就不同情況採取靈活的策略；（3）交換行爲的具體情況本身也很複雜，需要區別對待，不可一概而論，社區內部的交換所憑藉的多是親屬之間的義務，區域之間的交換也多以直接的物物交換爲主，只有那些與貴族活動有染的貨物才有可能通過等級化的再分配體系來進行；（4）無論是定期或是不定期的徵繳，實際上對於業已專業化的地方生計經濟的持續運轉而言，都只是杯水車薪〔註138〕。就夏威夷等地的案例來看，組織再分配並非酋長們的一項天然職責，只有爲應對某類特殊局勢，譬如饑荒等災難時，開展食物分配才成爲必須。同樣地，在非洲與巴拿馬地區，酋長在當地交換體系中也不見得曾經發揮過什麼重要的作用，他的主要角色實際上是斷事官、長途貿易商或者是神秘知識的傳達者。赫爾姆斯（Helms）還進一步解釋道，古代巴拿馬的酋長們最關心的並不是通過組織分配來造福於大眾，而是如何來佔有更多的奉獻以便鞏固自己的權勢〔註139〕。

我們知道，當塞維斯將波拉尼的「再分配」與奧博格及斯圖爾德筆下某些結構較複雜的「部落」結合起來的時候，「酋邦」作爲介於平等社會與國家之間的一類社會形態便具有了階段指示意義，從這個角度來講，它與摩爾根的「部落聯盟」具有相似的價值。當然，兩者的結局似乎也殊途同歸：隨著世界範圍內案例研究的廣泛開展，越來越多的「例外」被田野工作者發掘了出來，直至動搖其立論的根基。這個根基在摩爾根那裏是親屬制度的社會史內涵，在塞維斯這裏，就是酋邦藉以興起並成爲其最顯著特徵的再分配體系。於是我們看到，當再分配不再被規定爲酋長們必須予以完成的一項本職工作以後，「酋邦」開始擁有了一類更寬泛的定義：「大致講來，『酋邦』就是一類對某一區域內數千人口進行集中管治的政體。」進言之，雖然從總體上看，

〔註138〕Timothy K. Earle, "A Reappraisal of Redistribution: Complex Hawaiian Chiefdoms", in Timothy K. Earle & Jonathon E. Ericson, eds. *Exchange Systems in Prehistory*, New York: Academic Press, 1977, pp. 213～229.

〔註139〕Gary Feinman & Jill Neitzel, "Too Many Types: an Overview of Sedentary Prestate Societies in the Americas", in Michael B. Schiffer, ed. *Advances in Archaeological Method and Theory*, Vol.7, New York: Academic Press, 1984, pp. 39～102.

各類酋邦在發展水平上顯現出連續性的特徵，但仍可大致區分為「簡單酋邦」與「複雜酋邦」兩類。兩者之間的差別不僅表現在人口規模上（從數千到數萬），更重要的是在社會結構方面，前者在地方社區之上僅存一層政治等級，與之相匹配的是階等體系；而後者則擁有兩層政治等級，並且已然出現了社會分層現象。公元 900 至 1200 年之間的北美洲查科峽谷（Chaco Canyon）、中美洲的奧爾梅克（Olmec）、太平洋上的夏威夷以及西南亞地區的蘇薩（Susa）等政體都被認為曾經形成過「複雜酋邦」〔註140〕。「複雜酋邦」這個概念有點兒類似於前面提到過的「複雜社會」，顯然，我們不能指望僅僅借助於「較簡單」或「較複雜」這類相對而言的區分方式來為實證研究提供太多具體的指導。但厄爾等人的這些認識至少提醒後來的研究者注意，如果人類學家確實希望像塞維斯那樣將酋邦樹立為與「國家」或「部落」等比肩的人類社會進化史中的一個獨立階段的話，那麼就應該意識到，社會發展階段是一類相當宏觀的概念，在其內部有進行細化的必要，而塞維斯與薩林斯早先所闡述的很可能只不過是酋邦世界的冰山一角而已。

二、集體取向的酋邦與個人取向的酋邦

正如塞維斯早就意識到的那樣，雖然一貫關注歷時性問題的考古學界對於運用「酋邦」這類戰後人類學界的新知表現出了濃厚的興趣，但這其中仍然存在有不少操作層面上的困難，或者換一種說法，塞維斯筆下的「酋邦」為見物不見人的考古學研究留下了過多的可供其開展個性化操作的餘地。也就是說，限制條件太多太具體，則容易導致新概念缺乏普適性，相反地，限制條件太少太抽象，又會大大減殺這類概念對於實際田野作業的指導意義。自從酋邦經塞維斯之手終於得以榮升為人類社會進化史中的一個獨立階段，長期以來，這就成為橫亙於考古學界與文化人類學界之間的一道結構性障礙，因此如何透過考古材料來更好更真實地理解古代世界中的酋邦，自然有理由成為 80 年代學術圈內的熱門話題。在美洲研究院的這次會議上，與會者普遍採納了早先由倫福儒（Colin Renfrew）提出的劃分方式，當然，與關於上面兩個問題的論述思路一樣，這仍是一類兩分式的處理辦法，即將之分為「集體取向的酋邦」（Group-Oriented Chiefdoms）與「個人取向的酋邦」

〔註140〕Timothy K. Earle, "Chiefdoms in Archaeological and Ethnohistorical Perspective", *Annual Review of Anthropology*, Vol.16, 1987, pp. 279～308.

（Individualizing Chiefdoms）〔註141〕。倫福儒以公元前第 3 千年歐洲地區的考古材料為依據，認為當時的社會形態正符合「酋邦」的定義，並可以依田野操作的經驗將其區分為上述兩種類型。對於前者而言，考古學上最易辨識的標誌是那些大型的紀念性公共建築遺存。在當時較低的技術水平下，這些規模宏大的建築需要整個族群為之耗費眾多工時，但它們將來的服務對象也是面向全社會的，倫福儒認為，毫無疑義的是，公共工程的修造有利於加強內部團結並鞏固現有的和平局面。相應地，考古材料中可用以標識個人身份與地位的物品很少。包括酋長在內，即便再分配或許可以提升其威望，但集體主義仍是全體成員普遍奉行的一條基本準則，人與人之間在一類較顯平等的氛圍內交往。在倫福儒看來，薩林斯筆下那些波利尼西亞的酋邦就可以歸入這一類，而對於歐洲來講，那些營造巨石廟（Mnaidra）的馬耳他人與壘築環形石陣（Stonehenge）的威塞克斯人亦表現出與之相似的社會特徵。根據類似的識別方法，世界上其它一些地方的早期居民，譬如復活節島人、早期中美洲金字塔的建造者以及津巴布韋人等可能也曾經歷過這樣的發展階段。與之相對，在那些曾盛行個人主義的酋邦中，考古學上最明顯的標誌是少數擁有眾多奢侈品的為個人所享有的大型墓葬以及它們與同一墓地中其它墓穴在豐儉方面存在著的顯著差別。這些社會也可能留下大型建築遺存，但此時這些豪華設施已對社會公眾關閉，它們的服務對象僅鎖定於在地位與財富方面擁有特權的精英階層。這方面可舉希臘萊夫卡斯（Levkas）地區的斯坦諾（Steno）墓地為例，在那裏發現了不少紅銅或青銅匕首，還有做工精細的金銀工藝品、彩繪陶器等。這與當地早先質樸的埋葬風尚形成了鮮明的對比，而且完全在意料之中的是，這些特殊物品多見於獲得楚恩塔斯（Christos Tsountas）詳細記載的 32 座高等級墓葬中，與此同時，那類粗製陶器則很少出現在這裏。除去在喪葬問題上進行區別對待之外，在生人的世界中同樣發生了一些新的變化，早先見於安納托利亞西北地區的防禦工事，如今也出現在希臘本土與基克拉澤斯群島（Cycladic Islands）。它們保衛著那些結構複雜的大型建築，其中一些是酋長們的居所，另一些則可能是再分配過程中用來囤積貨物的倉房，譬如在希臘南部勒爾納（Lerna）遺址中發現的那座滿布陶土印章的所謂「陶瓦大宅」（House of the Tiles）。自公元前 2000 年以來，考古

〔註141〕 Timothy K. Earle, "The Evolution of Chiefdoms", in Timothy K. Earle, ed. *Chiefdoms: Power, Economy, and Ideology*, New York: Cambridge University Press, 1991, pp. 1～15.

材料顯示出具有類似特徵的政體開始出現於歐洲的許多地方，在青銅時代早期的北歐，公侯級別的奢華墓葬成為當地文化的一項普遍特徵，正如在南不列顛的威塞克斯文化（Wessex Culture）中見到的那樣。隨後，社會上其它較有身份的個人則選擇以高聳的墳頭來宣揚自己曾經擁有的特權，這種情況可能一直持續到羅馬入侵為止，塔西佗（Tacitus）的名著《日耳曼尼亞志》（Germania）中關於凱爾特人（Celts）的記載正可以視為對這類局勢的真實反映。以上所述，大約就是這兩類酋邦在物質文化方面表現出來的差別，也是它們各自最易為考古發掘所證實的特徵。如果再從技術與經濟角度來考察，倫福儒認為，它們分別代表著不同的發展水平，毫無疑問，前者較低，而後者較高。儘管倫氏並不情願將之分別與涂爾幹（Emile Durkheim）在《社會分工論》（*The Division of Labour in Society*）中所提出的機械團結（Mechanical Solidarity）與有機團結（Organic Solidarity）「對號入座」，但他同樣承認，涂氏那些形成於 19 世紀末期的理論確實道出了這類社會的一些結構性特徵。今天可以見到的個人主義酋邦中眾多工藝精湛的奢侈品得以存在的前提，正在於以「專業化」為主要特徵的社會分工的發展，當然，生產專業化現象在集體取向的酋邦中並非不存在，只是在那裏專業手藝人的工作無一例外地屬於兼職性質。與之相對應，再分配活動也只是在酋長的主持下定期進行，而不是像個人主義的酋邦中那樣，持續開展的再分配活動業已顯現出機構化的特徵，因此，有的時候，要想在那些高度發展的個人主義酋邦與國家之間做出準確的區分的確不太容易。而關於導致這一切變化產生的根源，倫福儒並不否認技術發展的重要性，他指出，對於舊大陸而言，絕大部分個人主義的酋邦都屬於金屬材料的使用者，新大陸的情況亦與之相似，但倫氏還是提醒研究者注意，社會發展是一種複雜的過程，就拿這裏的問題來講，到底是新技術革命的成果刺激了精英階層的欲望，還是貴族們彰顯身份的強烈需求催生了技術領域內的新突破？對於這類「雞生蛋，還是蛋生雞」的問題，倫福儒建議擺脫以往那種線性解釋的窠臼，而要綜合考察變革性因素在社會各個子系統內產生的效應及其相互影響。為此，他在針對愛琴地區文明起源的研究中使用了「乘數效果」（Multiplier Effect）這樣一個概念：「那些發生於人類活動某一領域內（也就是文化中的一個子系統）的改變或革新，有時會促成其它領域內（也就是其它子系統）變化的發生。『乘數效果』在這裏指的是，這些發生於一個或多個子系統內的繼起變化反過來可能會增強誘發其產生的那個系統內業已發生的改變的效應」。以公元前第 3 千年的愛琴地區為例，對個

人「財富」的渴求與冶金術在生產領域內的推廣，這兩類事項似乎是並肩走進愛琴社會中來的。實際上，對金屬貨品的追求不僅促進了產量的增長，而且刺激了與全職的專業工匠相伴隨的社會生產水平的提升以及產品與工藝領域內的推陳出新。欣欣向榮的生產活動反之又刺激了人們對於「財富」的欲望，於是在社會需求與技術生產兩者之間形成了一類良性互動，當地社會隨後經歷了一段長達 1500 年左右的持續繁榮，直到米諾斯－邁錫尼（Minoan-Mycenaean）文明崩潰爲止。〔註 142〕

三、生計財政與財富財政

與對酋邦本身的認識一樣，就早期等級制社會內部的經濟制度也不能再像以前那樣簡單視之了。譬如，除了繼續追究再分配的主持者究竟是誰之外，人們現在也開始對於再分配的對象產生了興趣，究竟哪些產品在當時會進入這個系統，而當再分配系統中流通著的是不同種類的社會產品時，這是否會對於當地社會內部的其它結構造成影響，又會造成怎樣的影響等等。

如果從支付手段這個角度著眼，早期複雜社會中具備集中化管理特徵的經濟活動似乎可以分作兩類，即「生計財政」（Staple Finance）與「財富財政」（Wealth Finance），在某種程度上它們反映出了當時社會發展的兩個階段。這兩類概念因爲直接關涉到經濟問題，所以在厄爾等人對於早期複雜社會的研究中佔有特殊重要的地位：「在我們看來，要展開對於『專業化』、『交換』以及『社會複雜性』的研究，就應該從正確區分『生計物品』與『財富』、獨立的與處於依附地位的專業人員，以及『生計財政』與『財富財政』等概念入手」〔註 143〕，不過，類似的區分方式其實早在上個世紀 60 年代就已經出現於波拉尼研究古代社會經濟體系的作品中了。根據曾成功破譯線形文字 B 的英國考古學家文特里斯（Michael Ventris）的描述，在邁錫尼的王宮經濟結構中不存在具有通貨意義的所謂「貨幣」一類概念。檔案中關乎金、銀等貴金屬

〔註 142〕Colin Renfrew. "Beyond a Subsistence Economy: the Evolution of Social Organization in Prehistoric Europe", *Bulletin of the American Schools of Oriental Research, Supplementary Studies,* No. 20, Reconstructing Complex Societies: An Archaeological Colloquium ,1974, pp. 69～95.

〔註 143〕Elizabeth M. Brumfiel & Timothy K. Earle, "Specialization, Exchange, and Complex Societies: an Introduction", in Elizabeth M. Brumfiel & Timothy K. Earle, eds. *Specialization, Exchange, and Complex Societies*, Cambridge: Cambridge University Press, 1987, pp. 1～9.

的記載很少，青銅倒是常被言及，只是絕大部分情況下也只是作爲製造武器的一類稀缺材料以重量計從王宮發放至工匠手中，類似的情況也發生在作裝飾品用的貝殼與珠子以及三腳祭壇等威望物品身上。特別是，我們知道，對於早期社會來講，一些生計物品常有可能被當作通貨來使用，例如大麥之於蘇美爾（Sumer）與巴比倫（Babylon）或是可可豆之於前哥倫布時代的墨西哥社會等，但文特里斯明確否認了在邁錫尼發生此類行爲的可能性。於是，所有涉及到實物的核算過程都只能分門別類單獨進行，估算甲類貨物的價值時也不能以一定量的乙類貨物來表徵，或是彼此相互代換。毫無疑問，邁錫尼經濟的核心組件是擁有大量各類存貨的王室，在此開展的行政工作既包括對於貨物、人事與土地所有權等事項的登記，也涉及對所交付的小麥、大麥、油、橄欖、無花果以及其它許多生計物資進行查驗評估以及適時地發放救濟等，總之，在以王宮爲核心的經濟網絡中運行的只是各類生計物資。波氏由此推測，該地的案例可能代表著貨幣史中一個相當古遠的發展階段，因此不宜於直接套用諸如「貨幣」、「價格」等一類源自 19 世紀市場經濟現實的概念。於是，他試著以「生計財政」去解釋當地經濟體系的運作方式，這種財政制度的突出特點是通貨的缺位，取而代之的是對生計物資的大規模處理過程，包括盤存與會計工作等都是如此，在此前提下，方可保障預算、決算、管控與核算等經濟事務的正常開展〔註144〕。80 年代，厄爾與迪奧特洛伊（Terence N. D'Altroy）在對印加國家的政治經濟狀況進行研究的過程中，進一步豐富與發展了這一概念，古典國家的經濟制度在他們手中被分作兩類，除了「生計財政」之外，還有所謂「財富財政」。對前者而言，國家通過各種渠道徵集與家戶生計有關的物資，包括穀物、牲畜甚至衣物等，然後將之作爲報酬直接分付予那些依附於國家機關的包括專業手藝人在內的各類服務人員以供應其日常生活所需。這種支付方式有利亦有弊，好處在於整個處理過程既簡單又直觀，且有利於強化國家對物資生產的控制，弊端主要出現在儲存及運輸領域。俗話說：「千里不運糧」，一般來講，生計物資都具有體積大而價值小的特點，所以在當時的運輸條件下，不可能對其進行大規模的遠距離調撥，因此，生計經濟多出現於那些國土狹促的農業小邦，或是各地方具有一定財政

〔註144〕Karl Polanyi, "On the Comparative Treatment of Economic Institutions in Antiquity with Illustrations from Athens, Mycenae, and Alalakh", in George Dalton, ed. *Primitive, Archaic, and Modern Economies*: *Essays of Karl Polanyi*, New York: Anchor Books, 1968, pp. 306～334.

自主權的帝國之內。對於這後一種情況，許多經濟事務都被允許只在地方層面上進行處理，譬如，那些在外省或地方上供職的行政人員通常使用已獲政府授權的土地、勞動力或庫存的貢品來支付自己的薪酬。這等於開了政治「分權」的先例，經過「分權」，一些駐蹕地方的公職領袖獲得了截留本地物資的權力，這些囤積在地方上的物資除去一小部分被轉呈最高統治者之外，相當一部分都會以支付本地行政開支的名義屯留在地方當局的庫房中，正如在夏威夷酋邦與印加帝國中見到的那樣。意料之中的是，在交通不甚便利的時代，這種多頭並存的政治經濟架構便埋下了動亂之源，很難保證地方領袖的政治野心不會隨著手中物資的增多而膨脹〔註145〕。針對上述政治風險，當時的中央機關自有一套應對之法：他們通過集中生產某些可用以標識身份等級的財富物品並通過特定的渠道將其分發予居官在外的地方領袖，以期達到籠絡對方，加強統治集團內部團結的效用〔註146〕。這種財政制度與大規模交換行為基本無涉，主要以食物或其它技術產品作為支付手段，譬如在幾乎所有酋邦中都廣泛存在著的宴享活動所採用的就是這類支付方式〔註147〕。厄爾還認為，通常人們所提到的「再分配」也屬於一類生計財政系統〔註148〕。

與之相對，「財富財政」往往與精英階層的出現聯繫在一起。此間涉及到的物品在具備較高價值的同時通常還顯現出一定的象徵意義，但卻不一定可被直接用於家戶生活，因此大規模「財富財政」的成功運轉需要市場機制與之相配伍，以方便那些為政府服務且以此為報酬的人員可以將之兌換為各類生活必需品。這些充作支付形式的特殊物品多通過遠距離交換或受豢養的專業手藝人生產而得來，在後一種情況下，生產所需的某些原料甚至包括掌握

〔註145〕Elizabeth M. Brumfiel & Timothy K. Earle, "Specialization, Exchange, and Complex Societies: an Introduction", in Elizabeth M. Brumfiel & Timothy K. Earle, eds. *Specialization, Exchange, and Complex Societies*, Cambridge: Cambridge University Press, 1987, pp. 1～9.

〔註146〕Timothy K. Earle, "Specialization and the Production of Wealth: Hawaiian Chiefdoms and the Inka Empire", in Elizabeth M. Brumfiel & Timothy K. Earle, eds.*Specialization, Exchange, and Complex Societies*, Cambridge: Cambridge University Press, 1987, pp. 64～75.

〔註147〕Timothy K. Earle, "The Evolution of Chiefdoms", in Timothy K. Earle,ed. *Chiefdoms*: *Power, Economy, and Ideology*, New York: Cambridge University Press, 1991, pp. 1～15.

〔註148〕Terence N. D'Altroy & Timothy K. Earle, "Staple Finance, Wealth Finance, and Storage in the Inka Political Economy", *Current Anthropology*, Vol. 26, No.2, 1985, pp. 187～206.

著特殊技藝的生產者本身都有可能是作為一種「貢賦」由受中央權威控制的
社區提供而來的。貴族用類似的產品來犒賞支持者，並藉此顯示自己在社會
與經濟領域內所佔據的優越地位。在與生計財政的比對中，財富財政的跨距
離優勢便凸顯了出來，正如在阿茲特克（Aztec）見到的那樣，與財政活動有
關的貨物經常都是通過長距離運輸而獲得的，但對於古代集權政治更為重要
的一點是，在這種情況下，地方集團以往借路途耗損為口實所擁有的財政自
主權就沒有繼續獲得容忍的必要了。通過向全國各地徵繳財富並將之集中屯
聚在中央，只是在地方當局提出支付申請的時候才予以發配，便消除了後者
妄圖藉以策劃動亂的經濟基礎。所以厄爾認為，「財富財政」對於「生計財政」
的取代，實際上標誌著政治集權化程度於此間經歷了一次大幅度的提升。

　　而要實現從「生計財政」向「財富財政」的轉變也絕非一夕之功，在其
中曾發揮過中介作用的是大莊園的興起。可以想見的是，隨著社會生產水平
的發展，生計財政支付主題的局限性便日益暴露：政府雇員越來越多，仰賴
這一體系滿足其日常生活所需的人口便迅速膨脹起來，但這只是問題的一個
方面。同時，社會生活的內容不斷得到充實與豐富，家居生計所涉及到的物
資種類也像滾雪球似地增長了起來。於是，在這兩個方面的共同作用下，政
府的會計部門不得不硬著頭皮去處理面前這些堆積如山、種類繁多且難運難
儲的各類實物，生計財政的支付傳統在這類巨大壓力之下很快就陷入了黔驢
技窮的窘境。為應對這種情況，貴族們或是政府體系中的一些機關開始嘗試
自謀生路，隸屬於他們的土地莊園作為一條現成的經濟策略自然日漸獲得重
視，這類現象可以在 6 世紀的日本、阿茲特克帝國或是早期的美索不達米亞
國家中見到。貴族們盤踞在城鎮中，享受著豐富多彩的物質生活，但卻控制
著城外的地產並附生於其上的勞動力，莊園內出產的剩餘物資開始被投入市
場，以便獲得現金收益與各類生活必需品。與小農經濟相較，莊園的規模化
生產顯現出了更強的適應能力，可以為市場提供豐富穩定的貨源。可以認為，
正是這些莊園的存在，使得完全以市場為生計物品之來源成為可能，市場的
穩定性終於得到了保障，其重要性也隨之為眾所承認，這在厄爾看來，就已
經為向財富財政的轉變打開了大門〔註149〕。

〔註149〕Elizabeth M. Brumfiel & Timothy K. Earle, "Specialization, Exchange, and
　　　　Complex Societies: an Introduction", in Elizabeth M. Brumfiel & Timothy K.
　　　　Earle,eds. *Specialization, Exchange, and Complex Societies*, Cambridge:
　　　　Cambridge University Press, 1987, pp. 1～9.

我們需要特別注意的是，關於兩類財政體制的劃分，在很大程度上是概念性的，只是爲研究方便計，這正如斯圖爾德在強調文化形態因地方環境的多樣性而不可用單一範式予以解釋的同時，仍需採用「文化類型」模式對之予以區分。或如厄爾，他雖對薩林斯與塞維斯早先的學說大張撻伐，但仍堅持保留了「酋邦」的理論框架，因爲這至少可以爲各類跨文化的比較研究提供一個可資憑依的開展相互對話的平臺。在早期社會的歷史實踐中，更多情況下，我們可以見識到兩類財政方式共存於同一個政治經濟體系之中，只是它們各自發揮主導性作用的具體層次或場合不同。譬如在夏威夷的那些複雜酋邦中，最高酋長向下屬各社區徵集生計物資，並以其供養團聚在身邊的那些爲之生產財富物品的專業手藝人，厄爾認爲，在這種情況下，生計物資借由生產專業化就直接轉換爲了財富物資。也有可能像在阿茲特克見到的那樣，徵繳而來的貢賦並非嚴格意義上的貴重物品，但在本地卻屬於一類爲眾所需的稀缺物資，政府隨後將之投入市場以便從農民手中換取生計物資。與夏威夷的情況相對，這或許可以被看作是從財富物資向生計物資的一種轉換，因爲我們知道市場的需求本身也可以被理解爲是一種潛在的產品附加值。更複雜的一類情況則出現在人口眾多、疆域遼闊的印加帝國，在那裏，生計財政與財富財政分別在政治生活中的兩個層面上——地方與國家——同時運轉著〔註150〕。

四、戰爭與政體規模

卡內羅曾將戰爭列爲「酋邦」社會的一項普遍特徵，並認爲正如在國家社會中所見識到的那樣，這同樣也是催生酋邦的一類重要機制。任何關於此類問題的解釋如果未能充分考慮到戰爭或戰爭威脅等因素的影響，在卡氏看來，都是殘缺不全的。不過應該注意的是，在原始社會經常發生的暴力衝突並不一定都會導致酋邦的建立，要實現政治管理水平的真正提升，還需要一些外部因素的刺激作用，其中最重要的一條，在卡內羅那裏就是受限制的環境。具體來講，這類因素與戰爭行爲及政治進程之間的關係是這樣的：在一個受限制的環境中，隨著人口的增長，土地資源的不足便日益凸顯，這正是

〔註150〕 Terence N. D'Altroy & Timothy K. Earle, "Staple Finance, Wealth Finance, and Storage in the Inka Political Economy", *Current Anthropology*, Vol. 26, No.2, 1985, pp. 187~206.

誘發動亂的根源，又因「受限」這一前提的存在，飽經戰亂的村莊無處可逃，最終只能屈從於勝利者並歸其管治，於是依照卡氏對「酋邦」概念的理解——歸於一位至高酋長控制的由多個村落或社區組成的自治政體——政治複雜化的實現自然也就成了這一連串社會過程的最終結果。所謂「受限制的環境」其實講來也很簡單，一座孤立於大洋之中的島嶼或一條狹窄的溪谷等都可以對人群的自由遷徙起到類似的限製作用，這不由得使我們想起了一直以來支撐著「酋邦」理論的最著名的兩大案例，即南太平洋諸島（波利尼西亞、美拉尼西亞等）與南美安第斯山系沿岸谷地，這些地方的自然環境正好同時滿足了塞維斯對「差異性」及卡內羅對「限制性」的要求。當然，社會與環境之間總是存在著一類互動的關係，換言之，在這類複雜系統中，任何一方破壞了平衡都有可能引起整個系統的狀況惡化。譬如，要達到這裏所講的「限制」目的，除了可從自然方面考慮之外，也可經由社會性因素實現，過度增長的人口與總是需要新鮮地塊供給的遊耕制度結合起來就很容易達到這類效果，正如約瑟夫·鮑爾（Joseph Ball）在瑪雅北部低地地區所見到的那樣，卡內羅稱之為「社會性限制」（Social Circumscription）。不過相對於鮑爾的發現，卡氏仍不忘強調為人類早期技術難以克服的那些由自然環境所造就的限制性條件在上述兩類範疇中無疑是更值得重視的，因為長久以來享有自治地位的村社從來也不會自願投入任何一個正在擴張的地區性政體的懷抱之中——注意對比塞維斯關於區域再分配系統之於某些參與其間的邊緣小團體的吸引力——所以，要實現從村落到酋邦，乃至從酋邦到國家的政治努力，必須保證處在一個令戰敗者無處可逭的「絕境」之中，能夠真正做到這一點的是自然性限制而非社會性限制，這在舊大陸上就是尼羅河、西亞兩河流域、印度河谷地，在新大陸則為墨西哥與秘魯的谷地。對於所有這些案例來講，局促於一隅的唯一的農耕地資源使得征服活動的成本大為降低，如果再以那些國家出現甚晚或根本不曾出現過的地區，諸如北歐、中非、亞馬遜盆地以及北美的東伍德蘭（Eastern Woodlands）等處對比，自然性限制，也包括與之相關的生計條件的限制，對於早期複雜社會政治整合進程的顯著影響就可以看得更加明白〔註151〕。卡內羅甚至認為，瑪雅低地的酋邦之所以晚於墨西哥谷地或

〔註151〕 Robert L. Carneiro, "From Autonomous Villages to the State, a Numerical Estimation", in Brian Spooner, ed. *Population Growth*: *Anthropological Implications*, Cambridge: The MIT Press, 1972, pp. 64～77.

瓦哈卡（Oaxaca）數百年之久才得以形成，正在於雙方最初面臨的限制性條件所屬類別不同。與危地馬拉低地的經驗類似，西非以及新石器時代晚期與青銅時代早期曾分佈於歐洲阿爾卑斯山以北的眾多酋邦也可能是經由相似的道路發展而來的〔註152〕。

閉鎖的環境、激增的人口與由此造成的日益嚴重的資源短缺使得戰爭成為這個狹隘世界中唯一可行的政治策略，而對外戰爭的結果又向酋長們提出了如何在轄境內行使強制性權力的問題。按照塞維斯的意見，當政治精英們最終學會了合法地使用暴力的藝術之後，他們也就成為了真正的古典意義上的貴族，前國家社會也就完成了向國家的過渡。誘使這一變化發生的根源在於發現戰俘的經濟價值，以往那些只是用來獻祭的人牲如今被編作行伍進而投入到生產領域中去。門德爾松（Isaac Mendelsohn）認為，在蘇美爾等近東地區，充任這一角色的起初正是鋒鏑餘生的外國戰俘，後來又有了專門進口的外國奴隸，因此當地最早用來稱呼男女奴隸的詞彙，從其構詞方式來看即表示「來自外國的男人」或「來自外國的女人」，最終當然也包括了那些因債務等問題而不得不就範的本地人〔註153〕。雖然有的案例中，早期奴隸制或籠罩於脈脈親情之下，或表現出某種較為平等的形式〔註154〕，但仍然很難想像在這一群體的規模隨著戰事的進行而不斷擴大的情況下，政治精英們能夠在不動用或不威脅動用暴力的前提下仍然堂而皇之地佔有他們日益豐盛的勞動成果。總之，使用奴隸勞動的需要使得建構內部鎮壓機制的問題最終被提上了議事日程。

戰爭對於酋邦政治生活的影響是多方面的，除了上面提到的權力性質問題，還包括權力結構的設計等問題，尤其是當遭到吞併的不是孤立的村落而是已形成獨立政體的其它酋邦時，這個問題就更形突出。此時，酋長可能會採取兩類方式來處置這些新增人口，但無論選擇哪種方式，酋邦現有的那些半專業化的行政人員都將承受日益增大的工作量，增丁補員乃至添設新的機

〔註152〕 Robert L. Carneiro, "The Chiefdom: Precursor of the State", in Grant D. Jones & Robert R. Kautz,eds. *The Transition to Statehood in The New World*, New York: Cambridge University Press, 1981, pp. 37～79.

〔註153〕 I. Mendelsohn, "Slavery in the Ancient Near East", *The Biblical Archaeologist*, Vol. 9, No.4, 1946, pp. 74～88.

〔註154〕 李堅尚、劉芳賢：《珞巴族的社會和文化》，四川民族出版社1992年2月第1版，第64～74頁。

構將成為必要，這可能導致徵繳體系的進一步強化，於是，在政治與經濟策略的互動中，酋邦進一步複雜化的大門可能就會被打開。擺在酋長面前的兩條道路其區別只在於是否要保留對方原有的上層建築，如果保留，則酋邦原有的兩層政治決策層級就會增加為三層乃至更多，這可能突破酋邦政治結構的最大容量從而引發國家級社會的建立〔註155〕。如果不保留，則戰敗的酋邦會被化整為零，以多村落集合體的形式融入新社會，這種方式貌似並不會立即對酋邦現有的政治結構造成衝擊，但毫無疑問的是，酋長屬下的人口與轄境面積仍然會增加，這又可能會對古代國家（Archaic State）的人口下限提出挑戰，尤其是當這樣的閾值被設定為一個相當低的數值時，譬如 2000 至 3000人左右〔註156〕。根據斯圖爾德早先對環加勒比海地區社會的觀察，那裏的一些「部落」中——實際上無論從塞維斯或卡內羅的定義來理解都更像是酋邦，但斯氏在此處未使用這類名稱——單獨一個社區內的居民人數就可能達到數千，而且酋長所統轄的往往還是同時包括數個這類社區的聯盟〔註157〕。其實，對於征服活動的後果來講，無論上層建築存歿與否，人口與領土面積的擴增等逐步推進的「量變」最終都會引起社會政治結構的「質變」。因為對於早期複雜社會來講，當時並不存在有效的技術以保證信息可以在一個相當大的地理或人口範圍內傳播，尤其是考慮到許多已經高度複雜化的酋邦或早期國家中仍然沒有出現廣泛應用於世俗事務的書寫體系，所以對於剛剛形成的政治精英集團而言，最廉價的應對策略也只能是依靠增設新的政治層級才能儘量減少信息在傳播過程中的損耗，因為每當政治決策自上而下傳達至這類低一級的行政結構中時，在繼續向下傳佈之前都會被整理並確認。科斯（Krisztina Kosse）在伯納德（H. R. Bernard）與科爾沃斯（P. D. Killworth）等人前期研究的基礎上提出，跨文化調查與人種生物學經驗都指示出人類信息處理能力的閾值是確然存在的，對於信息在人群內的流動來講，500 個個體就可以被看作

〔註155〕〔澳〕劉莉：《中國新石器時代：邁向早期國家之路》，陳星燦、喬玉、馬蕭林等譯，文物出版社 2007 年 11 月第 1 版，第 145～146 頁。

〔註156〕Gary M. Feinman, "Scale and Social Organization: Perspectives on the Archaic State", in Gary M. Feinman & Joyce Marcus, eds. *Archaic States*, Santa Fe: School of American Research Press, 1998, pp. 95～133.

〔註157〕Julian H. Steward, "The Circum-Caribbean Tribes: an Introduction", in Julian H. Steward, ed. *Handbook of South American Indians*, Vol. 4, Washington: United States Government Printing Office, 1948, pp. 1～41.

是一個關鍵數字，要實現人與人之間面對面的交流，則該團體的人數不應超過 500＋／－100。通過對分佈於世界各地的 30 個種族群體的比較研究，納羅爾（Raoul Naroll）得出了類似的結果，即當人群規模不超過 500 時，沒有必要設立任何管理機關。相應地，如果這一數值超過 500，甚至超過 1000 時，專業化的管理機關或發揮執法作用的管理者群體就成爲社會生活中不可或缺的一項內容〔註 158〕。完全可以想見的是，當轄境內的人口繼續增長，因管理需求而獲得推動的社會複雜化必隨之在一個更大的範圍內深入進行。如果團體內成員數目達到或超過 2500 左右，則信息已難以直接傳送予每一個人，人與人之間也已不可能僅憑個人關係而建立起任意的聯繫。要實現這一步只能等待發揮中介作用的某類社會組織的建立，這使得政治生活的進一步複雜化不僅成爲貴族們樂於推動的一項事業，同時也成爲了全社會的一項現實需求。科斯推測，若一個社會中，所有管理人員的數目超過 2500＋／－500，則業已專業化的管理機關將讓位於眞正的內部各子系統相互分離的官僚體系，國家社會的建立也就是水到渠成的事情了〔註 159〕。

除了人口問題之外，對前國家複雜社會的發展進程可能產生過重大影響的另外一項經常由戰爭而導致的變化則屬轄境面積的擴大。與劇增的人口一樣，領地的拓展同樣應被算作是勝利一方的一項重要戰果，前面已經提過，對於政治精英階層來講，生計財政所面臨的運輸成本將會隨著陸運距離的增長最終變成一類難以承受的負擔。對於面積達數百萬平方公里的帝國是這樣，對於正籍由戰爭之路向早期國家挺進的複雜酋邦來講同樣如此，而作爲應對方式之一的分級財政體系的推廣又會助長地方離心勢力的政治野心，所以對於人類社會的早期政治實踐來講，愈大即愈複雜，同時也愈脆弱。懷特指出，在生存競爭中，族群的效能取決於兩個方面：規模與團結度，然而不幸的是，這兩類因素之間總是保持著互成反比的關係〔註 160〕。儘管懷特這裏提到的「規模」主要是就人口而言，但作爲戰爭的結果，人口與土地的增加

〔註 158〕 Raoul Naroll, "A Preliminary Index of Social Development", *American Anthropologist, new series*, Vol. 58, No.4, 1956, pp. 687～715.

〔註 159〕 Krisztina Kosse, "Group Size and Societal Complexity: Thresholds in the Long-term Memory", *Journal of Anthropological Archaeology*, Vol. 9, No.3, 1990, pp. 275～303.

〔註 160〕 Leslie A. White, *The Evolution of Culture*, New York: McGraw-Hill Book Company, 1959, p. 103.

往往都是同時獲得的，所以懷特的公式 E＝SZ×SO 在這裏同樣是適用的，恰如懷氏所言：「任何一個社會總是試圖在規模與團結度之間尋求平衡，也只有實現了這類平衡，它才能在激烈的生存競爭中占盡先機。」〔註 161〕對於南征北戰的酋長以及那些環聚在其身邊，日益崛起的武士階層而言，在滿足政治複雜化進程對豐厚戰利品需求的同時——這種需求是多方面的，既包括產自異邦的可用來標識身份與地位的威望物品，亦有可能涉及人牲、奴隸及維持生計所需的基本物資等，甚至也包括土地——如何提升管理水平以期達到懷特所說的那種平衡狀態，顯然屬於政治領域內的一類核心課題。

　　當人類社會仍普遍處於酋邦這樣的發展階段時，此類問題一般情況下也只能依靠增設新的政治層級來解決，正如精英階層面對前述人口問題通常所採取的政治策略一樣。關於這一點，可以比格爾霍爾等人（Ernest Beaglehole & Pearl Beaglehole）研究過的普卡普卡島（Pukapuka）與著名的夏威夷島對比，從社會分化這個角度來講，它們分別代表著波利尼西亞酋邦社會複雜化演進歷程中的兩個極端。前者是一處由三個小島圍就的環形珊瑚礁，面積僅 3 平方公里左右，雖然考古學證據顯示出大約在距今 2000 年前當地即有人類居住〔註 162〕，但直至歐洲人到達前夕，普卡普卡人所構建的政治結構的複雜化程度仍然可以被看作是整個地區內最簡單的，或者被稱之為尚處於酋邦發展的初級階段。所有島民僅僅依照兩類社會身份進行區分，除了「酋長」就是「平民」，後者又被稱作 te tama，本義為「孩子」，他們同時也是酋長的親屬。除去在祭神的儀式中充任「孩子們」的代表之外，社會風俗並未曾特別抬高酋長本人的地位以使其與族眾相互隔離，他的住屋也與周圍人的一樣，而在童年時代，他更是和自己的兄弟姐妹及其它同齡人一起嬉鬧玩耍，打成一片，不分彼此，當然，他可以在屋內佔有一處特定的座位並保留一條私屬門道，但僅此而已。至於最重要的經濟事務，他卻不能獨斷，像這樣的問題都要提交由全體成年男子與酋長共同參加的 wakapono lulu 會議來討論。這類社會在薩林斯那裏就被劃歸為第 III 組〔註 163〕，卡內羅認為依照薩氏的標準，處在這

〔註 161〕 Leslie A. White, *The Evolution of Culture*, New York: McGraw-Hill Book Company, 1959, p. 104.

〔註 162〕 Pukapuka.（2013, May 2）. In *Wikipedia, The Free Encyclopedia*. Retrieved 10:28, June 3, 2013, from http://en.wikipedia.org/w/index.php?title=Pukapuka&oldid=553174556.

〔註 163〕 Marshall D. Sahlins, *Social Stratification in Polynesia*, Seattle: University of Washington Press, 1958, pp. 249～250.

一組別的群體，其分化程度與那些仍保有自治地位的村寨無異，同樣以研究波利尼西亞島民著稱的戈德曼（I. Goldman）則名之爲「傳統型的」體系，這是一類主要借助於宗教與血統來維繫的社會系統。值得玩味的是，普卡普卡島的人口規模恰在 500 左右，而這正是前述簡單管理機關得以存在的最低閾值〔註 164〕。

　　至於高踞於變幅另一端的夏威夷的情況，可以認爲，一直以來都引領著眾多傑出人類學者關於「酋邦」的認知水平，包括厄爾、桑德斯（William T. Sanders）與普萊斯（Barbara J. Price）等人在內都認爲，那裏的社會發展水平距「國家」亦僅一步之遙了。迄今關於夏威夷的案例研究完全可以用「汗牛充棟」來形容，囿於主題所限，敝文不準備對此間詳情展開論述。簡言之，那裏存在著一類複雜的分層政治結構，目的則是爲了有效地控制對於飄洋過海而來的波利尼西亞移民來講十分稀罕的面積廣大的可耕地資源，這也是當地經濟體系中主要的生產資料和戰爭活動的當然目標。在夏威夷，雖然直至歐洲人到來之前，反抗徵繳的動亂時有發生，但在一般情況下，酋長與平民階層之間仍保持著道義上的親緣關係，這也是許多人類學家一直以來不願意承認當地社會是一個「國家」的主要原因，儘管習慣上那些最高酋長常被稱作是「國王」〔註 165〕。在這類最高領導人之下，至少還存在著兩級政治結構，而在每一個層級上主導著政治生活的也都是一些「酋長」，只不過他們的地位依次降低，直至那些被稱作 konohiki 的地產保管人。所有這些人構成了名爲 ali'i 的酋長階層，從宏觀角度來看，其結構類似於一個分支的圓錐形氏族，在這樣的團體之內，個人地位的高低主要取決於其與最高酋長所在那一支系的血緣關係的親疏，不過值得注意的是，酋長中有相當一部分成員同時也是武士。除去這些同氏族成員之外，在最高酋長的身邊還豢養著一大批承擔教俗兩界各類具體事務的公職人員，他們構成了「國王」的「宮廷」，而那些負責對酋長進行宗教儀軌等方面輔導的高級神職人員，其祭祀對象除了戰神 Ku 之外主要就是農事之神 Lono。從某種程度上來講，宗教實踐活動反映的正是史前時代晚期夏威夷政治生活中的兩大主題，也是我們這裏正在討論的內容，即戰爭及作爲戰爭後果之一的土地資源的擴增。特別地，對後者的祭祀實際

〔註 164〕 Patrick Vinton Kirch, *The Evolution of the Polynesian Chiefdoms*, Cambridge: Cambridge University Press, 1984, pp. 35～37.

〔註 165〕 Marshall Sahlins, *Stone Age Economics*, Chicago: Aldine Publishing Company, 1972, p. 148.

上已經逐漸演變爲一類儀式化了的稅收行爲，以期適應當地以土地爲核心的經濟制度。在這種經濟制度之下，平民階層只是土地資源的使用者與貢賦及勞役的主要承擔者，這些土地歸酋長們所有，並在新的最高酋長繼位，尤其是在以佔領爲目的的戰爭結束之後，可由最高酋長進行重新分配，以犒賞那些在此過程中支持自己的血親及姻親。夏威夷的每個酋邦佔據一個島嶼，從這一級開始向下地塊被逐層分割，由 ahupua'a 至 'ili 直至 mo'o'aina，待到田畝分到這一層，也就直接交由以男性家長統領的一個個擴展家庭來負責耕種，這樣的家庭形式也是當地居民聚居與進行生產的基本單位〔註 166〕。像夏威夷這樣的政治結構最終得以形成，或許正如基爾希（Patrick Vinton Kirch）所言，是包括戰爭與環境限制等在內的多方面因素共同作用的結果〔註 167〕。但有一點我們不應忽視，即夏威夷群島的確擁有整個波利尼西亞地區除新西蘭之外最大的土地面積〔註 168〕，其中夏威夷島作爲主島，其面積更是超越其餘各小島之和〔註 169〕。也只有在這類情況下，而不是像普卡普卡島那樣狹促的珊瑚礁，土地才有可能成爲戰爭結果中的一項主要內容從而引起精英階層的關注。通過策劃有組織的戰爭行爲，佔有從內陸直至海濱的豐富多樣的生境並盡可能多的生產者以便構建更爲堅實的經濟基礎，這對於實現貴族個人的政治野心以及確保整個酋邦的競爭優勢來講都是一項充滿誘惑，值得爲之冒險的投資〔註 170〕。面對戰後逐步擴增的領土面積，精英階層不得不開始籌劃相應的政治措施，以便實現更有效的管理與徵繳，正如在夏威夷所見到的那樣，這無疑會帶來整個政治體系的改變。

這些改變中最具革命意義的一點恰在於，地域擴張的現實對於尊重長幼有序的血緣傳統所造成的衝擊。夏威夷的例子已如前述，最高酋長之下許多次一級的酋長都出身於武士階層，類似的情況同樣發生於社會群島（Society Islands）

〔註 166〕Patrick Vinton Kirch, *The Evolution of the Polynesian Chiefdoms*, Cambridge: Cambridge University Press, 1984, pp. 257~260.

〔註 167〕Patrick Vinton Kirch, *The Evolution of the Polynesian Chiefdoms*, Cambridge: Cambridge University Press, 1984, p. 206.

〔註 168〕Patrick Vinton Kirch, *The Evolution of the Polynesian Chiefdoms*, Cambridge: Cambridge University Press, 1984, p. 243.

〔註 169〕Hawaii（island）.（2013, June 3）. In *Wikipedia, The Free Encyclopedia*. Retrieved 04:18, June 4, 2013, from http://en.wikipedia.org/w/index.php?title=Hawaii_（island）&oldid=558133081

〔註 170〕Patrick Vinton Kirch, *The Evolution of the Polynesian Chiefdoms*, Cambridge: Cambridge University Press, 1984, p. 206.

與湯加（Tonga）等波利尼西亞地區較大的群島上，而對於庫克群島（Cook Islands）中第二大島芒艾亞島（Mangaia）的酋長而言，形勢似乎更為嚴峻，因為他若要繼續保有自己的權位，則必須成為一名出色的戰士，在衝鋒陷陣的戎馬生涯中為族眾奪取所需的土地及其它資源〔註 171〕。如果說酋邦的基本精神正在於「政治分級與親屬制度相結合」，這也是它與「國家」區分的主要標準之一〔註 172〕，那麼戰士階層的崛起這一社會現實所挑戰的正是以出身與年齒為主要內容的血緣政治秩序，是戰爭造成了身為血族首領的酋長 ariki 與功勳卓著的武士 toa 之間日漸緊張的政治競爭關係〔註 173〕。尤其是當這些披堅執銳的下級貴族同時還是酋長的近支血親時，如何在政治結構中處理這類關係往往都會變得更加微妙與敏感，這時候血統上的親近竟變成了對政治穩定性的巨大考驗。籍由適當地將一些出身於外地的姻親成員引入決策過程中並使其擔任非世襲的高級文官以期平衡覬覦者的野心，對於最高酋長而言常是一項此時可供選擇的政治策略〔註 174〕〔註 175〕。這種種行為自然為地緣性原則最終取代現存政治生活中的血緣性原則提供了可能性，雖然這也僅僅只是眾多可能性中的一種，而且在波利尼西亞，即便對於政治複雜化程度最高的夏威夷而言，似乎也還沒有實現對這一舊有制約條件的完全突破。但我們仍應注意到的一個事實是，夏威夷的貴族與平民們的生活真正遵循著根本不同的原則，前者更強調血統傳承，而這一點在後者那裏則大為淡化。因為對於務農的平民階層而言，祖先身份的聲明並不能為他們挽回業已喪失的土地所有權，儘管他們通常仍被呼為「maka'ainana」，該詞在更古老的波利尼西亞語中被稱作 kainanga，意即佔有一方土地的擁有共同祖先的群體，但正如佃種酋長們的地畝一樣，共同祖先的意識在這裏也早已模糊了〔註 176〕。對於這一點，伯羅斯（Edwin G. Burrows）

〔註 171〕 Patrick Vinton Kirch, *The Evolution of the Polynesian Chiefdoms*, Cambridge: Cambridge University Press, 1984, p. 205.

〔註 172〕 〔美〕張光直：《中國青銅時代》，生活・讀書・新知三聯書店 1983 年 9 月第 1 版，第 52 頁。

〔註 173〕 Patrick Vinton Kirch, *The Evolution of the Polynesian Chiefdoms*, Cambridge: Cambridge University Press, 1984, p. 216.

〔註 174〕 Patrick Vinton Kirch, *The Evolution of the Polynesian Chiefdoms*, Cambridge: Cambridge University Press, 1984, pp. 259.

〔註 175〕 Marshall Sahlins, *Historical Metaphors and Mythical Realities*: *Structure in the Early History of the Sandwich Islands Kingdom*, Ann Arbor: The University of Michigan Press, 1981, pp. 55～64.

〔註 176〕 Patrick Vinton Kirch, *The Evolution of the Polynesian Chiefdoms*, Cambridge: Cambridge University Press, 1984, pp. 257～258.

所進行的早期研究指出，地域性對血緣性的逐步超越在波利尼西亞是一條普遍適用的原則，儘管其在各地的具體顯化程度仍保有很大差異，但隨著地域集團規模與勢力的普遍增長，血緣關係的影響力遭到弱化是不可避免的。成就這一事實的因素是多方面的，通婚、收養以及遷徙行為等都應得到考察，但此間最有力的推手無疑應屬因爭奪土地與進階機遇而爆發的戰爭〔註 177〕。之所以如此，正像夏威夷的情況一樣，土地與附屬民被作為戰利品在貴族群體內部進行頒賞，或者如社會群島上所見到的那樣，最高酋長依仗宗主權於各處揀選上好地畝建立私人莊園，並派遣守護人進行管理〔註 178〕，這種因被佔領或遭受暴力而不得不屈從的巨大變化使得再糾纏於血緣傳統的經濟意義終於變成了一類不合時宜的奢求。所以，無論從哪個角度來考察，戰爭以及隨之而來的大批附屬人口及大塊地產，都會對於酋邦社會現行的內部結構造成多方面的衝擊從而有可能推動社會複雜性的增長。

五、所謂「古代國家產生的兩種途徑」

　　既然談到了爆發於史前諸政體之間的戰爭行為，筆者認為有必要在這裏做一點引申。有學者以恩格斯在《反杜林論》中的相關論述為據構擬出了所謂國家產生的兩條道路，這其中就牽涉到了戰爭與早期複雜社會的政治演進這類問題。

　　根據這些學者的設計思路，雖說無論前國家社會遵循哪條道路最終演進為國家，都有遭遇戰爭的可能性，但戰爭的目的在二者之間卻存在著顯著甚至是本質上的區別。對於以古希臘羅馬為代表的一類國家，發動戰爭是為了掠奪財富與奴隸，因為這些國家的經濟基礎建構在奴隸制之上，而戰俘通常情況下都是奴隸的主要來源。但是對分佈於世界其它地區的許多「早期國家」或其前身而言，那些由「古代部族首領所進行的戰爭」卻僅僅是為了爭奪這樣或那樣的一些政治身份，或者更保守地來講，至少主要目的是這樣的，這其中自然包括中國古典文獻中所記載的五帝時代與夏、商、周諸王朝，而且從實際行文來看，這些也都是上述學者展開相關論述時採信的主體材料。也就是說，其分別為曾歷經不同形成過程的兩類國家「量體裁衣」式地安排了

〔註 177〕Edwin G. Burrows, "Breed and Border in Polynesia", *American Anthropologist, new series*, Vol. 41, No.1, 1939, pp. 1～21.

〔註 178〕Patrick Vinton Kirch, *The Evolution of the Polynesian Chiefdoms*, Cambridge: Cambridge University Press, 1984, p. 206.

兩類戰爭，至於這兩類戰爭之間的區別，或許可以這樣講，前者大致屬於經濟性質的，即戰爭這類政治活動的目的是爲了滿足社會經濟發展的需要，在這裏就是對恩格斯所提到的那些僅憑「公社本身和公社所屬的集團還不能提供」的「多餘的可供自由支配的勞動力」的要求〔註 179〕。而後者則屬於政治性質的，經濟因素在其中的作用與影響力即便不能說完全被抹殺，至少也因遭到貶低而明顯邊緣化了。至於產生這類差別的原因，出自這些學者個人的見解乏善可陳，就我們研讀的文本而論，基本上可以認爲仍是恩格斯在《反杜林論》中提出的觀點。譬如對於以奴隸制爲社會經濟活動主要組織方式的古希臘羅馬而言，這一切發生的起點實際上仍然是分工的發展，至於此後所發生的一系列變化過程，筆者認爲已沒有必要在此重複了，感興趣的讀者可以參閱《家庭、私有制和國家的起源》或敝文此前的相關論述。至於那些經由另一條道路而演進爲國家的史前複雜社會所經歷的經濟變化過程，在持此論者的著作中則基本沒有展開論述，原因或許在於《反杜林論》本身就沒有提供關於這個方面的現成的解釋。現在問題來了，就是說恩格斯當初既然樹立了兩條道路，那爲什麼只描述了發生於其中一條道路之上的社會經濟運動過程，而對於另一條置之不理呢？須知，若依照上述學者對於恩格斯作品的解讀，後者甚至還是更普遍從而更具代表性的一條〔註 180〕！

要想解釋清楚這個問題，筆者以爲，首先就要弄明白雙方的論述初衷到底是什麼？這一點在國內部分學者那裏是極單純的，就是中國早期國家的起源問題，屬於政治人類學中一個歷久彌新的經典話題〔註 181〕。所以我們看到，在這樣「兩條道路」上闊步前進的不是「酋邦」，就是「族邦」，要麼就被冠以「氏族邦方」或「族邦聯合體」、「族邦聯盟」等名目，總之，是一些產生於人類歷史早期階段的政治實體，然而同樣的問題在恩格斯那裏就變得相當複雜了。

眾所週知，《反杜林論》是一部論戰色彩極其濃厚的著作，在當時，「是德國社會民主黨內思想鬥爭的直接產物」。向有論者以爲，《歐根‧杜林先生

〔註 179〕中共中央馬克思恩格斯列寧斯大林著作編譯局編：《馬克思恩格斯選集》第 3 卷，人民出版社 1995 年 6 月第 2 版，第 523 頁。

〔註 180〕沈長雲、張渭蓮：《中國古代國家起源與形成研究》，人民出版社 2009 年 4 月第 1 版，第 108 頁。

〔註 181〕Elman R. Service, *A Century of Controversy: Ethnological Issues from 1860 to 1960*, New York: Academic Press, 1985, pp. 174～176.

在科學中實行的變革》一書全面地闡述了馬克思主義的三個組成部分，即哲學、政治經濟學與科學社會主義，自然，其醞釀、撰寫與最終出版也經歷了一個過程〔註182〕。在這裏，我們不可能也沒有必要對這部經典著作的所有內容進行全面回顧，關鍵是要追究恩格斯到底是針對什麼問題，在怎樣的具體場合下才提出了這兩類道路的。如果讀者願意在閱讀恩格斯作品的同時，花時間來翻一翻杜林自稱用以「闡述全部哲學問題」的代表作《哲學教程》中關於「社會和歷史」的冗雜論述，那麼上面提到的這個問題其實並不難得到解答〔註183〕。可以講，恩格斯之所以認為杜氏的言論在當時危害甚大，以至於他不得不中斷《自然辯證法》的寫作以便立即對之進行全面清算以正視聽，其中的一個重要原因正在於杜林雖然承認「物質是第一性，意識是第二性」〔註184〕，但卻對「用空洞的字眼來混淆問題的實質，……採用向唯心主義讓步和轉到唯心主義立場上去的論斷方法」樂此不疲〔註185〕，而這恰是馬、恩所不能容忍的。

　　就拿我們這裏正在討論的問題來講，唯物史觀中關於政治機器與社會經濟活動這二者之間關係的基本認識，在杜林那裏就遭到了完全地顛倒。儘管杜氏不得不承認可用以為其觀點提供「偉大的範例」的歷史材料極度匱乏，但這並不妨礙他終究還是提出了「歷史科學承認精神力量是諸種形態的最強大的動因」這一論斷，而這「富有生命力的諸種形態的萌芽」正包含於遭受現代暴力國家壓迫的人們的身上。接下來，若要喚醒這些「萌芽」需要的則是「觀念的力量」，因為這種力量不僅能使「惰性的成分復蘇」，更重要的是「能夠產生世代的再生所需要的群眾運動」。於是，下面這一切依杜氏邏輯而演繹的歷史過程便也不足為奇了：政府與國家等上層建築盛衰興滅的根源被從經濟領域中剝離了出來，以至於最終呈現在我們面前的便只剩下了這類豪情萬丈但卻空洞的論述：「希臘因實行亞歷山大式的集中制滅亡了，強暴的羅馬帝國因實行凱撒式的集中制滅亡了」，而導致這類暴力國家滅亡的則是由普

〔註182〕中共中央馬克思恩格斯列寧斯大林著作編譯局編：《馬克思恩格斯選集》第3卷，人民出版社1995年6月第2版，第829～831頁。

〔註183〕〔德〕E・杜林：《哲學教程》，郭官義、李黎譯，商務印書館1991年6月第1版，第1頁。

〔註184〕〔德〕E・杜林：《哲學教程》，郭官義、李黎譯，商務印書館1991年6月第1版，第524～525頁。

〔註185〕中共中央馬克思恩格斯列寧斯大林著作編譯局譯：《列寧全集》第18卷，人民出版社1988年10月第2版，第354頁。

遍腐敗而引起的政治控制手段的失靈，也就是所謂的「暴力不足」，即政府手中掌握的暴力不足以彈壓上述已然覺醒了的被壓迫者。可見，在杜林那裏，用來解釋「政治」的只是另外一批有關「政治」的材料罷了〔註186〕。

講到這裏，我們可以適當聯繫一下前文所述恩格斯對於摩爾根的創造性勞動所作的某些批評。須知，《起源》的寫作初衷之一便是要爲《古代社會》補充經濟方面的內容，所以從某種角度來看，《反杜林論》在這裏承擔的正類似於日後《起源》一書所扮演的角色。當然差別也是明顯的，如果說在那位將其畢生精力皆付諸民族學研究的同情印第安人的美國學者那裏，恩格斯只是謙遜地表示要進行一些補苴工作，那麼對於杜林而言，情況就完全不同了。經濟因素當然也是杜林所缺失的，但簡單的補綴作業已無濟於事，必須要經歷一場「肢解→批判→重構」的大手術方可！至於「肢解」的成果，讀者諸君可以《反杜林論》三編中對於杜氏言論的分類摘錄爲範例；「批判」的對象，有了上文對於杜氏歷史邏輯的簡要論述，也是不言自明的；而恩格斯「重構」的目標，以我們關心的方面而論，就是要以經濟發展爲背景去重新解釋在杜林筆下曾遭到歪曲的人類政治社會的演進過程，而又由於杜氏時時在唯心主義傾向的慫恿下總是熱衷於以暴力來填塞對於政治問題的膚淺甚至是錯誤的解釋，所以恩格斯有必要向讀者說明在歷史上政治暴力的由來及其用途。也就是說，恩格斯所做的工作並不是要去講解爲什麼魯濱遜的利刃能令星期五屈服——顯然，「這是每個小孩子都知道的」〔註187〕——而是希望讀者穿透杜氏散佈的煙霧去真正理解魯濱遜手中掌握的暴力從何處來，又本著怎樣的目的要用在何處。總之，是要剖解隱藏在暴力或是任何其它政治現象背後的東西。而要解釋這一點實際上也就是要「說明統治和奴役的種種關係」是怎樣產生的，因爲暴力事件正是發生於這種種關係之中的，發生於魯濱遜與星期五之間的，發生於社會意義上的人與人之間的。就是在這裏，恩格斯提出了他的「兩條道路」，也就是提出了用以解釋魯濱遜與星期五兩人之間關係之所由來的「兩條道路」，這就是「階級」從無到有在往古歷史中曾走過的道路。對於自己的論述對象，可以講，恩格斯自始至終是再清楚不過了，在完成了

〔註186〕〔德〕E·杜林：《哲學教程》，郭官義、李黎譯，商務印書館1991年6月第
　　　　　1版，第282～284頁。
〔註187〕中共中央馬克思恩格斯列寧斯大林著作編譯局編：《馬克思恩格斯選集》第3
　　　　　卷，人民出版社1995年6月第2版，第526頁。

對第一類道路的闡述之後，他明明白白這樣寫道：「除了這樣的階級形成過程之外，還有另一種階級形成過程」〔註188〕。

到了這一步，我們認爲，問題總算是講清楚了，也就是說，前述學者與恩格斯的論述對象其實並不是一回事！儘管二者都提出了「兩條道路」，談的也都是人類社會的早期政治經歷，但這其中確有一道隱秘的牆垣客觀地橫亙於二者之間。這道牆垣之所以「隱秘」，原因正在於眾所週知的事實是，在經典作家的筆下，下面這兩類概念之間存在著極爲密切的關係，但無論這類關係有多麼密切，「國家」自「國家」，「階級」自「階級」！其實也正是這種關係的客觀存在從而首先在邏輯上規定了，對於我們這裏討論的人類早期政治經歷而言，兩者的產生不可能是同步的。很顯然，如果堅持「國家是階級矛盾不可調和的產物」〔註189〕，則作爲原因的一方必然出現於結果產生之前，兩者之間存在著時間差。這種時間差的客觀存在實際上是爲了容納兩者之間在發展程度方面的差距，關於這一點，甚至在上述國內學者的論述中也得到了明白無誤地強調〔註190〕。

對此，王震中曾有所辟述，他指出，「階級」與「國家」這兩者借由產生的道路之間既有聯繫又有區別，恩格斯早年間所勾畫出的兩條道路實際上是可以在同一個社會內部共存的〔註191〕。明白了《反杜林論》與某些當代研究之間的這類實質性區別，接下來的許多問題就都好談了。正因爲我們的一些學者將恩格斯筆下所描述的「階級」形成的兩條道路徑自改換成

〔註188〕中共中央馬克思恩格斯列寧斯大林著作編譯局編：《馬克思恩格斯選集》第3卷，人民出版社1995年6月第2版，第523頁。

〔註189〕中共中央馬克思恩格斯列寧斯大林著作編譯局編：《列寧選集》第3卷，人民出版社1995年6月第3版，第112頁。

〔註190〕沈長雲、張渭蓮：《中國古代國家起源與形成研究》，人民出版社2009年4月第1版，第49～50頁。

〔註191〕王震中：《中國古代國家的起源與王權的形成》，中國社會科學出版社2013年3月第1版，第218頁。另，除了恩格斯業已指出的兩條道路之外，王著還認爲，在階級分化的過程中實際上還存在著第三條道路，也就是由父權家族而孕育階級的道路，而且指稱這是「一條主要道路」。相關論述參見是書第三章中關於階級產生三種途徑的分析。晁福林等認爲，王著在這個方面的分析因爲充分考慮到了中國早期歷史發展的特殊性，匡正了長期以來存在於國際史學界中的對於類似問題的誤讀，故而可稱爲針對早期社會複雜化研究的「中國敘事」（晁福林、王坤鵬：《解讀中國國家起源的新模式——讀王震中〈中國古代國家的起源與王權的形成〉》，《光明日報》2013年11月18日第15版）。

了「國家」產生的兩條道路，這樣從邏輯上來講，對於任何一個古代國家而言，便只能在這兩條道路中選擇一種，所以就有了下面這樣兩類國家。其中因內部各級執事人員管理職能的獨立化傾向而形成的國家以古代中國為代表，而依靠對外征服戰爭來為奴隸制不斷補充新鮮血液而逐步形成的國家則以古希臘羅馬為代表。但我們要問，在恩格斯那裏有這樣人為做出的區分麼？沒有！「階級」形成的兩條道路在恩格斯那裏都是具備世界歷史視野中的普遍意義的，它們完全可以發生於同一個國家形成過程之中並相互影響。所以我們現在總算明白了，恩格斯為什麼沒有再浪費筆墨去為《反杜林論》中講到的第一類階級產生的道路專門撰寫關於社會經濟運動過程的文字了：

首先，那些伴隨著管理職能的獨立化傾向而逐步由公僕變為社會主人的統治者集團中，不僅包括了我們耳熟能詳的「東方的暴君或總督」，包括了「在波斯和印度興起和衰落的專制政府」，同樣也包括「希臘的部落首領」、「克爾特人的族長」等等，而歐洲地區「最古的德意志的馬爾克公社」或當時亞洲地區印度的農業公社中都為類似情況的發生提供了社會結構方面的可能性。其實這類問題，即便我們不去追究《反杜林論》的文本細節，依常理同樣可以想得明白，難道已然高度複雜化了的古希臘羅馬社會中就不存在承擔各項管理職能的執事人員了麼？難道這些人所肩負的管理職能對於原本身處其中的社會就不存在獨立化傾向了麼？難道這樣的社會除了發動征服戰爭，搶掠奴隸與財富之外就絕不從事其它公共事業，就絕不涉及類似古代中國那樣的多族群融合進程了麼？這些問題都是持上述觀點的學者所不能回答的，因為這類設想本身就是不符合歷史發展實際的。

再者，就恩格斯指出的第二條道路而言，其起點在於「農業家族內的自發的分工」，其發展動力在於社會生產力的提高從而使「人的勞動力所能生產的東西超過了單純維持勞動力所需要的數量」。此時，「勞動力獲得了某種價值」進而為人剝削人的制度的建立開闢了道路，這種歷史上首先建立起來的人剝削人的制度，在《反杜林論》中，一如在日後的《起源》中所見到的一樣，正是奴隸制。用恩格斯的話來講就是「這種制度很快就在一切已經發展得超過古代公社的民族中成了占統治地位的生產形式」，至於在中國早期國家或某些前國家複雜社會中，譬如一些高度複雜化了的酋邦，這裏提到的「古代公社」是否存在，以何種形式存在？是否瓦解，何

時瓦解？甚至關於中國早期歷史是否經歷過奴隸制社會？對於類似這些問題，學術界目前遠未達成共識〔註192〕。囿於篇幅及論述主題，筆者亦無意過多涉及，僅就這裏談到的問題而言，部分學者將這類國家形成道路分派給了古希臘羅馬，則我們不得不發此疑問：難道在古代中國，農業家族內部就從未發生過任何自發的分工麼？難道在古代中國進入新石器時代之後長達數千年的前國家歷史中，社會生產力就固步自封，未曾進益一步，而與此同時，人口規模卻大踏步躍進而以上層建築為顯著表徵的社會複雜化進程卻歷經了「從氏族到國家」的地覆天翻式的巨變〔註193〕？難道直至國家誕生的前夜，中國遼闊土地上的勞動力所生產的東西仍停滯於僅能單純維持勞動力自身所需的極低下水平之上，勞動力仍然是一種沒有剝削價值的社會贅疣以至於除了被殺掉或野蠻地吃掉以外，社會上層竟找不到任何其它更高級的消費方式？難道中國歷史因其特殊性而必然要以如此弔詭的方式來進行演繹麼？當然不是！看看龍山時代那些奢華的大墓，巧奪天工的史前工藝品，看看琮、璧、瑗、圭這些特殊形制的玉石器在中國大地上跨越數千公里的漫長傳佈路線，以及墓地與聚落形態調查所展示的日趨嚴格的等級制度，若沒有分工，不講交換，勞動力的剝削價值仍未被發現，試問這一切不平等從何而來？在這裏，我們完全有理由寄希望於未來的田野考察告訴世界：中國不僅經歷過類似的過程，而且其規模還遠超於那些蝸居於西南亞綠洲或地中海邊狹小山谷的蕞爾小邦！

　　其實關於我們這裏發出的一系列疑問，前述學者自己就常有一些自相矛盾的論述。對於因內部管理職能的獨立化傾向而形成的國家，以中國從「五帝」到「三代」這段歷史為典型，這些學者同樣承認，在那裏，社會人口可以「提供剩餘勞動」，也就是具備了剝削價值〔註194〕。而對於中國直至早期國家建立之後，在農業生產工具方面一直沒有實現顯著的更新換代，仍以木石類工具為主的現實，持此論者又彌縫道，當時物質財富的增殖手段主要還是依靠人口與墾荒數量的增長以及勞動過程中的協作來實現

〔註192〕胡慶鈞主編：《早期奴隸制社會比較研究》，中國社會科學出版社 1996 年 8 月第 1 版。

〔註193〕白壽彝總主編，蘇秉琦主編：《中國通史》第 2 卷，上海人民出版社 1994 年 6 月第 1 版，第 2 頁。

〔註194〕沈長雲、張渭蓮：《中國古代國家起源與形成研究》，人民出版社 2009 年 4 月第 1 版，第 66 頁。

的〔註195〕。既然如此，站在統治集團的立場上來講，面對這樣的生產現狀，能夠剝削來更多財富的可行途徑，甚至是所有這類途徑中最明顯最廉價的一種，不正是控制更多的勞動力麼？因為在技術手段短期內難以實現突破的前提下，活體勞動力本身自然就成了實際生產過程中物質財富的主要生成環節，通過開展勞動協作，投放到生產領域中的勞動力越多，則土地的墾殖面積增長得就越多越快，可供剝削的社會財富就會更加豐沛，這實在是一個再簡單不過的道理了，也是依照上述邏輯可以推導出的唯一合理的結局。然而不幸的是，我們馬上就會發現，這個唯一合理的結局正與部分學者此前所提出的設想發生了激烈的正面衝突。因為在「人口即財富」，人口越多，財富就越多的前提下，政治精英集團必然時時渴求獲得更多的勞動力以便搜刮更多的財富，而除了現有人口的自然增殖之外，最便宜的一條用以解決勞動力缺口的妙計不就是借助於戰爭手段搶掠外地人口並將之投入到當地生產活動中去嘛！而除了「奴隸」之外，在勞動力已顯現出剝削價值的時代，我們實在想像不出貴族們還能為這些在「『法律、政治關係』」等諸多方面「『徹底無權的人類集團』」安排其它什麼更好的待遇〔註196〕。總而言之，若依某些研究者對於中國從酋邦到國家直至早期國家建立之後社會生產宏觀格局的描述，無論是前國家時代的政治精英，抑或是早期國家中「帝」、「王」、「天子」一類的統治者非但絕不是對「奴隸」問題抱持著漠不關心的態度而置身事外，反倒應該是最渴望獲得類似役使對象的社會集團！所以這些學者將中國歸類為第一條道路，從而否認或貶低財富與人口等經濟因素對於策劃戰爭的前國家政治精英集團的吸引力，而僅僅以「爭為帝」來搪塞是講不通的〔註197〕。眾所週知，「帝」是一種政治地位，與杜林所樂於引用的「暴力」一樣屬於政治領域內的事物，假如我們對戰爭原因的追索僅止步於此，那麼與杜氏又有什麼區別呢！

其實就無文字時代而言，無論是考古抑或傳世文獻，任何一方也不能為上面提到的這類觀點提供嚴謹堅實的證明。

〔註195〕沈長雲、張渭蓮：《中國古代國家起源與形成研究》，人民出版社 2009 年 4 月第 1 版，第 135 頁。

〔註196〕胡慶鈞主編：《早期奴隸制社會比較研究》，中國社會科學出版社 1996 年 8 月第 1 版，第 42 頁。

〔註197〕沈長雲、張渭蓮：《中國古代國家起源與形成研究》，人民出版社 2009 年 4 月第 1 版，第 110 頁。

　　即以田野工作而論，考古學家們的手鏟往往很難爲我們講淸楚當時到底有沒有參與到實際生產領域中去的奴隷。凡是處於類似或可能爲奴隷地位的人，在重見天日的時候，不是被塵埋進城垣，壓在柱礎下做了奠基，就是被捆縛手腳推進墓穴中當了陪葬，要麼就是與豬、狗的屍骸一樣混雜在灰坑中。也就是說，幾十年來數代田野工作者吹盡狂沙展示出來的實是一個由累累白骨拼接起來的死人的世界，我們怎麼知道上述種種非正常死亡者，或許要剔除那些特別幼小的嬰幼兒，在遭遇不幸之前是否曾以奴隷這類身份被投放到生產領域中去來爲主人增殖財富？其實在絕大多數場合下，考古現場唯一能夠確定的事實不過是這些死者生前地位低下，有過被凌辱虐待等不幸遭遇，僅此而已，至於他們與社區中的其它人在當時是否存在過主奴一類名分，單純依靠考古材料是很難做出準確判斷的。因爲在社會歷史運動的實際過程中，人與人之間曾經存在過的顯現出人身依附色彩的剝削奴役關係可以分爲很多種，即便只是在「奴隷」這一範疇之內也還可以分解出許多細目來。在「階級」還只是「等級的階級」的時代，奴隷集體內部長期被劃分爲高下有別的各種等級，與此同時，他們彼此之間也發生著含有經濟意義的階級分化過程。現有豐富的材料可用以證明，無論對於東方或西方，許多族群都曾經經歷過甚至直至相當晚近的時段仍延續著這類情況〔註 198〕。此外還需指出的是，在奴隷制發展的早期，強調所謂「家內奴隷」與「生產奴隷」兩者之間的區別可能並不合適，當時除去某些掌握有專門技能的奴隷之外，其餘的眾多被奴役者更多的時候還是因主人的具體需要而在不同的時間或地點被差遣去承擔不同的勞役，在這裏，家內雜役與生產性勞動之間的分野實際上不是特別明顯〔註 199〕。因此有理由認爲，即便只是在人類社會的童年，即便事先選定的研究對象也只是當時某個僅具數百人口的微型社區，恐怕我們仍會失望地發現，日常社會生活所顯現出的複雜性已足令慣於類型化思維的考古學研究陷入手足無措的尷尬境地，尤其當我們試圖重建人際關係的時候，這類問題往往會表現得更加突出。誠如張忠培所言：「考古學只能研究歷史的一個側面」〔註 200〕，其實那也不過是附生於物質遺存上的那個側面，甚至這樣講

〔註 198〕胡慶鈞主編：《早期奴隷制社會比較研究》，中國社會科學出版社 1996 年 8
　　　　月第 1 版，第 27～43，109～128 頁。
〔註 199〕胡慶鈞主編：《早期奴隷制社會比較研究》，中國社會科學出版社 1996 年 8
　　　　月第 1 版，第 127～128 頁。
〔註 200〕張忠培：《淺談考古學的局限性》，《故宮博物院院刊》1999 年第 2 期，第 67
　　　　～69 頁。

也還有誇大考古學解釋能力的嫌疑，因爲許多當時曾主要用來記述人類制度、思想與文化精髓的載體，譬如中國歷史早期用以書寫檔案的各類材料，受到自身材質、保存環境等種種客觀條件的局限以至於今日已難覓其蹤，而這些恰恰是我們準確溯源社會關係演變歷程所不可或缺的。

　　對於文獻來講，也存在著類似的問題。即以常爲學者所引的《淮南子·天文訓》爲例，其中確實講到「昔者，共工與顓頊爭爲帝」，並未提及雙方對於奴隸或財富等的掠奪。其實這也很正常，因爲這一點可能根本就未曾被列入早先的寫作計劃之中，作者追憶此事的直接目的是爲了向讀者解釋「天傾西北」，「地不滿東南」這種現象的由來〔註201〕，而整篇文章的意圖則是要借天象以啓發人事，最終還在於「昭示人君和世人『仰天順承』、『不亂其常』，師法大自然，循『道』平治天下」〔註202〕。秉承這一思路，與此主旨關聯疏遠甚或是相牴觸的內容爲著者所不取亦本在情理之中，恰如孟子所言：「吾於《武成》，取二三策而已矣。」〔註203〕因此文獻中沒有提到某類問題，不等於這個問題在當時就一定不存在。再以《國語·魯語上》的相關記載爲例，是篇中，展禽回顧了自炎、黃以下直至禹、湯、文、武等一干古代政治領袖們宵衣旰食，盡心公務的光輝事蹟，強調他們之所以能享受後人的祭祀正在於其生前曾有功於民〔註204〕。前述學者遂將此條記載收羅爲支持其國家形成第一條道路，即以古代中國爲代表，因內部管理職能的獨立化傾向而最終導致國家產生的有力證據加以多次引用〔註205〕，進而指稱賦予這些歷史角色以「軍事首長」一類定位是不合適的，「因爲古代文獻記載他們在歷史上的主要事蹟或主要作爲都不與軍事征服有關」〔註206〕。果如是乎？我們這裏無意糾葛於究竟該爲這些早期政治精英的代表們奉送什麼頭銜，問題的關鍵在於他們與「戰爭」、「征服」或「奴隸」這類字眼的距離眞如部分學者所言那樣隔若雲

〔註201〕何寧撰：《淮南子集釋》，中華書局1998年10月第1版，第167～168頁。

〔註202〕（漢）劉安等撰，許匡一譯注：《淮南子全譯》，貴州人民出版社 1993 年 3 月第1版，第104頁。

〔註203〕楊伯峻：《孟子譯注》，中華書局1960年1月第1版，第325頁。

〔註204〕徐元誥撰：《國語集解》，王樹民、沈長雲點校，中華書局 2002 年 6 月第 1 版，第154～162頁。

〔註205〕沈長雲、張渭蓮：《中國古代國家起源與形成研究》，人民出版社 2009 年 4 月第1版，第19～20、69、110頁。

〔註206〕沈長雲、張渭蓮：《中國古代國家起源與形成研究》，人民出版社 2009 年 4 月第1版，第19～20頁。

泥麼？恐怕實際情況遠較持此論者以古希臘羅馬與古代中國爲兩極所想像出的這類涇渭分明的劃分體系要複雜得多。即以此條文獻而論，其中「舜勤民事而野死」一條，韋昭即注爲：「野死，謂征有苗死於蒼梧之野也。」〔註207〕再徵之以《史記・五帝本紀》，黃帝、炎帝、蚩尤等亦皆有相互廝殺的記載〔註208〕。至於顓頊及共工，前述《天文訓》正可爲明證，另在同書集中討論戰爭的《兵略訓》中亦有關於此事的記述，而且提到帝堯、帝舜乃至後來的啓等都曾面臨過戎馬劻勷的危局，也都有著南征北戰的軍事閱歷，作者還特地就此總結道：「兵之所由來者遠矣！……自五帝而弗能偃也，又況衰世乎？」〔註209〕若換作恩格斯的話來講便是：「……戰爭和相鄰的幾個公社集團同時並存的現象一樣，是十分古老的。」〔註210〕

又，太子晉在勸諫靈王不要堵塞穀水時曾以歷史上「九黎」、「三苗」之敗爲例，指出他們因不能象天儀地，和民順時以至於最後落得一個：「人夷其宗廟，而火焚其彝器，子孫爲隸，下夷於民」的悲慘下場！而借由軍事行動對之實施如此嚴厲懲罰的正是「顓頊」與「堯」〔註211〕。尤其值得我們注意的是，徐元誥認爲雖有古本此處寫作「下夷於民」，但聯繫前文「子孫爲隸」一句，若以「夷」作「同等」來解釋〔註212〕，則前後文義不通，因爲「民非即隸也」。對於這裏的「隸」字，在現存最早的注本中韋昭解作：「役也」〔註213〕，又《廣雅》將其與「有司、股肱、陪、儓、卑、牧、圉」諸字並列，皆釋作：「臣也」〔註214〕。至於「臣」，治古文字諸家的意見是比較一致的，該字在甲骨文中「象豎目形」，郭沫若以爲：「以一目代表一人，人首下俯時則橫目形爲豎目形，故以豎目形象屈服之臣僕奴隸。」于

〔註207〕上海師範大學古籍整理組校點：《國語》，上海古籍出版社 1978 年 3 月第 1 版，第 168 頁。

〔註208〕（漢）司馬遷撰：《史記》，中華書局 1959 年 9 月第 1 版，第 3 頁。

〔註209〕（漢）劉安等撰，許匡一譯注：《淮南子全譯》，貴州人民出版社 1993 年 3 月第 1 版，第 876～877 頁。

〔註210〕中共中央馬克思恩格斯列寧斯大林著作編譯局編：《馬克思恩格斯選集》第 3 卷，人民出版社 1995 年 6 月第 2 版，第 523～524 頁。

〔註211〕徐元誥撰：《國語集解》，王樹民、沈長雲點校，中華書局 2002 年 6 月第 1 版，第 100 頁。

〔註212〕黃永堂譯注：《國語全譯》，貴州人民出版社 1995 年 2 月第 1 版，第 118 頁。

〔註213〕上海師範大學古籍整理組校點：《國語》，上海古籍出版社 1978 年 3 月第 1 版，第 112 頁。

〔註214〕徐復主編：《廣雅詁林》，江蘇古籍出版社 1992 年 7 月第 1 版，第 59 頁。

省吾在仔細比對了甲金文中「目」字橫、縱諸種寫法之後指出：「臣字的造字本義，起源於以被俘虜的縱目人爲家內奴隸，後來既引伸爲奴隸的泛稱，又引伸爲臣僚之臣的泛稱」。楊升南亦持有類似看法，而且對「臣」字在當時語境下的多種用法做出了細緻的區分：首先，面對商王，貴族以「臣」或「小臣」自稱，實是一種基於等級制的卑稱；再者，即以眞正出身於奴隸者而言，情況也要區別對待，其中如伊尹、傅說之輩因自身辦事能力出眾而取悅於統治者進而得以升任王的輔佐，如伊尹就被稱爲「伊小臣」；但與此同時，大多數「臣」卻沒有這樣幸運，他們地位卑下，處境凄慘，故常以逃亡來作反抗。姚孝遂按語雖對上述諸說持保留意見，但同樣指出：「……周以後臣之身份爲奴隸……」〔註215〕。魯公伯禽在討伐徐戎淮夷的誓詞中便提到：「馬牛其風，臣妾逋逃，勿敢越逐。祗復之，我商賚汝。乃越逐不復，汝則有常刑。無敢寇攘，踰垣牆、竊馬牛、誘臣妾，汝則有常刑。」而「役人賤者，男曰臣，女曰妾」〔註216〕，所以他們在貴族的誓詞中便只得與牛、馬等牲畜爲伍。另，周代金文中常見以「田若干田和臣若干家」作爲賞賜的〔註217〕，譬如，著名的《大克鼎》銘文中即有關於連同作爲生產資料的田地一併下賜的供役使者「臣妾」的記載，又有人因在對外戰爭中立有功勳而得到「臣五家，田十田」一類的犒賞，楊寬認爲類似這樣的意義實在「很是明顯」以至於「用不到多費筆墨」〔註218〕。有鑒於此，徐氏認爲該處宜校訂爲「不夷於民」，即吳曾祺所言：「謂尙不得齒於平民。」〔註219〕所以我們現在終於弄明白了，即便是在中國，對於前國家時代的戰敗者來講，他們的身份與地位同樣有可能因爲戰場上的失利而發生巨大的逆轉，直至降爲與牲畜爲伍，被作爲戰利品在勝利者之間進行瓜

〔註215〕徐中舒主編：《甲骨文字典》，四川辭書出版社 1989 年 5 月第 1 版，第 321 頁；于省吾主編，姚孝遂按語編撰：《甲骨文字詁林》，中華書局 1996 年 5 月第 1 版，第 634、637 頁；楊升南：《商代人牲身份的再考察》，《歷史研究》1988 年第 1 期，第 134～146 頁。

〔註216〕顧頡剛、劉起釪：《尚書校釋譯論》，中華書局 2005 年 4 月第 1 版，第 2138、2148 頁。

〔註217〕于省吾主編，姚孝遂按語編撰：《甲骨文字詁林》，中華書局 1996 年 5 月第 1 版，第 633 頁。

〔註218〕楊寬：《釋「臣」和「　」》，《考古》1963 年第 12 期，第 668～670 頁。

〔註219〕徐元誥撰：《國語集解》，王樹民、沈長雲點校，中華書局 2002 年 6 月第 1 版，第 101 頁。

分的「隸」。可知，「子孫為隸」本是當時戰爭的一類常見結局，既如此，怎能說那時的政治精英集團與戰爭無涉，又憑什麼推定這些戰爭與「奴隸」無關！對此，早有學者指出，即便是對於古代中國這樣的案例來講，奴隸的供給仍主要依賴於對外戰爭〔註 220〕，況且這類戰爭在當時又是如此普遍：「中國的文明形成史簡直就是一部戰爭史，從史前的仰韶時代到邦國林立的龍山時代，戰爭連綿不絕，規模宏大，……總之，戰爭在文明和國家形成過程中的重要作用是不可忽視的，戰爭是國家和王權產生的重要媒介。」〔註 221〕在這種情況下，可以想見的是，當時社會上很有可能經常性地存在著一定數量的奴隸或處於類似地位的依附人口。這裏就涉及到一個極易遭到忽視的概念問題，即中國是否曾經歷過奴隸制時代是一回事，中國當時有沒有奴隸則是另一回事，如果說中國歷史的早期確然不是典型的奴隸制社會，那也只是說奴隸生產方式在當時或許不占主導地位，至少是沒有達到恩格斯經常援引的古希臘羅馬社會那種程度而已，但這並不能被用以指認中國古人就一定沒有踐行過魯濱遜與星期五之間的那類關係，更不能由此認定奴隸與財富不是中國前國家時代戰爭活動的主要獵獲對象之一。我們不否認中國歷史有其特殊性，但反對誇大這種特殊性；我們同樣承認與經濟因素一樣，對政治權力的爭奪自然也是戰爭的誘因之一，但反對在脫離或邊緣化社會經濟現實的情況下去解釋宏觀歷史進程，因為這類解釋必然失敗，正如杜林已經遭遇到的那樣。

六、酋邦時代的意識形態策略

雖然意識形態因素在許多關於酋邦的考古學以及民族學研究中都有普遍的發現，但在具體的內容及表達方式上，卻又存在著明顯的差異。就學術界目前的研究情況來看，希望現在就建立起一套具有普適價值的統一模式尚為時過早，但有這樣一些問題在可預見的將來仍應成為本領域研究者關注的焦點，它們都是關於意識形態的物化形式的，分別涉及到當時社會上處於不同地位的集團及他們彼此之間的關係：

〔註 220〕王震中：《中國古代國家的起源與王權的形成》，中國社會科學出版社 2013
　　　　　年 3 月第 1 版，第 230～237 頁。
〔註 221〕王震中：《中國文明起源的比較研究》（增訂本），中國社會科學出版社 2013
　　　　　年 3 月第 1 版，第 429 頁。

　　其一是關於在那些紀念性建築，諸如不列顛新石器時代的巨石陣與巨柱陣，密西西比流域的土墩群，以及夏威夷的海奧神廟（heiau）等「聖域」中舉行的典禮。在這些神聖的地方，酋長們得以變身爲具有通天徹地之能的神。對於夏威夷人來講，每當馬凱海克節（Makahiki）到來的時候，最高酋長都要把自己打扮成洛諾（Lono）神，借由這種神格以宣示他負責土地的肥力，並管治屬民。除了這些熱鬧的表面現象之外，還有一個常爲研究者所忽略的重要問題，即關於聖域准入權的規定。雖然在一年中特定的時段內，這樣的殿堂也向所有祈求福祉的社會成員提供服務，甚至向他們開放，但實際上，它的建造者，也就是酋長們才是它眞正的所有者，因爲酋長總是被理解爲神或與之關係最稱親近的後裔。這種在神權與血緣的重重面紗之下所遮蔽著的所有權意識的出現，或許並不宜於被理解爲是一種偶然現象，須知，那些役夫之所以能被組織起來參加勞動，恰恰是基於酋長作爲集體資源的所有者這樣的一個事實。與此相關，有一流可謂俯拾皆是的觀點是關於酋邦的「神權」性質的。這種觀念在本研究領域內起源甚早，當「酋邦」還只是被視爲「部落」的一種特殊形式的時候，斯圖爾德就開始以「神權型」來稱呼某些南美土著社會，而另外的一些則被名之爲「軍事型」。的確，正如戰爭是前國家複雜社會政治生活中的常見主題那樣，對超自然力量的普遍信奉也是酋邦精神世界中一類具有特徵性的組分〔註222〕，諸如在夏威夷與奧爾梅克等地的複雜酋邦中所見到的那樣，酋長被視爲神，這一職位存在的最大意義恰在於維護自然秩序有條不紊「正常地」運轉下去。類似的現象同樣發現於環加勒比海地區的許多酋邦中，在那裏「（酋長）就像是一位屬靈的中間人，在他腳下，是接受其管轄的有著既定秩序的（文明道德的）人類社會，在他頭上，則是同樣運行有常的宇宙。」只有那些爲神所信賴的繼承人才有資格在必要的時候接替這一職位，這類普遍的信仰無疑強化了地方政治精英與宗教集團之間的合作關係並有利於儘量規避「空位期」發生流血衝突的可能性〔註223〕。酋邦中舉辦的許多紀念性活動，諸如在不列顛巨石陣這樣的地方舉行的祭天禮就是爲了幫助領導者通達天界，這裏所特有的那些祭祀性設施的固有形式，

〔註222〕Elman R. Service, *Origins of the State and Civilization*, New York: W. W. Norton & Company, Inc., 1975, p. 78.

〔註223〕Mary W. Helms, "Succession to High Office in Pre-Columbian Circum-Caribbean Chiefdoms", *Man*, new series, Vol. 15, No.4, 1980, pp. 718～731.

無疑向人們傳達著一條堅定的信仰：酋長之所以行使治權，並非由於他掌握了權力，而是因爲他在屬靈的世界秩序中所佔據著的地位。這種特殊的「地位」通常情況下都被認爲是由現任酋長那位傳說中的祖先所賜予，同時他也是人們不斷歌頌著的社區創始人，因此，以祖先崇拜爲表現形式的祭祀活動遍見於相關的民族志記載之中。與之相伴隨的是，在酋邦權力機制的形成過程中曾盛行一種特殊的觀念，即經遺傳而獲得的不僅僅只是血統，還有能力，這類被神化了的並能爲社區造福的偉大能力通常會遺傳給佔據特定出生次序的那位繼承人，一般來講都是長子。這一點似乎是身處酋邦時代的政治精英們普遍尊奉的一條遊戲規則，而那些出生較晚的幼子們則有機會出任新建社區的酋長或入贅到對方集團中去，從而促使這類關乎血緣的神話在一個更大的地域範圍之內獲得傳播。更爲關鍵的變化是，如果說在酋邦那裏，血緣性確實是政治權力分配過程中必須考慮的首要因素〔註 224〕，那麼伴隨著承祧確定世系的血緣關係在地區內的擴展，被分享的就不僅僅只是關乎創世祖先的神話，在這一切背後暗含著的是一套正在形成之中的分等級的跨社區政治體系〔註 225〕。也正是由於上層建築實現了等級化從而有能力爲源自不同社區的地方精英們在類似這樣一個更大的意識形態與政治體系內提供出更多樣化的關於自身權力與身份的選擇，因此「與部落比較起來，酋邦吸取新的群體的能力有相當的增加」〔註 226〕。或如基爾希在夏威夷見識到的那樣，對綿長世系的準確追溯是貴族們必備且引以爲榮的一門知識，相反地，這一點在處於同一社區的平民那裏就很少見到，儘管「整個社會通常相信是自一個始祖傳遞下來的」〔註 227〕。

　　其二是關於那些用於標識個人地位的象徵符號的，這些符號在墓葬材料中獲得了最爲充分的反映。從不列顛及斯堪迪納維亞兩地搜集到的墓葬材料來看，無論是在鐘形杯（Bell Beakers）時代，還是在青銅時代，墓中隨葬物

〔註 224〕〔美〕張光直：《中國青銅時代》，生活・讀書・新知三聯書店 1983 年 9 月第 1 版，第 52 頁。

〔註 225〕Elman R. Service, *Origins of the State and Civilization*, New York: W. W. Norton & Company, Inc., 1975, pp. 72～78.

〔註 226〕〔美〕張光直：《中國青銅時代》，生活・讀書・新知三聯書店 1983 年 9 月第 1 版，第 51 頁。

〔註 227〕〔美〕張光直：《中國青銅時代》，生活・讀書・新知三聯書店 1983 年 9 月第 1 版，第 50 頁。

品就其風格或材質而言，都應屬於舶來品，其中更有不少來自當時已高度文明化了的地中海地區〔註228〕〔註229〕。除在歐洲見到的情況之外，那些分佈於奧爾梅克（Olmec），查文（Chavin），以及密西西比地區的酋邦，也都與眾多外部勢力保持著廣泛的聯繫。就這些情況而言，權力表現出了某種外源色彩，並且控制著涉及威望物品的交易。然而，最終起到重要作用的並非這些對象本身，而是它們所代表的某類玄妙知識與所宣示的權力。從屬於青銅時代的物品中所見到的那些彼此間截然相反的情況反映出的可能正是男女兩性的主要社會活動場所已經發生了顯著的分化：對於男性而言，他們需要花費大量的精力在公共舞臺上進行競爭，目的是為了奪取涉外權力，而女性的活動場所則主要局限在私人領域內。競爭的過程中，酋長們經常樂於炫耀自己具有外國血統，做這一宣示的目的在於使統治集團看起來與眾不同，或者說更有「國際範兒」（International Style）〔註230〕，從而是與一類通行的而非只局限於某一地方的秩序相關聯。實現這一訴求的通常策略除了在公共場合穿著佩戴顯現異域風格的裝飾品或服飾，甚至刻意模仿特殊的行為方式等以外，更重要的是要求政治精英們精心織就一張聯繫廣泛的婚姻網以便為手中的權力戴上「神授」的光環。在夏威夷，各酋邦的統治家族通過分享同一種「世界觀」，將各自聯繫了起來，類似的情況亦見於弗萊德爾（David A. Freidel）筆下的中美洲。弗氏認為，即便是處在文明萌發的早期階段，社會內部同樣需要構建一套使自身存在合法化的理論，而且這一套理論，正如科埃（Michael D. Coe）所強調的那樣，早已將自己的影響力深深地疊印在了國家的最終形式上〔註231〕。為說明這個問題，他以低地瑪雅與高地瑪雅所經歷的不同社會發展道路來做對比，並認為在從桑德斯（William T. Sanders）與韋伯斯特（David

---

〔註228〕 Kristian Kristiansen, "Chiefdoms, States, and Systems of Social Evolution", in Timothy Earle, ed. *Chiefdoms: Power, Economy, and Ideology*, Cambridge: Cambridge University Press, 1991, pp. 16～43.

〔註229〕 Richard Bradley, "The Pattern of Change in British Prehistory", in Timothy Earle, ed. *Chiefdoms: Power, Economy, and Ideology*, Cambridge: Cambridge University Press, 1991, pp. 44～70.

〔註230〕 Timothy Earle, "The Evolution of Chiefdoms", in Timothy Earle, ed. *Chiefdoms: Power, Economy, and Ideology*, Cambridge: Cambridge University Press, 1991, pp. 1～15.

〔註231〕 Michael D. Coe, "Religion and the Rise of Mesoamerican States", in Grant D. Jones & Robert R. Kautz, eds. *The Transition to Statehood in the New World*, New York: Cambridge University Press, 1981, pp. 157～171.

Webster）所謂的階等社會（Ranked Society）向分層社會（Stratified Society）轉變的過程中，之所以前者成功而後者卻遭遇了失敗，原因並不在於各地精英階層在跨區域交換網絡中未曾發現一直存在於彼此之間的經濟事務方面的共同利益。社會統合過程是否能完成最後一步跨越，關鍵要看本區域之內伴隨著貿易網絡的形成是否同時存在著一類可以爲各交換行爲參與者普遍認可的意識形態體系。後者的實際作用在於破除哈丁（Thomas G. Harding）於西太平洋維蒂亞茲海峽（Vitiaz Strait）地區的跨社區貿易中所見識到的一直頑固存在著的對貨物價值的多元化評估體制，以便各地的貴族們能夠自覺選用同一類貨物來作爲標誌身份與地位的威望物品〔註232〕。也只有在這一「實」一「虛」兩個體系的共同作用下，出身於不同社區但佔有相似階等的貴族們才容易聯合成爲一個規模化的同時也具有眞正社會分層意義的「階級」，並持有一套相對統一且不容他人染指的威望物品與象徵符號系統，而「貴族之間關係的重新調整是構建區域性集權國家的一項關鍵任務」〔註233〕。這個時候，階等社會在桑德斯筆下所顯現出的那類難以隔斷的具有連續性特徵的身份識別方式才可能爲上述來自社區之外的力量所打破。如今，早先出身於不同社區的成員本著新近建構的身份認同機制在各自所屬的社會層級上聯合了起來，於是，任何一組特定的象徵物品以及它們所具備的並爲公眾認可了的意識形態意義都不再僅僅只能用來表徵一個個體的身份——正如在階等社會中見到的那樣——而是完全可以被拿來一次性地指示出成千上百個具備相似地位的社會成員，也正是籍由這樣的一類過程，血緣關係在社會權力格局中的重要性才逐步遭到了消解〔註234〕。

最後一個方面同樣是關於那些意識形態的物化形式的，不過主角換成了披堅執銳的武士集團。恰如前文所論，對於酋邦社會的身份規則來講，戰爭

〔註232〕 Thomas G. Harding, "Trading in Northeast New Guinea", in Thomas G. Harding & Ben J. Wallace, eds. *Cultures of the Pacific*: *Selected Readings*, New York: The Free Press, 1970, pp. 94～111.

〔註233〕 Elizabeth M. Brumfiel and Timothy K. Earle, "Specialization, Exchange, and Complex Societies: an Introduction", in Elizabeth M. Brumfiel & Timothy K. Earle, eds. *Specialization, Exchange, and Complex Societies*, Cambridge: Cambridge University Press, 1987, pp. 1～9.

〔註234〕 David A. Freidel, "Civilization as a State of Mind: the Cultural Evolution of the Lowland Maya", in Grant D. Jones & Robert R. Kautz, eds. *The Transition to Statehood in the New World*, New York: Cambridge University Press, 1981, pp. 188～227.

既是貴族們的一項事業，也是最常見的進身之階，加之普遍缺乏行之有效的跨社區協調機制——宗教情感也並非時時都能發揮決定性的影響力——各階層成員總是不乏馳騁疆場的機會。而戰爭的結果，對於勝負雙方來講，都可能極大地改變當地社會的發展軌跡，所以這類有組織的暴力行為自然易於激起公眾的情感並成為當時藝術表現的常用題材之一，其結果就是，傳遞出戰爭信息的器具或藝術品總是能成為當代考古發掘活動中一項引人注目的收穫。這其中有不少工藝精湛的武器，譬如北歐地區青銅時代的劍，看起來並不像是真正參與過廝殺的實用品，克里斯蒂安森（Kristian Kristiansen）認為，它們在那個時代的主要用途實際上是要宣示軍功階層所具有的一類優越地位〔註235〕。這種軍功階層對特權地位進行宣示的需求同樣被發現於「酋邦」理論的故鄉中南美洲的環加勒比海地區。如今散佈於世界各地博物館並被標之以「科克萊文化」（Coclé Culture）的眾多藝術品正可以為我們提供關於這方面內容的有用信息。這些藝術品的一個突出特點在於裝飾過程中使用了大量與動物有關的題材，相反地，植物及其產品則很少見，儘管這是一類有著悠久歷史的農業社區而且周邊地區也存在著廣袤的熱帶森林。根據利奇（E. R. Leach）所主張的「原始藝術幾乎不具備任何真正意義上的抽象性。每一道筆觸、每一個組件或是整幅作品，對於創作者而言，都具有確定不移的準確含義。無論最後呈現出的藝術形象與客觀現實之間存在有多麼大的差距，『真實性』總是有跡可尋。寫實主義才是那個時代最大的藝術原則」〔註236〕，從當地作品中可辨識出的動物「原型」種屬十分豐富，包括鳥類、狗、刺魟、雙髻鯊、頭頂犄角的鹿、龜類、蟹類以及一些具備鱷類特徵的動物等等。在希迪奧‧康特（Sitio Conte），這類出現於陶器或金器裝飾中的動物在現實生活中也為人們提供用以製作其它喪葬用品的原材料，其中，鳥類的長骨、狗或其它動物的牙齒被做成鐲子與項鏈，羽毛用在頭飾與圍裙上，而製作尖狀器（Projectile Points）則要用到刺魟的脊骨和鯊魚牙，至於龜殼，正如在民族志中常見到的那樣，是構成響器的一個重要部件，這些遺物在當地的墓葬中都有大量的發現。不過值得注意的一個現象是，儘管選擇餘地相當寬裕且出土

〔註235〕 Kristian Kristiansen, "From Stone to Bronze-the Evolution of Social Complexity in Northern Europe, 2300～1200 BC", in Elizabeth M. Brumfiel & Timothy K. Earle,eds. *Specialization, Exchange, and Complex Societies*, Cambridge: Cambridge University Press, 1987, pp. 30～51.

〔註236〕 E. R. Leach, "A Trobriand Medusa?", *Man*, Vol. 54, 1954, pp. 103～105.

量眾多，但一些非常常見或與社區日常生活關係密切的動物卻沒有或極少有機會出現於藝術世界中，譬如，魚、齧齒類或哺乳類這些動物本是當地人食物結構中的一類重要組分，但似乎仍難以獲得創作者的青睞。與此相反，大凡得到表現的對象不是自身極具攻擊性，殘暴性，就是帶有毒性，或是具有堅硬的防護措施，總之，毫無溫柔可人之處，而且構圖方式也是耐人尋味的，畫面中得到突出表現的部位，諸如用以奔跑跳躍的四肢，用以飛翔的翅膀，或是其它尖利的身體末端，獠牙突出的口部，彎曲的長喙，以及感覺敏銳的眼眶周邊，包括觸角等偵測器官，每每都是那些具備攻擊或防禦功能的器官，也就是那些主要被用於撲殺與搏擊的身體部位。利納雷斯（Olga F. Linares）據此推測，這樣的一組形象實際上就是要告訴後人，當時在巴拿馬中部地區的社會政治生活中充滿了敵視與鬥爭，彌漫著濃厚的「火藥味兒」，受到社會推崇的正是肩負有護衛與殺伐之責的武士所具備的品格〔註237〕。類似的形象亦見於東亞早期文明形成前夕的許多藝術作品之中，譬如那些逐漸增多的雲雷紋、饕餮紋等，通過突出各類神化對象的巨眼以顯現其令人畏怖的神力。尤其是遍見於良渚文化分佈區內的著名的「神人獸面紋」，在前所未見的繁複紋路中同樣表達了創作者對於圓睜著的獸瞳的青睞，以求「表現出一種降龍伏虎般的威力之美」。從心理學上來講，對眼睛給予特別的關注似乎是人類的一種天性〔註238〕，而同類內容在前此階段還是相當罕見的，那時為人們所鍾愛的藝術原型多是些溫順可人的動物，正如已在科克萊人那裏消失的一樣〔註239〕。此外，對於這一時期常見於高等級墓葬中的斧鉞一類武器，晁福林認為，這是為了表現墓主人勇武的英雄氣概，其作用類似於前述克里斯蒂安森對斯堪迪納維亞青銅時代隨葬品所作的總結，而「當時人們對於英雄的崇拜也是對於戰爭的一種頌揚」〔註240〕。除了對作為戰爭參與者的人本身進行美化之外，對神的改造也在同步進行中，突出的表現是，戰神在地方信仰體系中的原有地位獲得了顯著的提升，甚至一些早先與此無涉的神靈也可能因此

〔註237〕Olga F. Linares, "Ecology and the Arts in Ancient Panama: on the Development of Social Rank and Symbolism in the Central Provinces", *Studies in Pre-Columbian Art and Archaeology*, No.17, 1977, pp. 9～86.

〔註238〕黃堃：《注視眼睛是人類天性》，《人民政協報》2012 年 11 月 15 日第 C3 版。

〔註239〕晁福林主編：《中國古代史》（上冊），北京師範大學出版社 1994 年 10 月第 1 版，第 35 頁。

〔註240〕晁福林主編：《中國古代史》（上冊），北京師範大學出版社 1994 年 10 月第 1 版，第 41～42 頁。

而被賦予全新的職能，正如芒艾亞島（Mangaia）的居民對和平之神朗歌（Rongo）所做的那樣〔註241〕。「總之，所有的一切都讓人聯想起血雨腥風的戰場。較之於直白地表現出武士社會，運用這樣一類象徵符號有另外一些好處，一方面，它們同樣可以起到恫嚇的作用，但更重要的是，它們還可以向民眾灌輸這樣一條重要的信念，即現存的充滿暴力色彩的社會秩序是合理的，因爲主導這一切的權力源自天地間固有的法則——自然界中同樣是弱肉強食的」〔註242〕。

誠如前文所言，意識形態在酋邦或前國家複雜社會中的具體表現形式是多種多樣的，但萬變不離其宗的一個基本事實是，無論以何種面目出現，它們總是對社會現實的一種反映，而我們知道，那個時代最大的社會現實毫無疑問就是社會已經因專業化的持續發展而不可挽回地走向了分裂。對於已經經常性地與某類特殊利益緊密聯繫在一起的小集團的存在價值的強調成爲意識形態系統的一項當然訴求，而這類訴求的表達方式一般來講，正如上文已向我們展示出來的那樣，大致可區分爲三種：

其一，準確回溯各自那已被神化了的綿長世系。這樣做的目的主要是爲了適應當時政治權力與血緣關係緊密結合在一起的現實，換言之，貴族個人所在分支與最高酋長世系之間親緣關係的遠近及其在該分支中所佔據著的出生次序，這兩項內容在很大程度上決定了他日後的政治前途。尤其是當多支世系並存於同一政體之內的時候，這個問題就變得更加複雜同時也更敏感，須知，「各級族共同體都有自己相應的族權」，而「這一權力是其它一切權力的根基」〔註243〕。所以對於貴族群體來講，正在經歷著精細化過程並日漸與早先平等社會中那類「民神雜糅」、「家爲巫史」的局面分道揚鑣的意識形態系統，必須爲世系關係的等級化現象給出一類那個時代的大眾知識所認可的合理解釋〔註244〕。這種解釋也只能是帶有屬靈色彩的解釋，在波利尼西亞人那裏就是同時行用於超自然及現實社會中的依上述兩類維度——世系之間的

〔註241〕Patrick Vinton Kirch, *The Evolution of the Polynesian Chiefdoms*, Cambridge: Cambridge University Press, 1984, p.207.

〔註242〕Timothy K. Earle, "Chiefdoms in Archaeological and Ethnohistorical Perspective", *Annual Review of Anthropology*, Vol. 16, 1987, pp. 279～308.

〔註243〕王震中：《中國文明起源的比較研究》，陝西人民出版社 1994 年 11 月第 1 版，第 372 頁。

〔註244〕黃永堂譯注：《國語全譯》，貴州人民出版社 2009 年 3 月第 1 版，第 513 頁。

關係及個人在世系中的位次——自邇及遠順序遞減的靈力 mana〔註245〕，而對於尼日利亞中部的梯弗人（Tiv）來講，類似的概念則被表述爲個人與生俱來但能力大小不等的 tsav，tsav 被認爲是一種生長在人心上的物質，它可以賦予某些看起來與眾不同的個人以控制他人或物品的特殊能力，或者說，tsav 要處理的正是權力關係（Power Relationships）〔註246〕。

其二，利用帶有異域色彩的特殊物品以凸顯存在於現世階層之間的區別。來自遠方的物品或知識之所以容易受到各個集團中貴族階層的親睞，主要在於主持、組織或參與外事活動在那個時代是一項顯而易見的特權。貴族們借各類點綴自身，裝飾屋宇的舶來品所希望宣示的實際上是本階層對於某類稀缺資源的壟斷權以及長途貿易的控制能力，而貿易路線所及往往又是日後政治關係擴張的潛在方向。

這一點在東亞地區的政治文化傳統中得到了極爲充分的體現。正如漢語中曾經存在過的眾多親屬稱謂一樣，語言現象複雜與否與所在社會對於某類事項的關注程度之間經常存在著正相關的關係〔註247〕。就此處討論的問題而言，累世典籍中與此相關的表達方式就顯得特別豐富，除最常見的「朝」、「貢」之外，尚有「賓」、「獻」、「奉」、「來朝」、「來賓」、「來獻」、「獻見」、「奉貢」等種種與之近似的說法〔註248〕。可以講，幾乎在所有發生於賓主之間的各類接洽行爲中總少不了「禮物」的交換，因爲這是那個時代社會主體之間藉以建構、明確並鞏固各類人際關係的一種通行的方式〔註249〕，這也正是莫斯（Marcel Mauss）著力強調並希望那些固守「自然經濟說」的學者們理解的廣泛存在於古式社會（Archaic Societies）交換行爲背後的眞正的理由〔註250〕。

〔註245〕Elman R. Service, *Origins of the State and Civilization*, New York: W. W. Norton & Company, Inc., 1975, p. 92.

〔註246〕Paul Bohannan, "Extra-processual Events in Tiv Political Institutions", *American Anthropologist*, new series, Vol. 60, No.1, 1958, pp. 1～12.

〔註247〕龔鵬程：《華語的特色與價值》，http://www.fgu.edu.tw/-wclrc/drafts/Taiwan/gong/gong-03.htm，2013 年 6 月 20 日。

〔註248〕李雲泉：《朝貢制度史論——中國古代對外關係體制研究》，新華出版社 2004 年 9 月第 1 版，第 1 頁。

〔註249〕〔英〕C・A・格雷戈里：《禮物與商品》，杜杉杉、姚繼德、郭銳譯，雲南大學出版社 2001 年 8 月第 1 版，第 14～15 頁。

〔註250〕〔法〕馬塞爾・莫斯：《禮物——古式社會中交換的形式與理由》，汲喆譯，陳瑞樺校，上海人民出版社 2002 年 6 月第 1 版，第 6～7 頁。

作爲在一個人口眾多，且各處自然環境差異明顯的宏大地理單元內獨立發生的古老文明，簡直無法想像附生於「小國寡民」式政體頂端的貴族們竟能夠一直容忍自己處在那種「雞犬之聲相聞，民至老死，不相往來」的閉塞的生存狀態之下〔註251〕。事實上，古代遠東地區的政治精英們不僅對於這類以「朝貢⇆賞賜」爲主要顯化形式的交換行爲的操作技巧十分嫻熟，並且表現出了歷數千年經久不衰的特別的關注〔註252〕。相傳早在帝堯陶唐氏時代即有「渠搜氏來賓」〔註253〕，《禹貢》中又以「渠搜」與「崑崙」、「析支」等西方大山並列，應劭注曰：「渠搜在金城河關之西，西戎也」〔註254〕，可知此地或在中國西北，與中原地區相隔甚遠。實際上，即以《禹貢》所作描述而論，禹區劃九州，「隨山濬川」的一個重要目的其實就是要「任土作貢」，也就是要因地制宜釐定各方的貢賦等級。很明顯，疏濬山川正可以便利遠方貢賦物資的運輸，這類用意於文中在在可見，毫不隱諱〔註255〕，而爲伊、洛、瀍、澗諸水環抱的洛邑或曰「豫州」之所以能夠成爲周初兩代三王慘淡經營的國都〔註256〕，其中的一條重要原因恰如「王」自己所言：「今朕作大邑於茲洛，予惟四方罔攸賓」，金履祥注曰：「鎬京遠在西端，四方道里不均，無所於賓貢。」〔註257〕潘振雲亦云：「武王誓商而歸，欲營洛邑於天下之中，定朝聘之

〔註251〕沙少海、徐子宏譯注：《老子全譯》，貴州人民出版社 2009 年 3 月第 1 版，第141 頁。

〔註252〕程尼娜：《先秦東北古族與中原政權的朝貢關係》，《史學集刊》2012 年第 2 期，第 19～23 頁；趙紅梅：《夫餘與東漢王朝朝貢關係研究》，《社會科學戰線》2011 年第 9 期，第 89～93 頁；程妮娜：《唐朝渤海國朝貢制度研究》，《吉林大學社會科學學報》2013 年第 3 期，第 138～148 頁；李雲泉：《略論宋代中外朝貢關係與朝貢制度》，《山東師範大學學報》（人文社會科學版）2003 年第 2 期，第 101～104 頁；J. K. Fairbank & S. Y. Têng, "On the Ch'ing Tributary System", *Harvard Journal of Asiatic Studies*, Vol. 6, No.2, 1941, pp. 135～246.

〔註253〕王國維撰：《古本竹書紀年輯校‧今本竹書紀年疏證》，黃永年校點，遼寧教育出版社 1997 年 3 月第 1 版，第 43 頁。

〔註254〕江灝、錢宗武譯注，周秉鈞審校：《今古文尚書全譯》，貴州人民出版社 2009 年 3 月第 1 版，第 58～59 頁。

〔註255〕江灝、錢宗武譯注，周秉鈞審校：《今古文尚書全譯》，貴州人民出版社 2009 年 3 月第 1 版，第 48 頁。

〔註256〕蔡運章：《周初金文與武王定都洛邑——兼論武王伐紂的往返日程問題》，《中原文物》1987 年第 3 期，第 88～97 頁。

〔註257〕江灝、錢宗武譯注，周秉鈞審校：《今古文尚書全譯》，貴州人民出版社 2009 年 3 月第 1 版，第 265 頁。

度，道路均也」〔註258〕。而朝聘或曰朝貢制度的一項重要內容就是發生於貴族集團之間的涉及到實物的交換行為，具體的交換對象可以有很多種，可以是本著「獻其所有」的精神繳納來的穀物、布帛、漆竹等各類具實用價值的土產〔註259〕，不過更易受人關注的實際上是那些威望物品或可用以製作威望物品的原料，其中最重要的一項或許就是文獻中經常提及的以「九鼎」為代表的青銅禮器。《墨子・耕柱》云：「昔者夏后開使蜚廉折金於山川，而陶鑄之於昆吾」〔註260〕，《左傳・宣公三年》亦持有類似說法：「昔夏之方有德也，遠方圖物，貢金九牧，鑄鼎象物」〔註261〕，可見自傳說中國家誕生伊始，中國統治者就汲汲渴望利用手中新近掌握的強化了的政治力量來獲取這類資源，並明確將之列為向與自己有政治附庸關係的地方精英集團徵求的貢物之一。有研究者甚至認為，銅、錫等青銅工業原料在政治與宗教傳統中所具有的重要價值正是引起中國早期政治中心頻繁遷徙的一個原因，因此「鎬京──洛邑」之間狹窄的黃河谷地才成為三代都城興起或為之遷徙的方向〔註262〕。我們有理由相信，三代時期隸屬於青銅工業體系的龐大的跨區域交換網絡的發展與形成決非一夕之功，經這一網絡而周轉於各地方政體之間的物資與信息既是長期以來貴族群體間相互博弈的產物，又進一步推動了東亞地區古代政治複雜化進程的發展。對於中國的早期國家社會是如此，對於那些驟興驟滅的前國家複雜社會亦然，不過與前述發生於太平洋小島之間的類似事件不同的是，北中國的這類行為更系統化，同時也被賦予了更精緻的文化含義，或者說是被主要依靠文獻重建歷史的學者們解讀出了許多政治方面的信息。

此處還有一點需要特別提出的是，這類發生於貴族之間的跨區域交往雖多以政治目的為主，且極重等級秩序，但不可否認的是，此間亦可能經常涉

〔註258〕黃懷信、張懋鎔、田旭東：《逸周書彙校集注》（修訂本），上海古籍出版社2007年3月第1版，第465頁。

〔註259〕江灝、錢宗武譯注，周秉鈞審校：《今古文尚書全譯》，貴州人民出版社2009年3月第1版，第48頁。

〔註260〕周才珠、齊瑞端譯注：《墨子全譯》，貴州人民出版社1995年8月第1版，第535頁。

〔註261〕王守謙、金秀珍、王鳳春譯注：《左傳全譯》，貴州人民出版社1990年11月第1版，第495頁。

〔註262〕〔美〕張光直：《夏商周三代都制與三代文化異同》，張光直《中國青銅時代》（二集），生活・讀書・新知三聯書店1990年5月第1版，第15～38頁。

及到族際之間互通有無的交換或貿易活動。譬如《周易》、《竹書紀年》、《楚辭·天問》、《山海經·大荒東經》等傳世古代文獻，甚至新出戰國竹簡《保訓》中皆頻頻提及的發生於「王亥」與「有易」之間的糾葛〔註263〕。楊升南就此指稱，王亥驅趕著作爲財富象徵的畜群遠赴有易部落是一種帶有貿易性質的行爲〔註264〕，而張光直又認爲，一直以來，商王國的臣民皆精於此道，其後人亦多以此爲業，因此「毫無疑義的是，『商人』（Traders）在商代社會中扮演著重要角色」〔註265〕。商人在那個時代之所以能取得如此大的歷史成就，其中一項具有關鍵意義的助推因素可能在於他們曾對遠距離的陸路運輸方式進行了成效顯著的改革，使得在張氏所謂「數百個具有內在等級關係的城邑」之間常年維持一類服膺「向上和向心模式」流動法則的複雜的物資與信息交流網絡成爲可能，這一切又都是與在商族歷史中聲名顯赫的「高祖亥」以及那些接受馴化的牛隻聯繫在一起的〔註266〕。

所以我們可以看到，在那樣一個時代，政治與經濟行爲經常性地以一種現今已難於理解的深度融合狀態共存著，即以上述早期複雜社會間的交換行爲爲例，怎能精準地判斷出哪些是只有政治性而無經濟考量，或只有經濟考量而無半點政治含義的交換呢！須知，當時宗教儀式的主持者、政治精英集團的領袖以及涉外交換行爲的組織者往往都是同一個或同一群個體，酋長不正是再分配的主持者與集體庫房的看守人嗎〔註267〕？對於一個市場經濟極度不發達的歷史時期來講，這種現象的存在是必要的。正如克里斯蒂安森在北歐發現的那樣，其實這在世界各地可以想像曾是普遍存在著的，貴族們（主

〔註263〕 徐子宏譯注：《周易全譯》，貴州人民出版社 2009 年 3 月第 1 版，第 153～154，256 頁；王國維撰：《古本竹書紀年輯校·今本竹書紀年疏證》，黃永年校點，遼寧教育出版社 1997 年 3 月第 1 版，第 32 頁；黃壽祺、梅桐生譯注：《楚辭全譯》（修訂版），貴州人民出版社 2008 年版，第 69 頁；劉曉東、黃永年、賈二強校點：《帝王世紀·山海經·逸周書》，遼寧教育出版社 1997 年版，第 63 頁；清華大學出土文獻研究與保護中心：《清華大學藏戰國竹簡〈保訓〉釋文》，《文物》2009 年第 6 期，第 73～75 頁。

〔註264〕 楊升南：《商代經濟史》，貴州人民出版社 1992 年版，第 590 頁。

〔註265〕 Kwang-chin Chang, *Shang Civilization*, New Haven & London: Yale University Press, 1980, p. 241.

〔註266〕 〔美〕張光直：《商文明》，張良仁，岳紅彬，丁曉雷譯，遼寧教育出版社 2002 年 2 月第 1 版，第 234～235 頁。

〔註267〕 Elman R. Service, *Origins of the State and Civilization*, New York: W. W. Norton & Company, Inc., 1975, pp. 94～95.

要是成年男子）的生命歷程總是伴隨著來自內外雙方的無休無止的競爭。在這樣的環境下，政治效忠實在是一類令人垂涎的稀缺資源，換言之，人身依附關係的建立而不是實物物資對於那些懷揣政治野心的貴族們來講才是真正有價值的砝碼，「禮物交換者所指望的是通過禮物交換所產生的人際關係，而不是東西本身」〔註268〕。而以帶有宗教色彩的禮樂重器為突出代表的實物物資之所以仍有必要被吸納進這樣一類體系中來〔註269〕，正在於為莫斯發現後又為格雷戈里所引申的存在於「商品經濟」與「禮物經濟」之間的巨大差別。「禮物」實際上是建立人身債務關係的一種工具，並在以後的日子中成為可用來證明這種關係存在的顯而易見的物化形式，或者換作莫斯的話來講，就是「契約的古代形式」〔註270〕。因此呈現在我們面前的才是這樣一張交換、貿易與政治、宗教關係雜糅其間的跨區域網絡，那些接受貴族資助並銜命奔馳的何止是販夫走卒，亦不止是車船中運載著的各類物資，更重要的是隱藏在這一切背後的關涉到政治與經濟等現實利益的種種訴求。

其三，在將特種軍事裝備藝術品化的同時，宣示對於軍事權力的佔有。恰如前文所述，戰爭是酋邦時代政治生活中的一項經常性主題，戰爭、戰前動員機制以及戰後的結果等都曾對地方政體的社會結構產生深刻的影響，這類影響產生的本源在於戰爭自身的性質。崛起中的武士階層通過武器或其它戰爭事象的藝術化再現所希望達成的一個目的，正在於將形成於戰時的臨時權力常態化，將他們在軍中曾享有的威信引入民事與行政事務中來。而這一切實現的一個邏輯前提則在於，通過藝術品的陳列以求強化民眾對於軍事秩序的認同並明確告之後者，任何試圖超脫此秩序之外的努力都有可能導致整個社會或者說「天下」因戰端重啓而罹難，其後果對於當下鋒鏑餘生的社區居民而言簡直是不可想像的。

傳說黃帝曾與蚩尤戰於涿鹿之野，至於戰爭的起因，對於蚩尤一方而言，可能含有為此前戰敗的炎帝復仇的意味〔註271〕，因為根據宋衷的記載，蚩尤

〔註268〕〔英〕C・A・格雷戈里：《禮物與商品》，杜杉杉、姚繼德、郭銳譯，雲南大學出版社2001年8月第1版，第15頁。

〔註269〕〔日〕林巳奈夫：《神與獸的紋樣學：中國古代諸神》，常耀華、王平、劉曉燕、李環譯，生活・讀書・新知三聯書店2009年2月第1版。

〔註270〕〔法〕馬塞爾・莫斯：《禮物——古式社會中交換的形式與理由》，汲喆譯，陳瑞樺校，上海人民出版社2002年6月第1版，第6頁。

〔註271〕袁珂譯注：《山海經全譯》，貴州人民出版社1991年12月第1版，第326頁。

與神農氏之間存在著類似於後世「君臣」一類的政治隸屬關係〔註272〕，所以二者應該屬於同一個政治軍事陣營。與之相對，黃帝同樣統領著一個跨族群的複雜政治集團，而且已經掌握了戰時對屬下各地「諸侯」進行軍事徵調的權力。因此，阪泉之戰與涿鹿之戰這兩場接連爆發於史前中原地區的大規模軍事衝突，就其性質來講，已經大大超出了原始社會早期血族復仇的範疇，實際上是兩大政治集團試圖借由暴力手段以期實現按照己方意圖來對地區政治體系進行重構。戰爭的初期結果是：「諸侯咸尊軒轅爲天子，代神農氏，是爲黃帝。」〔註273〕然而，這種新構建的規模更大同時也可能更複雜的政治體系卻並不十分穩固，尤其是當黃帝試圖鞏固並使戰時政治模式常態化時遭遇到了嚴峻的挑戰。針對這種「天下復擾亂」的局面，「黃帝遂畫蚩尤形象以威天下」〔註274〕，日後成王在向太祖文王祭獻新麥時再次言及此事：「……黃帝，執蚩尤，殺之於中冀……紀於大帝，……」〔註275〕，其中所言「大帝」據諸校者意見當爲「太常」之誤〔註276〕，而「王之旌旗畫日月曰太常」〔註277〕，「司常掌九旗之物名，各有屬，以待國事。日月爲常，……」〔註278〕。值得注意的是，該節所言「國事」之中最重要的一些總是與軍事行動有關，謂：「及國之大閱，贊司馬頒旗物」，「凡軍事，建旌旗，及致民置旗，弊之。」甚至在舉行常含有軍事演習意味的田獵活動時也遵循著同一套程序〔註279〕。在後來的歷史進程中，「蚩尤」的形象可能又經歷了更大的轉變，所指涉的內涵也更加豐富複雜，例如，司馬遷在備述周天星象時專門提到有一種星斗即名「蚩尤之旗」，並且是「王者征伐四方」的象徵，而《集解》則指稱這是一類不詳的徵兆〔註280〕。不過類似認識的出現應較《史記》的成書時代更早一些，因

〔註272〕（漢）宋衷注，（清）秦嘉謨等輯：《世本八種》，商務印書館1957年12月第1版，第37頁。

〔註273〕（漢）司馬遷撰：《史記》，中華書局1959年9月第1版，第3頁。

〔註274〕（漢）司馬遷撰：《史記》，中華書局1959年9月第1版，第4頁。

〔註275〕黃懷信：《逸周書校補注譯》，西北大學出版社1996年3月第1版，第315頁。

〔註276〕黃懷信、張懋鎔、田旭東：《逸周書彙校集注》，上海古籍出版社1995年12月第1版，第784頁。

〔註277〕（漢）孔安國傳，（唐）孔穎達疏：《尚書正義》，十三經注疏整理委員會整理，北京大學出版社2000年12月第1版，第621頁。

〔註278〕（漢）鄭玄注，（唐）賈公彥疏：《周禮注疏》，十三經注疏整理委員會整理，北京大學出版社2000年12月第1版，第859頁。

〔註279〕楊天宇：《周禮譯注》，上海古籍出版社2004年7月第1版，第393～395頁。

〔註280〕（漢）司馬遷撰：《史記》，中華書局1959年9月第1版，第1335頁。

為在《呂覽》借天象以論述天下治亂之理時就已經有了關於這種天文現象的
具體描述：「有其狀若眾植華以長，黃上白下，其名蚩尤之旗。」所不同的只
是作者認為自己觀察到的實際上是天上雲氣的一種形態〔註281〕，然而二者對
類似現象性質的認識卻基本是一致的：「國有此物，……上帝降禍，凶災必匝。
其殘亡死喪，殄絕無類，流散循饑無日矣。」〔註282〕

　　從以上論述中我們可以看出，儘管「蚩尤」或能夠喚起後人相關記憶的
某種載體，譬如旗幟之類，的指涉事象在當地族群進入成文歷史時期之後經
歷了種種複雜的轉化或演繹過程，但有這樣一條意義自始至終都得到了強
調，從未被掩飾，即蚩尤代表著動亂與恐怖，代表著對秩序的顛覆。而這種
秩序，主要內容正是分等級的政治安排，總是「黃帝」或任何希望在一個更
大的範圍內同時也是在更高的程度上推動政治統合進程的「聖人」所渴望構
建並長久保有的。當然，聖人們實現類似意圖的具體手段應該是多種多樣的，
其中重要的一項就是著力宣傳這裏提到的「蚩尤之旗」，也包括後世中附會此
名的各類事物，例如預示不詳的天象等。從一種更廣泛的意義上講，它們都
屬當地集體記憶中關於戰爭的恐怖印象在意識形態領域內的顯化，恐怖的氛
圍透過類似的藝術形象在人群之中一代一代地得到強調，刻意強調的目的正
在於使目不識丁的廣大受眾明白這樣一個道理：要想擺脫恐怖記憶的折磨，
唯一可行的門徑就是投身並服膺新的政治秩序。因為當初正是在類似秩序的
管制下才取得了對敵戰爭的勝利，換來了當下的和平，「以甲兵釋怒，用大正
順天思序」〔註283〕，所以為保證今後得以繼續享有這種和平，形成於戰爭年
代的政治制度就有存在下去的必要。因此，黃帝在自身政治權威遭遇挑戰時
首先採取的措施就是圖畫敵酋的形象以威懾天下諸侯，結果基本上也可以認
為是令人滿意的，畢竟「八方萬邦皆為弭服」，其直接原因正在於成功喚起了
一種源自早先歷史經驗的恐怖印象，即「天下咸謂蚩尤不死」〔註284〕。

　　與此同時，可能還存在著另外一個目的，那就是藉此標榜個人功業，強

〔註281〕（戰國）呂不韋撰，陳奇猷校釋：《呂氏春秋新校釋》，上海古籍出版社2002
　　　　年版，第362頁。
〔註282〕（戰國）呂不韋門客編撰，關賢柱等譯注：《呂氏春秋全譯》，貴州人民出版
　　　　社1997年8月第1版，第198頁。
〔註283〕黃懷信：《逸周書校補注譯》，西北大學出版社1996年3月第1版，第315
　　　　頁。
〔註284〕（漢）司馬遷撰：《史記》，中華書局1959年9月第1版，第4頁。

調自己對於集體所做出的貢獻，這在許多古代文獻中都有十分明顯的體現。即以上文所言「太常」而論，其用途之一就是銘記功勳，「凡有功者，銘書於王之大常，祭於大烝，司勳詔之。」〔註285〕因此穆王在任命君牙為大司徒的場合，首先追憶其祖先的功勞時才會講到：「惟乃祖乃父，世篤忠貞，服勞王家，厥有成績，紀於太常。」〔註286〕之所以要採取這類形式，原因其實也相當簡單，就是我們這裏講的要有意地彰顯個人貢獻，因為「太常」是樹立於王的車駕之上，「欲取表顯示人故也」〔註287〕。特別是對於「人夷其宗廟，而火焚其彝器，子孫為隸」等血腥殘酷的戰爭行為〔註288〕，在這世界上第一批知識分子的眼中，往往都是與公眾福祉緊密聯繫在一起的，大規模的族群廝殺被視為宣揚王化從而獲致世界和平的必由之路。譬如，傳說中舜因對苗民的戰爭而歿於蒼梧之野〔註289〕〔註290〕，然而展禽為批評執政卿臧文仲祭祀海鳥「爰居」援引此事時卻稱：「舜勤民事而野死」，並將之與后稷播殖百穀，教民耕種，后土平治水土，黃帝為百物定名，使財用不匱以及大禹治水等事並舉以說明上古時期各族群舉行祭祀的基本原則：「夫聖王之制祀也，法施於民則祀之，以死勤事則祀之，以勞定國則祀之，能禦大災則祀之，能扞大患則祀之。」總之，凡在祀典之諸神或先賢，皆為「有功烈於民者也」〔註291〕。類似地，《淮南子》以此事入《脩務訓》，對於這樣一種處理方式，高誘的理解是：「聖人趨時，冠危弗顧，履遺不取，必用仁義之道以濟萬民。故曰修務，因以題篇。」〔註292〕可以這樣講，在當時的輿論看來，戰爭也是一種公益行為，換言之，正如由酋長來主持的再分配一樣，護衛鄉梓或是掠奪戰利品也被那個時代的人們視為對社會做貢獻的一種方式，而且「進行掠奪在他們看

〔註285〕（漢）鄭玄注，（唐）賈公彥疏：《周禮注疏》，十三經注疏整理委員會整理，北京大學出版社2000年12月第1版，第926頁。

〔註286〕（漢）孔安國傳，（唐）孔穎達疏：《尚書正義》，十三經注疏整理委員會整理，北京大學出版社2000年12月第1版，第620頁。

〔註287〕（漢）鄭玄注，（唐）賈公彥疏：《周禮注疏》，十三經注疏整理委員會整理，北京大學出版社2000年12月第1版，第926頁。

〔註288〕黃永堂譯注：《國語全譯》，貴州人民出版社1995年2月第1版，第117頁。

〔註289〕（漢）司馬遷撰：《史記》，中華書局1959年9月第1版，第44頁。

〔註290〕何寧撰：《淮南子集釋》，中華書局1998年10月第1版，第1313頁。

〔註291〕黃永堂譯注：《國語全譯》，貴州人民出版社1995年2月第1版，第170～173頁。

〔註292〕何寧撰：《淮南子集釋》，中華書局1998年10月第1版，第1311頁。

來是比進行創造的勞動更容易甚至更榮譽的事情」〔註293〕。在那樣一個時代，我們甚至可以這樣講，戰爭本身就是爲政治精英所關注的眾多公共事務中的一個部類，是與當時「已經達到的『經濟狀況』的水平」相適應的一種時代需求。因此，同血緣或交換一樣，馳騁疆場屬於一類非常古老且公眾參與度極高的社會活動〔註294〕〔註295〕，正因其參與度高，影響力大，政治集團才有意識地將之樹立爲向公眾傳遞新的政治理念的一條重要渠道，並試圖藉此爲業已攫取的特權地位尋找法理依據。之所以有必要這樣做，恰在於「政治統治到處都是以執行某種社會職能爲基礎，而且政治統治只有在它執行了它的這種社會職能時才能持續下去。」〔註296〕

第四節　小結

　　以上所述，可以看作是我們對於「酋邦」一詞在戰後進化論文化人類學家那裏的研究情況進行了一次粗疏的整理，儘管時間跨越了半個世紀，期間亦涉及到中外諸多學者，但毫無疑義的是，遺漏的內容幾乎與我們曾予以提及的一樣多，甚至還要更多。正如酋邦一語在人類學家那裏所遭遇到的窘況一樣，這類被動局面至少部分地應歸咎於早期民族志統計資料在撰寫過程中所表現出的不嚴謹傾向〔註297〕。任何出現在傳教士或英屬東非殖民地行政當局面前的某一土著團體的領頭人都可以被籠統地呼之爲「酋長」，擁有秘書與會計，主持著現代化辦公室，過著歐式生活的國王可以被稱作酋長，而有時竟完全需要仰賴步行方式去傳達當局指令的村落頭人———一如他們的祖先在殖民者到來之前的千百年間所做的那樣——在英國人看來亦可享受這一尊榮。前者由當局支付薪酬，甚至還可以在退職後領取年金，其間接受過西方教育者已經開始積

〔註293〕中共中央馬克思恩格斯列寧斯大林著作編譯局編：《馬克思恩格斯選集》第4卷，人民出版社1972年5月第1版，第160頁。

〔註294〕中共中央馬克思恩格斯列寧斯大林著作編譯局編：《馬克思恩格斯選集》第3卷，人民出版社1995年6月第2版，第523～524頁。

〔註295〕王震中：《中國文明起源的比較研究》（增訂本），中國社會科學出版社2013年3月第1版，第435頁。

〔註296〕中共中央馬克思恩格斯列寧斯大林著作編譯局編：《馬克思恩格斯選集》第3卷，人民出版社1995年6月第2版，第523頁。

〔註297〕Chiefdom.（2013）. In *Encyclopædia Britannica*. Retrieved from http: //www.britannica.com/EBchecked/topic/1365949/chiefdom.

極參與當地的政治現代化進程，與殖民地政府保持著密切的聯繫，而這一切在後者看來，竟是如此陌生，作爲同「最低層的村民直接接觸的唯一媒介」，他們之所以願意承擔起這份薪金低微甚至無薪的工作，「顯然是受了曾經激勵他們祖先的同樣誘因的推動」，不少情況下可能是基於榮譽和聲望〔註298〕。很明顯，國王們已經邁出了向現代政府領袖轉型的步伐，而村裏的長老或頭人們還在用類似於新幾內亞人的方式艱難地向村民們解釋著從內羅畢或是坎帕拉傳來的指令。兩類「酋長」之間的差別竟是如此巨大，但由於眾所週知的原因，西方人的到來以及近現代政治文化的大量湧入已經使得人類學家試圖幫助殖民官員糾正這類指稱亂局的努力毫無成功的希望了。如果僅從稱謂上來理解，外來者可以在加上一個簡單後綴的情況下將所有湖間地區的政治實體統稱爲酋邦，而實際上這只是極不負責任的一種劃分方式，除了引致不瞭解實情的人對於這一人類學術語發起更多的詆毀外，就實證研究來講幾乎毫無助益。所以無須諱言的事實是，儘管已經從早先的部落概念中被分離了出來，但酋邦仍可以被看作是一個存在有某種先天不足的政治學詞彙。

再者，雖然塞維斯在處理酋邦問題時，自始至終總是抱持著開放與友好的態度，但在吸納來自其它學者的更多研究成果之前，我們可以看到，一些限制性條件仍然被人爲地強加於這一概念之上並得到了反覆強調，以至於最終被樹立爲這一政體形式的標誌性特徵。譬如由酋長來主持的再分配製度，從某種角度來講，這是塞氏酋邦理論得以建構的基礎，關於酋邦其它領域的不少論述內容都是由此自然生發而得出的，但是隨著越來越多的人類學家參與到關於前國家複雜社會的研究之中，對於酋邦的這一限制性規定已經遭到了包括厄爾在內的不少後起之秀的質疑。其次，塞維斯關於酋邦中司法實踐所作出的那些措辭曖昧的表述，同樣難以經得起實證材料的檢驗，並在一定程度上給這一領域內的研究帶來了認識上的混亂。這些贅疣似的內容除了遭到其它法律人類學家的反對之外，也難以向更廣大範圍內來推廣。譬如，根據西班牙殖民者的早期記載，在酋邦麇集的哥倫比亞考卡谷地（Cauca Valley），那裏的最高酋長即擁有相當大的「權威」，其足以震懾庶民。雖然有關於此地司法審理過程的詳細記載闕如，但有理由相信，與其它地區的情況類似，很可能在這裏犯罪分子同樣會在酋長的主持下被繩之以法，且遭受處

〔註298〕〔英〕奧德麗・艾・理查茲編：《東非酋長》，蔡漢敎、朱立人譯，商務印書館1992年10月第1版，第1～2頁。

罰，其中犯有盜竊行爲者還會被貶爲奴隸乃至發賣外地。與此同時，西班牙人明確表示，當地酋長及貴族群體雖然也參與宗教活動，但這並不構成其權力的主要來源，祭司也不是他們醉心於扮演的角色，因爲宗教人士在該地政治體系中的地位並不顯赫〔註 299〕。作爲世界上酋邦材料富集的一個典型區域，前述奧博格關於中南美洲環加勒比地區這類政體的調查，曾給出過可與此互證的論述。既如此，又怎能一概推定在前國家的任何社會形態中都不存在顯現出強制性色彩的政治權力呢？同樣地，難道當時所有的政治行爲如果不披上來自宗教界的爲神所祝福的僞裝便無法貫徹下去麼？進言之，關於是否實現了對於暴力的壟斷，這一點已如前文所述也難以被承認爲區別國家與前國家複雜社會，例如酋邦等的標誌。即便是我們又在這裏加入了類似於早期國家（Early State）〔註 300〕、原始國家（Primitive State）〔註 301〕、原生國家（Pristine State）〔註 302〕抑或是初始國家（Primary State）〔註 303〕一類的細目亦無濟於事，因爲直至相當晚近的時期，國家也未能實現對於暴力使用的壟斷，這一點中外皆然〔註 304〕〔註 305〕。所以我們認爲，在這些問題上，當酋邦最初被選列爲進化史中與國家並峙的一個階段時，塞維斯於具體操作中確有以偏概全的瑕疵，這也是在日後引起最多爭議的地方，關於這一點，容後文詳述。

　　有理由相信，與在歷史上曾經出現過的任何一類政體一樣，酋邦的存續

〔註 299〕Robert L. Carneiro, "The Nature of the Chiefdom as Revealed by Evidence from the Cauca Valley of Colombia" ,in A. Terry Rambo & Kathleen Gillogly, eds. *Profiles in Cultural Evolution*: *Papers from a Conference in Honor of Elman R. Service*, Ann Arbor, Michigan: the Regents of The University of Michigan, The Museum of Anthropology, 1991, pp. 167～190.

〔註 300〕Henri J. M. Claessen & Peter Skalník, eds., *The Early State*, The Hague: Moutou Publishers, 1978.

〔註 301〕Elman R. Service, *Origins of The State and Civilization*, New York: Norton, 1975.

〔註 302〕Morton H. Fried, *The Evolution of Political Society*. New York: Random House, 1967.

〔註 303〕Henry T. Wright & Gregory A. Johnson, "Population, Exchange, and Early State Formation in Southwestern Iran" , *American Anthropologist, new series*, Vol. 77, No. 2, 1975, pp. 267～289.

〔註 304〕費成康：《論中國古代家族法的執行》，《社會科學》1992 年第 12 期，第 49～53 頁。

〔註 305〕Robert L. Carneiro, "The Chiefdom： Precursor of the State" , in Grant D. Jones & Robert R. Kautz, eds. *The Transition to Statehood in The New World*, New York: Cambridge University Press, 1981, pp. 37～79.

時段可以想見亦十分漫長，期間為適應各自所處的具體環境，各酋邦很可能形成了獨具地方特色的生存模式，發展水平亦千差萬別，低端者類似於大人社會，而高度複雜者已與國家的早期形態難分伯仲。面對如此紛繁複雜的局面，塞維斯之後的學術界逐漸意識到問題的嚴重性〔註 306〕，同時也有機會站在一個更超然的視角來看待薩林斯、塞維斯以及他們的「酋邦」了，一如懷特當年所感慨，自己的這兩位年輕的學生現而今已然可以在一類較之數十年前更寬鬆的研究環境中，以一種更平和的心態去自由地選擇各自感興趣的課題並對之進行探索了，而這必然有助於進化論思想在人類學界獲得進一步的推廣與豐富〔註 307〕。作為戰後新進化者所取得的一個顯而易見的成果，酋邦的經歷也是如此，經過新進化論第二代學者的樹立，如今雖就具體定義尚未形成共識，但正如劉莉所言，人類學家暫時也很難找到一個更合適的詞彙來指稱前國家等級制社會了。更關鍵的是，這一概念的容納能力經過數代學者的辛勤耕耘已較早先大為擴充〔註 308〕：集體取向的、個人主義的、簡單酋邦、複雜酋邦等一系列新的更細緻同時也更具針對性的研究子項已經被開闢了出來。在這一過程中，人類學家在試圖界定「酋邦」這一用語本身的指涉範圍時也較以往更趨謹慎，在措辭方面則更顯泛化，或曰：「酋邦即為一獨立自主之政治實體，其間數個社區同處於一最高酋長常態控制之下」〔註 309〕，或曰：「酋邦是『一個控制有數千人口的地域……在政治經濟上存在某種程度的等級分化的政治組織』」〔註 310〕等等。可以看出，儘管晚近概念中的限制性成分為適應蜂擁而至的實證性材料已較塞維斯時代大為削減，但顯然作者在諸如政治架構或人口等方面仍有所顧忌，因而保留了一些或定性或定量的判斷標

〔註 306〕 Timothy K. Earle, "Chiefdoms in Archaeological and Ethnohistorical Perspective", *Annual Review of Anthropology*, Vol.16, 1987, pp. 279～308.

〔註 307〕 〔美〕萊斯利·A·懷特：《序》，〔美〕哈定等：《文化與進化》，韓建軍、商戈令譯，浙江人民出版社 1987 年版，第 1～7 頁。

〔註 308〕 〔澳〕劉莉：《中國新石器時代：邁向早期國家之路》，陳星燦、喬玉、馬蕭林等譯，文物出版社 2007 年 11 月第 1 版，第 12 頁。

〔註 309〕 Robert L. Carneiro, "The Nature of the Chiefdom as Revealed by Evidence from the Cauca Valley of Colombia", in A. Terry Rambo & Kathleen Gillogly, eds. *Profiles in Cultural Evolution*: *Papers from a Conference in Honor of Elman R. Service*, Ann Arbor, Michigan: the Regents of The University of Michigan, The Museum of Anthropology, 1991, pp. 167～190.

〔註 310〕 〔澳〕劉莉：《中國新石器時代：邁向早期國家之路》，陳星燦、喬玉、馬蕭林等譯，文物出版社 2007 年 11 月第 1 版，第 12 頁。

準，但不幸的是，一些一直以來獲得廣泛認可的著名酋邦恰與這些所謂的標
準發生了尖銳的對立。即以跨社區政治控制體系為例，北美西北太平洋沿岸
的印第安人即無緣獲列酋邦一類，因為雖然當地存在著高下有別的等級制
度，但各村寨皆為一各自為政的管治實體，因此卡內羅認為不宜於將之視為
酋邦〔註311〕；再以人口問題而論，情況就更加複雜，雖說政治實體的人口規
模確為衡量社會複雜化程度的一項重要變量，「但目前還沒有一個專門評估史
前人口密度的公式，況且人口規模和社會組織之間的關係隨時空的變化而變
化」，難以遽論〔註312〕。以前述哥倫比亞的材料為例，據估算，那裏的阿爾瑪
（Arma）、卡若布（Carrapa）、波索（Pozo）以及瓜卡（Guaca）等諸多酋邦的
人口皆超過萬人，上限可至 60000 左右，而整個谷地的人口更是高達 500000
至 750000 之眾〔註313〕。此外，同環加勒比地區一樣，散佈於廣闊洋面上的波
利尼西亞諸島是人類學家藉以篩選田野材料的另一大來源地，薩林斯最初即
以此處為標本來研究社會分層現象〔註314〕，無獨有偶，人類學在這裏的發現
也對上述關於酋邦人口的一般限定提出了質疑。譬如，當歐洲人初訪塔希提
（Tahiti）時，生活在這一酋邦中的人口據信已達 100000〔註315〕，以絕對規
模計甚至超過了一些當代歐洲國家〔註316〕〔註317〕。無怪乎克萊森就此問題與

〔註311〕 Robert L. Carneiro, "The Nature of the Chiefdom as Revealed by Evidence from the Cauca Valley of Colombia", in A. Terry Rambo & Kathleen Gillogly, eds. *Profiles in Cultural Evolution*: *Papers from a Conference in Honor of Elman R. Service*, Ann Arbor, Michigan: the Regents of The University of Michigan, The Museum of Anthropology, 1991, pp. 167~190.

〔註312〕 〔澳〕劉莉：《中國新石器時代：邁向早期國家之路》，陳星燦、喬玉、馬蕭林等譯，文物出版社 2007 年 11 月第 1 版，146 頁。

〔註313〕 Robert L. Carneiro, "The Nature of the Chiefdom as Revealed by Evidence from the Cauca Valley of Colombia", in A. Terry Rambo & Kathleen Gillogly, eds. *Profiles in Cultural Evolution*: *Papers from a Conference in Honor of Elman R. Service*, Ann Arbor, Michigan: the Regents of The University of Michigan, The Museum of Anthropology, 1991, pp. 167~190.

〔註314〕 Marshall D. Sahlins, *Social Stratification in Polynesia*, Seattle and London: University of Washington Press, 1958.

〔註315〕 Elman R. Service, *Profiles in Ethnology*, 3rd ed. New York: HarperCollins Publishers, Inc., 1978. p. 264.

〔註316〕 Andorra: Year In Review 2012.（2013）. In *Britannica Book of the Year, 2013*. Retrieved from http://www.britannica.com/EBchecked/topic/1894403/Andorra-Year-In-Review-2012.

〔註317〕 *Liechtenstein*.（n. d.）. Retrieved September 30, 2013, from http://unstats.un.org/unsd/pocketbook/PDF/2013/Liechtenstein.pdf.

塞維斯發生了分歧，夏威夷與塔希提等一些常被作爲酋邦來看待的經典案例在克氏那裏就都被歸入了早期國家的行列，儘管還屬於早期國家的「早期」階段〔註 318〕。其實克、塞兩人的這段公案本來就難以區斷，一方是早期國家的早期階段，另一方則是複雜酋邦的晚期階段，兩者都無限趨近於從酋邦到國家的這一步跨越。然而我們知道，爲進化論者所公認的一條原理是：階段性與連續性本就是一個問題的兩個方面，不可偏廢其一。從很大程度上來講，從酋邦到國家的這最後一步跨越只是在做純粹的理論分析時才能被看作是涇渭分明的，一旦我們希望將嚴格依據第一手材料——民族志記載或考古報告——攢出的具體案例對號入座式地塞進這一系列範疇之中時，那麼見仁見智的分歧就在所難免，所以克、塞兩人間的這類分歧是具有代表性的，它至少部分地向我們展示了當今存在於這一領域內的混亂局面是如何產生的。

相關討論中類似這樣理論與經驗材料脫節的現象早已有之，有不少理論體系中的關鍵環節因難於獲得經驗材料的明確支持而一直或許還將永遠滯留在假說階段。其實這一點也並沒有什麼值得大驚小怪的，就拿弗里德提出的「分層社會」來講，在對這一概念進行解釋時，弗氏就已經明白告訴民族志研究者們不要再去爲能找到符合書中所列諸項特徵的這類社會的實例而耙梳浩如煙海的典籍了，因爲這個術語本身僅僅只是應滿足整個政治社會演進序列理論的邏輯完整性需求而創制出來的，至少它可以幫助我們彌合存在於最複雜的階等社會與最簡單的國家社會之間或許並不十分顯明的一處邏輯上的縫隙，即政治變動是對社會現實的反映。因此從理論上來講，新的更高水平的政治組織的產生應該在時間上滯後於社會經濟領域內的變革，它的價值就在這裏，正是這一概念的存在使得整個步進式的社會演進理論看起來更加完滿與流暢。但我們必須意識到，這一滯後過程或者說時間上的延遲在整個歷史時空內來看只是瞬時性的，爲了維持分層的存在，政治機構的建制很快就會跟進。況且，即便觀察者足夠敏銳以至於自信能夠找到這樣的實例，他也必須首先尋覓到弗氏所說的原生國家方可，因爲這一階段只是對於那些宛若處子般的從未受到過任何外部更形複雜的社會文化「沾染」的國家而言才是必須經歷的〔註 319〕。關於這一點，我們在這裏沒有必要再去復述弗里德爲「原

〔註 318〕Henri J. M. Claessen & Peter Skalník, eds., *The Early State*, The Hague: Moutou Publishers, 1978. p. 593.

〔註 319〕Morton H. Fried, *The Evolution of Political Society*. New York: Random House, 1967, pp. 185, 224.

生」（Pristine）一詞所設定的種種真空式的限定條件〔註320〕，只一條便可使許多有志投身於此的研究者知難而退了，即這樣的國家當然有理由曾客觀地存在於歷史上的某個時空內，但我們不能想像當時已經有了完善的書寫系統。歷史檔案在古代世界的出現與現在正在討論的這種國家相比——至少是在舊大陸——還是相當晚近的事情，它們的故事在時間跨度上已經遠遠超脫了那些飽讀墳典的宮廷史官們關於國家歷史的記憶極限，因此現在些許能夠在這一命題下拿得出手的證據也只是來自於考古學或者完全是出自臆測的。其實我們知道，就無文字時代而言，考古學所給出的判斷很多也只能算作是所有猜想中最合理的一種而已，所以弗里德在這裏提供的證據基本上都可以被看作是推測性的，至於詳情則不得而知，因此他也只得將對於下面這樣一個簡單又合情合理的問題的回答寄希望於未來的研究了：現在已經找到了多少個這種國家〔註321〕？

　　在這裏我們應該意識到，對於諸如「原生性」、「純潔性」、「首創性」等限制性條件的過分追求或許可以幫助研究者進一步平滑自己那仍處於毛坯狀態下的理論體系，但只要有原生的，就必然存在有與之對立的次生的，乃至次生的次生，而這些類別的相繼提出不可避免地會暗示出這樣一種信念趨勢，即除了在最純潔的那種狀態下首次生成的複雜程度更高的社會之外，其它周邊族群在日後所取得的類似進步就其獨創性而言便都是值得懷疑的。儘管弗里德最後還是勉強承認了古代中國可以算作是一類原生國家，捎帶地連印度河谷文明也跟著沾了光從而得以躋身於這一行列，但毫無疑義的是，他對於中國早期國家的建立竟然遲於近東約1500年這一事實始終耿耿於懷，也就是說他的所謂承認是在有保留的前提下作出的〔註322〕。從弗氏對於古代中國與古印度文明地位的半推半就式的表述，以及更多的被其斷然歸入次生國家（Secondary States）行列的文明，諸如克里特、希臘、特洛伊、古波斯，當然還包括羅馬以及西歐與北歐地區的所有古代國家來看，整個舊大陸，除去撒哈拉以南非洲地區的情況目前還不甚

〔註320〕Morton H. Fried, *The Evolution of Political Society*. New York: Random House, 1967, p. 111.

〔註321〕Morton H. Fried, *The Evolution of Political Society*. New York: Random House, 1967, pp. 231～233.

〔註322〕Morton H. Fried, *The Evolution of Political Society*. New York: Random House, 1967, pp. 234～235.

清楚之外，無論是東方──中國與印度，還是西方──希臘與羅馬，以及所有興起時間較此更晚的國家，甚至包括早先的古埃及，都有可能受到了來自近東早慧文明的某種程度的影響，也就是說它們是在借鑒與吸收的基礎上步入國家社會的。儘管弗氏在具體措辭上還算謹慎，實際上這也導致他在這個問題上除了提出假想之外幾乎未能給出任何較為肯定的答案，但我們仍可以很明顯地覺察到，在這種為追求邏輯鏈路的完整性而興起的對於歷史發生次第論的強調與刻意追求之中，已經顯現出了逐漸轉向 20 世紀早期泛傳播論學派舊路上去的危險傾向，區別只不過是把史密斯與佩里等人的古代埃及換作了美索不達米亞而已〔註 323〕。

　　這種傾向在關於國家起源的探索中一直若隱若顯地存在著，凡遇合適時機，總要冒將出來，其實酋邦概念在發展的過程中也曾遇到與之相似的局面，只不過沒有這裏表現得明顯罷了。在塞維斯最初將酋邦樹立為社會進化史中的一個獨立階段時，就已經為日後這類論調的興起開了方便之門，他同樣認為有所謂次生類型的酋邦〔註 324〕。而這類問題之所以在酋邦領域內未能引起像在關於國家問題的討論中那樣廣泛的關注，其中一個重要原因可能是，雖然酋邦也曾廣布於世界各地，但作為原始社會階段的一種政治組織方式，其影響力畢竟遠不能與國家社會相提並論，更難與古埃及或近東文明的歷史意義比肩，因此專案研究者的關注焦點至遠亦僅及於大陸上的一塊自然邊界相對清晰的次區域而已，範圍十分有限。即以前述兩案為例，若研究哥倫比亞山谷中的酋邦，問題所涉及的最大地理範圍也不過是加勒比海周邊，這是美洲大陸上的一個次區域，若以塔希提或夏威夷為探討對象，則不出波利尼西亞這一大的區域，這也僅是太平洋島嶼系統的一部分罷了。之所以造成這類局面，我們以為有兩個方面的因素值得參考：其一，恰如前文所述，驟興驟滅式的循環是不少酋邦歷史中的一個顯著特徵，就某一屬於該類型政體的個案而言，其絕對存在時間相對短暫，結構簡單因而更易於在外力的作用下發生改變，這種不利局面自然也限制了單一酋邦的文化輻射範圍；再者，與在生物進化中的表現相似，即複雜層級較高的物種，其種群規模往往不能與那

〔註 323〕〔英〕格林·丹尼爾：《考古學一百五十年》，黃其煦譯，安志敏校，文物出版社 2009 年 12 月第 1 版，第 246 頁。
〔註 324〕Elman R. Service, *Primitive Social Organization*, 2nd ed. New York: Random House, 1971, p. 141.

些構造更簡單的物種相比。舉一個最明顯的例子，今天人類雖然已在地球上佔據了絕對統治地位，成為生物學意義上的「優勢種」（Dominant Types）〔註325〕，其生理構造之複雜程度，尤以大腦的精密結構為代表，即遠超其它物種之上，但若論起絕對數量，則人類與所有其它靈長類之總和也難以超過匍匐於樹葉草尖上的各類昆蟲，更無法挑戰結構極端簡單的所有細菌了，後者的種群數量根本就是一個天文數字。同樣地，在這個方面，國家所處的進化等級高於酋邦，其複雜程度一般而言也超過後者，因此我們完全有理由做出這樣的判斷，即以在歷史上曾存在過的所有國家政體而論，其絕對數量可以想見必定遠遜於酋邦，因為並不是每個酋邦都有機會能夠走完進化之路並最終步入國家社會的，誠如賴特所言，其中有很多都在這場政治實驗中以失敗而告終，並被掃入了歷史的煙塵〔註326〕。酋邦的規模是如此渺小，其數量又浩如星斗，即便研究者有心象對待國家那樣去推定各酋邦之間興起的先後順序進而梳理其間相互影響的痕跡，其結果恐怕也只是事倍而功半，乃至完全成為一場徒勞。正是基於上述種種緣由，雖然某一社會可能在周鄰複雜程度更高的政體的影響下轉化為酋邦，但泛傳播論在這一領域內仍然應者寥寥，而且我們相信，在可預見的將來，社會人類學家、民族志撰寫者、考古挖掘隊員以及古典文獻的校對人也難以在酋邦這一層級上構擬出世界範圍內的統一的文化播遷路線。

　　部分地與此有關，一個獲得廣泛認可的酋邦定義就目前的局勢來看，短期內被提出的可能性也不大。可以看出，前述卡內羅與厄爾的定義在可能的範圍內已足夠簡省，但針鋒相對的反例仍可信手拈來。對於酋邦概念所面臨的這類尷尬局面，不能說塞維斯完全未曾預料到，據稱其在 1958 至 1978 這二十年間一直在反覆思索早先提出的進化模式。與斯圖爾德一樣，他首先拋棄了混合遊團（Composite Band）這一範疇，原因在於塞氏懷疑這種社會組織形式是為了應對西方文化的侵入而形成的，也就是說它不具備原生性，而只是對後期社會變化過程的一種適應性結果。接著，他又對於從遊團經酋邦再到國家這一步進式的社會進化模式表現出深度懷疑的情

〔註325〕〔美〕哈定等：《文化與進化》，韓建軍、商戈令譯，浙江人民出版社 1987年版，第 55 頁。

〔註326〕Henry T. Wright, "Early State Dynamics as Political Experiment", *Journal of Anthropological Research*, Vol.62, No.3, 2006, pp. 305～319.

緒，擔心這樣幾個前後相續的階段不能真實地反映出歷史上人類社會變遷的實際過程。爲此，他別出心裁地提出了一種社會發展三階段說，即平等社會→等級制社會→古代文明或古典帝國，然而這種劃分方式顯然未能成功引起學術界的關注。正如延戈揚（Aram A. Yengoyan）所說，它實在是太過平常了，與其說像是一個新銳的理論不若說倒更像是對於某種抽象哲學思維的簡單化表達，對於實際研究來講幾乎不能提供任何有價值的幫助〔註327〕。不僅是學術界未能廣泛接受塞氏的新說，即令塞維斯本人也很快就喪失了對於此類提法的興趣而重新啓用了「酋邦」一詞，並再次明確表示要將之樹立爲連接起平等社會與國家的中間環節〔註 328〕。同時我們還看到，祖魯、烏干達的恩科勒（Ankole）等原始國家與中美洲、秘魯、美索不達米亞、埃及、印度河谷以及中國等古代文明在這裏也被區別開來對待〔註 329〕。就此來看，塞維斯在其三階段說中所提到的「等級制社會」至少應該涵蓋有兩個範疇，即前國家時代的酋邦以及在此之後形成的原始國家，後者已然屬於嚴格意義上的國家陣營中的一分子，而「古代文明」或「古典帝國」的歷史應較此更爲遲晚，當舊大陸各地陸續進入這一階段時，較爲完善的書寫體系都已發明。因此，從塞氏本人針對學術界的各種意見而對於酋邦問題的深入思考來看，雖然期間略有反覆，但「前國家」與「等級社會」兩個特徵始終未曾放棄，至於當地的等級化制度到底是借助於怎樣的方式來體現，是否與宗教神權階層有關，或是與軍功武士集團關係更密切，酋長是否確爲跨社區再分配活動的實際主持者，更進一步，酋長的職位是依照父系還是母系傳承，是長子（或長甥）繼承制或是幼子繼承制，酋長在司法實踐過程中到底能夠掌握多大的權力，其權威地位是否全憑神權來庇護，還是在某些情況下，酋長同樣可以以世俗的原由而下令對違犯者進行肉體懲罰，直至將其處決，等等，我們承認這些問題當然也很重要，

〔註 327〕 Aram A. Yengoyan, "Evolutionary Theory in Ethnological Perspectives", in A. Terry Rambo & Kathleen Gillogly, eds. *Profiles in Cultural Evolution*: *Papers from a Conference in Honor of Elman R. Service*, Ann Arbor, Michigan: the Regents of The University of Michigan, The Museum of Anthropology, 1991, pp. 3～21.

〔註 328〕 Elman R. Service, *Origins of the State and Civilization*, New York: W. W. Norton & Company, Inc., 1975, pp. 15～16.

〔註 329〕 Elman R. Service, *Origins of the State and Civilization*, New York: W. W. Norton & Company, Inc., 1975, pp. xi～xix.

但它們所體現的內容對於某一具體的酋邦來講並不能算作是必要構件，而且它們在各地的表現形式很可能極為多樣，發展程度亦參差不齊，因此沒有必要也不可能在此就其規定某種整齊劃一的模式。

從一個更廣闊的視角來看，前述就事論事、個案研究式的分析方法長久以來已逐漸形成為人類學界在處理類似問題時的一種傳統，雖然懷特對於在上個世紀早期復興進化論功不可沒，但戰後那些自稱繼承了古典進化論衣鉢的年輕一代們卻就構建懷特式的那種以整個人類文明為觀察對象的統一的抽象進化圖式缺乏熱情。至於追索推動歷史進步的所謂「主要動力」或「基本動力」（Prime Mover）更是鮮有人問津，塞維斯自己就是這方面的一個典型，他曾明確表示主要動力一說要不得，文化是人類社會就其所居具體環境不斷進行調適的結果，世界各地的這類環境千差萬別，再念及各支文化間的互動，焉能尋出一種放諸四海而皆準的法則？與此相關，我們在塞氏的著作中也很難找到關於「文化」一詞的通用定義。正因為這樣，塞維斯對於歷史事件的理解最終走向了所謂「一般化了的特殊主義」（Generalized Particularism），也就是採用歸納法將在局部民族志材料中見識到的事實或者是經過其思維加工過程的為其所承認的事實推廣為具備普遍適用性的模式。所以我們看到，最為塞氏所熱衷的工作就是整理民族志報告，既從中提煉理論，又按此理論將之分類，伴隨其學術活動的開展，這類作品總是一版再版〔註330〕。我們知道，從實踐中來，到實踐中去，本就是某一理論慣常的生命過程，但關鍵是，正如龐卓恒針對布洛赫與密爾所指出的那樣，類似於所謂「密爾五法」這樣的經驗歸納法究其實質而言僅是一種改進了的枚舉法，這就注定了經此一途而得出的結論只能表現出或然性，而非因果必然性。也就是說，所得到的只是經驗規律，距科學規律的探知尚存一定差距，龐氏還就此特意警告道，若希圖僅依靠枚舉歸納之法來解決類似於社會形態或文化特徵等需要宏觀視野的大課題，最後「必然陷入難以自拔的困境」〔註331〕！在這一點上，塞維斯與布洛赫犯的是同一類錯誤，他們都主張各自所研究的社會形態，即酋邦與封

〔註330〕 Aram A. Yengoyan,"Evolutionary Theory in Ethnological Perspectives", in A. Terry Rambo & Kathleen Gillogly, eds. *Profiles in Cultural Evolution*: *Papers from a Conference in Honor of Elman R. Service*, Ann Arbor, Michigan: the Regents of The University of Michigan, The Museum of Anthropology, 1991, pp. 3～21.

〔註331〕 龐卓恒：《察同察異求規律：比較史學的追求》，《史學月刊》2005年第1期，第89～96頁。

建社會，屬於人類社會演替過程中一個具備普遍意義的階段〔註332〕，但在實際研究中所採用的卻僅僅只是龐氏所講的經驗歸納法。因此東方——可能要排除日本——在中世紀的歷史就成了布洛赫眼前的例外，而厄爾的夏威夷與卡內羅的考卡谷地便都成了爲塞維斯就酋邦所作出的一般性描述難以容納的另類。從我們在前文中進行的梳理來看，這種情況在塞維斯之後仍在繼續，所以現世關於酋邦的主流研究可以認爲，只是一種在極不重要的關節上略微附上一些理論探討的經過改造的民族志記載或考古報告。而就是這些少得可憐的理論探討還表現出了幾乎無限制的可塑性，即作者當下分析的這些材料表現出怎樣的特徵，則酋邦在該作者那裏就應此需求而具有怎樣的意義，但卻很少有人聲稱自己所處理的只是哥倫比亞式的酋邦、夏威夷式的酋邦或塔希提式的酋邦。讀者在文章的結論部分所能見到的仍然只是那個孤零零的Chiefdom，不幸的是這一詞彙因其已獲普遍認可的在人類社會發展史中的階段意義而必然導致在具有不同閱讀經驗的讀者之間就此發生分歧，而讀者們對於普適性的聯想卻實爲作者此前進行的局地實證研究所難副。當然，作者們之間的類似分歧早就存在了，只是這種曉曉不休的爭論從研究者傳遞到了閱讀者，從一個十年傳遞到了下一個十年，作爲一個地地道道的舶來品，正像那個時代的許多新鮮事物一樣，隨著國門初開也就從歐美傳遞到了中國。不過由於國內知識界在理論構建方面的熱情向來不敵塞、薩、厄、卡諸輩，因此這樣的爭議在古代中國這一廣受世界學術界關注的案例中反倒應者寥寥，由是我們周圍遂顯得出奇得寂靜〔註333〕。

要想破除酋邦研究中的這類困局，研究者必須首先克服對於尋覓基本動力的恐懼與懷疑心態，而要克服這種不健康的心態，則需清醒認識到所謂普遍理論（General Theory）、「對整個人類社會都同樣有效的唯一的決定因素」與「基本動力」這類概念之間的重大區別。這些區別中最重要的內容可以部分地總結如次：普遍理論的目的絕不是爲了對於所有現象中的所有細節提供一切可能的解釋，實際上由於社會歷史運動過程的極端複雜性，也不可能存在有這種只需單一一次創造性勞動便可永遠行用的萬靈丹式的理論，無論對於進化論還是結構功能主義而言都是如此；再者，我們所提的「基本動力」

〔註332〕〔法〕馬克·布洛赫：《封建社會》，李增洪、侯樹棟、張緒山譯，張緒山校，商務印書館2009年3月第1版，第704～707頁。

〔註333〕白雲翔、顧智界：《中國文明起源研討會紀要》，《考古》1992年第6期，第526～549頁。

又可以稱之爲「主要動力」，也絕不含有塞維斯所猜測的那種唯一性，即並不認可其爲「唯一的決定因素」。對於這個問題更科學的表述方式應該是「主要的決定因素」，也就是辯證唯物主義常提到的諸多矛盾中的主要矛盾，事物的發展軌跡主要取決於這一矛盾中的對立雙方在今後的此消彼長。如果在這裏把「主要的」換作塞維斯所講的「唯一的」（Single）〔註334〕，問題就出現了，難道我們要否認同時共存的其它因素對於觀察對象的影響力？難道我們要由此墮落爲幼稚的「單因論」者麼？當然不是！所以塞維斯對於追尋主要動力的反對實屬無的放矢，根源在於他沒有搞清楚這些概念之間的區別。其實對於這一點，在與塞氏共事多年的延戈揚眼裏看得非常清楚，即理論模式的提出不是爲了在不經過任何「個性化」或「本地化」改造的情況下就與任一證據實現絕對扣合，這種完美主義式的追求是不現實的。相應地，現有理論的最大價值體現於在眞正進入實證研究環節之前爲我們指明前進的方向，而在接下來的研究中，如果發現實證材料有與理論模式不盡一致之處，則應對其它可能對於實際歷史過程產生影響的地方性因素，諸如生態環境、歷史環境、周邊政體與此對象之間的互動或該社會內部結構的特殊之處等等方面進行認眞細緻的考察，以便確定這類「錯位」現象的發生機制，而不是對於原本準備使之具備普適性的理論模式動輒生疑，乃至另起爐竈，再創新說。這種於倉促間草就的新理論，就像塞氏那味同嚼蠟的三階段說一樣，往往因爲面對舊有模式的所謂「不足」之處進行刻意規避而導致進退失據，兩無所容，並最終迅速地喪失了理論活力〔註335〕。值得慶幸的是，塞維斯的這種躑躅與猶疑並沒有一直持續下去，他最終還是選擇了向「酋邦」理論回歸，然而不幸的是，關於我們上面提到的這些認識上的誤區，塞氏並沒有進行認眞地反省。在對於酋邦階段的闡述中鮮見革新之處，仍有許多僅通過歸納法而得出的個案性限制條件被附加於這一概念之上，從而嚴重阻滯了酋邦理論面向更廣闊歷史時空開放的進程，這實在是與塞氏本人的初衷——以酋邦爲人類歷史中

〔註334〕 Elman R. Service, "The Prime-mover of Cultural Evolution", in *Cultural Evolutionism: Theory in Practice*, New York: Holt, Rinehart and Winston, Inc., 1971, pp. 15～26.

〔註335〕 Aram A. Yengoyan, "Evolutionary Theory in Ethnological Perspectives", in A. Terry Rambo & Kathleen Gillogly, eds. *Profiles in Cultural Evolution: Papers from a Conference in Honor of Elman R. Service*, Ann Arbor, Michigan: the Regents of The University of Michigan, The Museum of Anthropology, 1991, pp. 3～21.

遍見的一個發展階段——背道而馳，也在一定程度上引導學術界繼續在這樣一個以經驗反對經驗，以個案反對個案的研究水平上長期徘徊，直到如今，這種局面尚未見有發生根本性轉變的跡象。所以爲了最終能夠走出這盤迷局，就是要承認歷史發展過程中「主要動力」的存在並大膽地予以追求，關於這個問題，其實經典作家早已有所剖斷。事實上，真正被唯物史觀視爲推動社會歷史進程的「主要動力」或「基本動力」的乃是人類最基本的一項特性，即勞動生產。正是有意識的勞動，包括物質與精神兩個方面，將人與其它動物最終區分了開來，這是經典作家所認可的最基本的、第一層次的人性。在此之上，還存在著第二個層次的人性，即「隨著勞動生產能力的發展和與之相應的生產生活方式的變遷而導致人類產生出以新的價值觀爲核心標準的新的品質」，很明顯，與第一層次的人性不同的是，這些內容是會隨著具體歷史環境的改變而改變的〔註 336〕。明白了這個道理，再來反觀塞維斯所提到的那些對於動植物的成功馴化、灌溉農業或燃油發動機等具體而微的技術創新，這些什物如此瑣細甚至還夠不上第二層次的人性，又怎能將之視爲用以測度整個人類歷史的標杆呢？塞維斯將經典作家的豐富思想作了極爲錯誤地簡單化處理，將之等同於機械的技術決定論〔註 337〕，並以技術→經濟→政治制度→意識形態這樣一個單向性的表達社會各部分依次變化的公式等同於經典作家關於社會演替基本動力的思想。在此認識下，他竟然提出如此非理的要求，即以此公式去解釋任一特定社會的實際歷史過程〔註 338〕，塞氏這樣講等於是把經典作家貶低到了與摩爾根當時所據的同一個理論高度上，如果他能夠認真研讀一下恩格斯晚年致瓦·博爾吉烏斯的書信，也許自己就不會再做出上述如此極端的判斷了〔註 339〕。

具體到酋邦問題而言，我們現在急需要做的絕不是再去搜奇撿怪地創制出什麼新的定義，而是回歸至塞維斯那已爲他自己背叛了的傳統上去，即堅信

〔註 336〕龐卓恒：《察同察異求規律：比較史學的追求》，《史學月刊》2005 年第 1 期，第 89～96 頁。

〔註 337〕Elman R. Service, *Origins of the State and Civilization*, New York: W. W. Norton & Company, Inc., 1975. pp. 31, 269.

〔註 338〕Elman R. Service, "The Prime-mover of Cultural Evolution", in *Cultural Evolutionism: Theory in Practice*, New York: Holt, Rinehart and Winston, Inc., 1971, pp. 15～26.

〔註 339〕中共中央馬克思恩格斯列寧斯大林著作編譯局譯：《馬克思恩格斯全集》第 39 卷，人民出版社 1974 年 11 月第 1 版，第 198～201 頁。

酋邦與國家一樣是人類社會曾普遍經歷過的一個階段，這兩個概念實處於同一理論層次之上。我們考察酋邦也就是認識等級制度在前國家時代的具體實踐過程，這樣一個過程同樣也是社會逐漸走向複雜化，權力逐漸走向制度化的過程，是人從自然狀態走向文明狀態的過程。這也是塞維斯酋邦理論最可寶貴之處，即它告訴了我們在人類社會演進為國家之前普遍地經歷過一種從無到有，從弱到強的等級化過程，這一過程就叫做酋邦。所以從這個角度來講，酋邦的歷史也就是國家起源的歷史，因為它是國家之前的最後一種社會形態，是文明時代的前夜，因此一切為國家所必須具備的特質都是在這一階段漸次形成的。也只是到了這一階段，「治人」與「治於人」這樣的劃分對於生活在同一社會中的個體而言才開始逐漸顯現出了值得思索的現實意義。終有一天，當各種下一個階段所必須具備的特質都已實現，則「千紅萬紫安排著，只待新雷第一聲」，這「第一聲」很可能就是某個具體的歷史事件，這一歷史事件的意義在於可以幫助後世的研究者在確定國家起源的過程中尋找到一個相對易於識別的時間點，從而不至於使歷史檔案的敘述無從下筆。質言之，這一事件的標誌性意義大於其實際意義，可以想見，所有必需要素肯定是在該事件發生之前皆已具備了，否則如果時機尚未成熟，主事者也不可能在事變中取得成功。所以恰如前文所述，究其實質，所謂酋邦，一言以蔽之，即前國家等級制社會。

　　與此同時，我們應該認識到，因人類學家研究視野的不斷拓展而層出不窮的新鮮案例，無論其中已經出現或將要出現多少離經叛道的地方性表徵，這些都是無關緊要的，因為我們討論的是一個階段，而不是某時某刻某個具體的酋邦，只要這一案例所代表的社會是處於當地國家歷史之前，並具備顯而易見的等級制特徵，那麼無可置疑的它就是一個酋邦。再打一個形象的比喻，酋邦在我們手中就像是一個腹大中空的容器，凡已脫離平等社會同時又尚未晉級為國家的集團皆得入此甕中。因此在這裏，我們就不會像塞維斯那樣當面對諸如卡林加（Kalinga）這樣的個案時無所措手足，無論卡林加的酋長在具體表現上與波利尼西亞人的首領之間有著多麼顯著的差距，只要我們知道當地確然存在有一群被特意區分出來的因其較高的階等而被託付以特殊政治角色的「潘哥特」（Pangat），那麼就完全可以將之視為一類酋邦〔註340〕。

〔註340〕Aram A. Yengoyan, "Evolutionary Theory in Ethnological Perspectives", in A. Terry Rambo & Kathleen Gillogly, eds. *Profiles in Cultural Evolution*: *Papers from*

總之，如果我們在處理類似材料時總是膠著於塞維斯、薩林斯、厄爾、卡內羅或克里斯蒂安森等人就此所作出的某些具體論述，那麼我們所能得到的結果，要麼是未經詳審即遽斷酋邦不符合某類局地情況進而將之拋棄，或再創新說，而這只能導致學術界在這類問題上現已十分嚴重的概念混亂局面更趨複雜，要麼削足適履，爲比照波利尼西亞或環加勒比地區的特點而對本土材料進行曲意解釋。這些做法都是不足取的，像封建社會一樣，中國的材料與歐洲、大洋洲、南北美洲等地的材料在解釋人類社會演替進程這一問題上完全具備同等的價值，實無必要人爲地去設置什麼藩籬，創造什麼「例外」以求標新立異。我們現在的問題不是去窮究中國史前史中到底有沒有酋邦，而是有怎樣的酋邦。世界人類學界愈半個世紀以來的豐富工作成果可以爲我們處理類似問題提供參考與借鑒，但不必將之懸爲準繩，所謂「執中無權，猶執一也」，其結果必然是「舉一而廢百也」〔註341〕，除了玷污酋邦在學術界的聲譽外，「無故消棄日月，空有疲困之勞，了無錙銖之益也」〔註342〕！

所以對於酋邦的研究，應引以爲戒的是，不要像此前某些學者所做的那樣隨便將局地經驗上陞爲這一概念所必需具備的普適性內容，這是有違塞維斯將之樹立爲人類社會進化史一階段的初衷的，相反地，研究者應該秉持謙虛謹愼的態度，就具體問題進行具體分析。在這一點上，如果我們暫時拋開塞維斯個人前述認識上的種種瑕疵不談，其實他也罷，還是其後眾多研究這一問題的人類學家也罷，都非常注重在廣泛佔有原始材料的基礎上開展實證研究。賴特曾於上個世紀90年代初憶及30年前自己作爲一名研究生親聆塞氏授課時的情形，當時許多與賴氏一樣慕名而來的年輕學生們都猜想塞維斯課上多半要講到新進化論學派的基本主張，這其中自然包括關於原始社會組織演進的一般認識，然而實際情況出乎所有人意料之外，塞氏對於學生們的這類急切期盼反倒不以爲然，對此只作閒閒數語帶過，而他認爲對有志於此的新晉學人們來講當前最重要的工作實際上是回到圖書館，靜下心來，深入細緻地閱讀各類民族志記載，並在對紛繁複雜、不成體系的原始材料的耙梳過程中去錘鍊自己關於理論問題的思考。時隔多

---

a Conference in Honor of Elman R. Service, Ann Arbor, Michigan: the Regents of The University of Michigan, The Museum of Anthropology, 1991, pp. 3～21.

〔註341〕楊伯峻：《孟子譯注》，中華書局1960年1月第1版，第313頁。

〔註342〕（晉）葛洪撰，龐月光譯注：《抱朴子外篇全譯》，貴州人民出版社1997年版，第202頁。

年，賴特再度回味塞維斯當年的教誨，方才領會到為師者的良苦用心，即一般理論最鮮活的生命力存亦僅存於解決實際問題的過程之中〔註343〕。

因此，現在我們就轉向具體案例的研究，不過與曾在近代與歐洲文化有所接觸的波利尼西亞或南、北美洲不同的是，要研究中國史前社會的複雜化進程，其中有不少地方我們還是要用到地下出土的考古材料，這一點與塞維斯當時所面對的情況確有很大不同。從塞氏本人留下的作品來看，他在對於考古材料的運用方面顯然不如民族志記載嫻熟，因此不少論述顯得失之簡略，似是而非，甚至有一些直接與我們如今已掌握的田野考古現實發生了激烈的衝突，尤其是在關於中國問題的論述過程中，這些不足之處表現得相當突出。譬如，他雖然模模糊糊地意識到了中國文明是土生土長的，而且有資格被列為古代世界上第一批原生型文明，因為有證據表明，自歷史上很古遠的時期開始，中國人在書寫體系、藝術與著裝風格，宗教以及儀式安排等方面都已表現出了強烈的個性，故此對於這支文明的起源過程以及早期歷史應該給予特別的關注。然而塞氏眼中的中國新石器文化其上限竟僅及公元前2000 年左右，這個時期按照我們今天的理解，早已到了中國國家產生至少也是屆於國家級社會呱呱墜地的前夜了。再者，塞氏關於中國史前史的認識亦僅局限於龍山文化，此前時期以及北中國這一地理範圍之外的各支文化一概未曾涉及，更不用說探討這些地域性文化之間的互動了，即令對於龍山文化本身的理解，塞維斯的認識也與已為考古活動所證實了的實際情況大相徑庭。一方面他承認，在當時，農業村寨中的居民已經開始進行集約化的園藝生產，而且人口密度也很大，但同時又特意強調到，這仍然屬於一支典型的新石器時代文化，當時盛行著平等性質的社會組織，而且手工業中的專業化現象並不突出〔註344〕！試問塞氏這些自說自話式的敘述哪一條能與龍山時代的發現相符？與此相對，傳統上所認可的古代中國進入國家社會的時刻被大大地向後推延了，北中國地區的早期環節型平等社會只是到了傳說中的夏代才開始發生顯而易見的變化，其中的一些逐步演化為酋邦，這就意味著在塞

〔註343〕Henry T. Wright, "Foreword", in A. Terry Rambo & Kathleen Gillogly, eds. *Profiles in Cultural Evolution*: *Papers from a Conference in Honor of Elman R. Service*, Ann Arbor, Michigan: the Regents of The University of Michigan, The Museum of Anthropology, 1991, pp. xi～xii.

〔註344〕Elman R. Service, *Origins of the State and Civilization*, New York: W. W. Norton & Company, Inc., 1975, pp. 247～248.

維斯看來，夏仍然代表著原始社會〔註345〕。而從酋邦到國家的這一步轉變似乎被推定爲是發生於商代，因此，所謂的「商王朝」在其誕生的最初歲月裏，更準確地講可能還只是一個奉行貴族政治的酋邦，這個酋邦繼續發展直至進入周王朝統治的歷史時段內〔註346〕。當然面對安陽的發掘，塞氏承認中國文化在商代的確曾經歷過一個大的發展時期，手工技藝與書寫體系都獲得了突破性的進步，正是在這一時期，它才逐步具備了其它地方古代文明顯現出的所有那些文化發展的特徵〔註347〕。在商代的問題上，如同面對大洋彼岸同樣是經由考古發掘活動而非西班牙殖民者的早期記載方才得以證實的奧爾梅克（Olmec）或查文（Chavin）文化一樣，塞維斯明顯顯得信心不足〔註348〕，於是，他採用了一種等而下之的模糊化處理方法，即將商與周視作一體來進行研究，至少後者遺留下來的文獻檔案已較前大爲豐富〔註349〕。然而我們知道，這絲毫無助於問題的解決，眞正要在關於這類問題的探索中取得進步，從根本上來講，還是要依靠中國材料書寫中國古史。從摩爾根到塞維斯，從部落聯盟到酋邦，百餘年來所有這些進化主義者提出的各色理論模式也只有在與本土材料實現結合的過程中，才可能在古代東方世界煥發出新的生命活力，而我們下面所要從事的正是這項艱巨而光榮的工作。

〔註345〕Elman R. Service, *Origins of the State and Civilization*, New York: W. W. Norton & Company, Inc., 1975, p. 264.

〔註346〕Elman R. Service, *Origins of the State and Civilization*, New York: W. W. Norton & Company, Inc., 1975, p. 248.

〔註347〕Elman R. Service, *Origins of the State and Civilization*, New York: W. W. Norton & Company, Inc., 1975, p. 264.

〔註348〕Elman R. Service, *Origins of the State and Civilization*, New York: W. W. Norton & Company, Inc., 1975, p. 249.

〔註349〕Elman R. Service, *Origins of the State and Civilization*, New York: W. W. Norton & Company, Inc., 1975, p. 264.